高等职业教育"十三五"精品规划教材（汽车制造类专业群）

汽车构造与维修
（下册）

主　编　王林超　冯增雷

副主编　王　霞　徐　刚　许　建

中国水利水电出版社

www.waterpub.com.cn

·北京·

内 容 提 要

本书系统地介绍了汽车各系统的作用、组成和原理，以及各零部件和总成的构造、检测方法与维修技术要求等内容。本套教材共两册，上册介绍了发动机基本知识、曲柄连杆机构构造与维修、配气机构构造与维修、汽油机燃料供给系构造与维修、柴油机燃料系构造与维修、发动机冷却系构造与维修、润滑系构造与维修、发动机进排气系统和排放控制装置构造与维修、发动机的装配与调试等内容；下册介绍了汽车传动系构造与维修、汽车行驶系构造与维修、汽车转向系构造与维修、汽车制动系构造与维修等内容。

本书主要供高等工科和高等职业院校汽车专业的师生作教材使用，也可供汽车维修与检测技术人员使用和参考，还可以作为各类汽车维修培训班的培训教材。

图书在版编目（CIP）数据

汽车构造与维修. 下册 / 王林超，冯增雷主编. --
北京 ：中国水利水电出版社，2016.8
高等职业教育"十三五"精品规划教材. 汽车制造类
专业群
ISBN 978-7-5170-4537-3

Ⅰ. ①汽… Ⅱ. ①王… ②冯… Ⅲ. ①汽车－构造－
高等职业教育－教材②汽车－车辆修理－高等职业教育－
教材 Ⅳ. ①U463②U472.4

中国版本图书馆CIP数据核字(2016)第161743号

策划编辑：祝智敏　责任编辑：陈 洁　加工编辑：封 裕　封面设计：梁 燕

书　　名	高等职业教育"十三五"精品规划教材（汽车制造类专业群） **汽车构造与维修（下册）**
作　　者	主 编　王林超　冯增雷 副主编　王 霞　徐 刚　许 建
出版发行	中国水利水电出版社 （北京市海淀区玉渊潭南路 1 号 D 座　100038） 网址：www.waterpub.com.cn E-mail: mchannel@263.net（万水） 　　　　sales@waterpub.com.cn 电话：（010）68367658（营销中心）、82562819（万水）
经　　售	全国各地新华书店和相关出版物销售网点
排　　版	北京万水电子信息有限公司
印　　刷	三河市铭浩彩色印装有限公司
规　　格	184mm×240mm　16 开本　22.5 印张　500 千字
版　　次	2016 年 8 月第 1 版　2016 年 8 月第 1 次印刷
印　　数	0001—3000 册
定　　价	48.00 元

凡购买我社图书，如有缺页、倒页、脱页的，本社营销中心负责调换

高等职业教育"十三五"精品规划教材（汽车制造类专业群）

丛书编委会

主　任　于明进

副主任　祝智敏

委　员　（按姓氏笔画）

刁立福　　王　磊　　王林超　　王国林

王宝安　　叶　芳　　田秋荣　　冉广仁

白秀秀　　刘家琛　　刘照军　　孙　菲

李清民　　吴芷红　　何全民　　张玉斌

张玉斌　　陈　聪　　郑　磊　　赵长利

赵培全　　郭荣春　　曾　鑫　　颜　宇

潘　毅

I

前　言

　　本书是为适应我国高等职业教育发展的需要，强化职业能力的培养，推行一体化教学而编写的，是将汽车的构造、原理、调整使用与维修等内容整合而成的一体化教材，很好地突出了理论适度够用、强化实践技能培养的高职特点，而且特别符合高职教学规律。

　　针对汽车技术发展的情况和职业教育的特点，在本书的编写过程中，编者认真总结了多年来汽车维修专业教学经验，吸取了先进的教学模式和方法，对教材内容做了改进：以汽车维修、装配企业关键技术操作岗位的核心能力要求为主，确定专业知识和能力培养目标，使学生的实际操作能力达到中、高级技术工人水平；采用"项目引领、任务驱动"的编写形式，适合理实一体化的教学模式；每个项目都有明确的【项目导读】【任务描述】【相关知识】【案例】【任务实施】【知识拓展】【项目小结】【练一练】等环节，贴近实际，有利于激发学生的学习兴趣；在内容的选择上，车型以典型丰田、大众车系为主，辅以载货车、客车、SUV 等车系的特点，注重教学内容的除旧更新，满足汽车后市场职业岗位对人才的知识与能力要求，力求与相应的职业资格标准衔接；突出学生动手能力的培养和训练，加深学生对汽车结构、原理和维修等知识的理解。

　　本书为汽车运用与维修系列教材之一，共 13 个项目，34 个任务，分上、下两册，上册介绍发动机基本知识、曲柄连杆机构构造与维修、配气机构构造与维修、汽油机燃料供给系构造与维修、柴油机燃料系构造与维修、发动机冷却系构造与维修、发动机润滑系构造与维修、发动机进排气系统和排放控制装置构造与维修、发动机的装配与调试等内容；下册介绍汽车传动系构造与维修、汽车行驶系构造与维修、汽车转向系构造与维修、汽车制动系构造与维修等内容。

　　本书上册由王林超、王霞担任主编，冯增雷、徐刚、许建担任副主编；本书下册由王林超、冯增雷担任主编，王霞、徐刚、许建担任副主编。编写组成员（分工）包括：山东交通学院王林超（绪论、项目 4、项目 10）、山东凯文科技职业学院王霞（项目 1、2、3）、山东交通学院职业技能鉴定所徐刚（项目 5、6、11）、山东凯文科技职业学院冯增雷（项目 8、13）、济南华飞汽车服务有限公司许建（项目 9、12），山东润通汽车销售公司马志庆（项目 7）。另外陈继玲、王晓哲、王万毅等也参与了本书的部分编写工作。

本书在编写过程中，得到了许多相关企业单位、专家和工程技术人员的大力支持与帮助，援引了有关技术资料，在此表示由衷的感谢。

由于编者水平有限，书中难免存在疏漏之处，恳请同行专家和广大读者批评指正。

编　者

2016 年 6 月

II

目　录

10

汽车传动系构造与维修

【项目导读】

汽车传动系是指从发动机到驱动车轮之间所有动力传递装置的总称。其功用是将发动机的动力传给驱动车轮。对于不同的汽车,其传动系的组成稍有不同:如载货汽车及部分轿车的传动系一般是由离合器、手动变速器、万向传动装置(万向节和传动轴)、驱动桥(主减速器、差速器、半轴、桥壳)等组成,而前驱动的轿车,省去了传动轴,同时,主减速器和差速器、变速器安装在一起,使结构更为紧凑。而现在轿车中采用自动变速器的越来越多,其传动系包括自动变速器、万向传动装置、驱动桥等,即用自动变速器取代了离合器和手动变速器;如果是越野汽车(包括 SUV,即运动型多功能车),还应包括分动器。

本项目主要是介绍传动系的结构、原理,让学生能够对汽车传动系进行拆装、检查、调整与维修。

任务 1 汽车传动系构造与布置形式

【任务描述】

本任务是让学生通过学习、查阅资料和观摩,掌握汽车传动系的功用、类型和组成,掌握各种传动系的特点和适用车型。

【相关知识】

一、汽车传动系的功用与组成

汽车传动系的功用是将发动机发出的动力传给驱动车轮,使路面对驱动车轮产生一个牵引力，推动汽车行驶。

　　图 10-1 所示为普通汽车传动系的组成和布置示意图。发动机纵向布置在汽车的前部，后轮为驱动轮。发动机的转矩经传动系，即离合器 1、变速器 2、由传动轴 8 和万向节 3 组成的万向传动装置、安置在驱动桥 4 内的主减速器 7、差速器 5 和半轴 6，传给驱动轮。驱动轮得到的转矩便给地面一个向后的作用力，并因此而使地面对驱动轮产生一个向前的反作用力，这个反作用力称为驱动力或牵引力。当驱动力足以克服行驶阻力时，汽车才会起步和正常行驶。

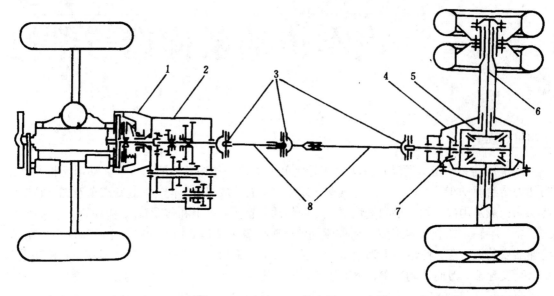

1—离合器；2—变速器；3—万向节；4—驱动桥；5—差速器；6—半轴；7—主减速器；8—传动轴

图 10-1　普通汽车传动系的组成及布置形式示意图

　　传动系各组成的功用如下：

　　离合器的功用是使发动机与传动系平顺接合，把发动机的动力传给传动系，或者使两者分开，切断动力的传递。

　　变速器的功用是实现变速、变扭和变向。因为活塞式发动机转矩变化幅度小且有利转速变化范围窄，必须通过变速器的变扭作用，使车轮获得变化范围较大的牵引力，以适应汽车不同行驶阻力的需要。另外，由于活塞式发动机不能改变旋转方向，变速器则可在发动机旋转方向不变的情况下，改变输出轴的旋转方向，使汽车能够倒退行驶。此外，变速器还可以在发动机运转的情况下切断发动机向驱动轮的动力传递。

　　万向传动装置的功用是将变速器传出的动力传给主减速器。由于变速器与车架一般是刚性连接，而驱动桥是通过悬架与车架弹性连接的，使得主减速器与变速器之间的距离及二者轴线之间的夹角都经常发生变化。因而万向传动装置的长度是可以伸缩的，且装有能够适应传动夹角变化的万向节。

主减速器的功用是降低转速以增加转矩（保证汽车克服行驶阻力而正常行驶），并且通常要将传动系的旋转方向改变 90°，把由传动轴传来的动力传给差速器。

差速器的功用是将主减速器传来的动力分配给左右半轴，并允许左右半轴以不同的转速旋转，使汽车既能直行，又能轻便地转弯。

半轴将动力由差速器传给驱动车轮，使驱动轮获得旋转动力。

液力机械式传动系与上述机械式传动系有较大的不同，其具体结构将在任务四中叙述、

二、汽车传动系的布置形式

机械式传动系的常见布置形式主要与发动机的位置及汽车的驱动形式有关。

汽车的驱动形式通常用汽车全部车轮数×驱动车轮数（其中车轮数按轮毂数计）来表示，如图 10-1 中共有四个车轮，其中两个后轮为驱动轮，则其驱动形式为 4×2。若四个车轮都是驱动的，则表示为 4×4。另外，也有用车桥数来表示的，即汽车全部车桥数×驱动桥数，如以上两例可表示为 2×1 和 2×2。

1. 发动机前置、后轮驱动的传动系（FR）

图 10-1 所示的传动系为发动机前置、后轮驱动传动系的典型形式，是除越野汽车以外各种汽车中最为常见的一种布置形式，广泛应用在载货汽车上。另外，它的变形形式有中桥驱动的 6×2 三桥铰接式（客车），带负重轮的 6×2（大客车）等。

典型车型：CA1091、EQ1090 等载货车，微型面包车，奔驰、宝马等高档轿车。

2. 发动机前置、前轮驱动的传动系（FF）

根据发动机布置方向的不同传动系分为发动机横置和纵置两种形式。

图 10-2 是一种发动机前横置、前轮驱动而且采用独立悬架的轿车传动示意图。发动机 1、离合器 2 和变速器 3 都布置在驱动桥（前桥）的前方，而且三者与主减速器 5、差速器 6 装配成一个十分紧凑的整体，固定在车架或车身支架上。这样，在变速器和驱动桥之间就可省去万向节和传动轴。由于变速器的轴线与驱动桥的轴线平行，主减速器可以采用结构和加工较简单的圆柱齿轮副。由于取消了纵贯前后的传动轴，车身底板高度可以降低，有助于提高高速行驶的稳定性。整个传动系集中在汽车的前部，因而其操纵机构比较简单。

图 10-3 所示为发动机前纵置、前轮驱动并采用独立悬架的轿车传动示意图。与发动机横置传动系的不同之处是：主减速器齿轮和差速器齿轮布置在离合器 2 和变速器 3 之间，主减速器齿轮为螺旋锥齿轮。两种方案中，半轴两端采用万向节，分别与差速器和驱动车轮轴连接，前轮既是驱动轮又是转向轮。这两种方案目前已在微型和轻型轿车上广泛应用，在中、高级轿车上应用的也日见增多。

典型车型：采用发动机前横置前轮驱动传动系的汽车有捷达、丰田花冠等多数轿车，采用发动机前纵置前轮驱动传动系的汽车有桑塔纳等轿车。

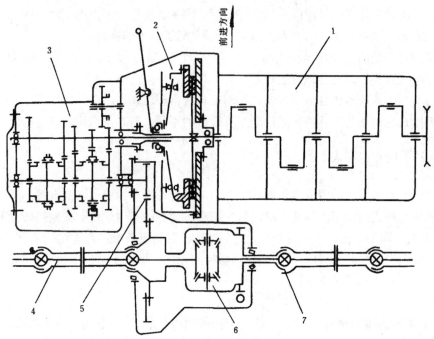

1—发动机；2—离合器；3—变速器；4—半轴；5—主减速器；6—差速器；7—万向节

图 10-2　发动机前横置、前轮驱动的传动系示意图

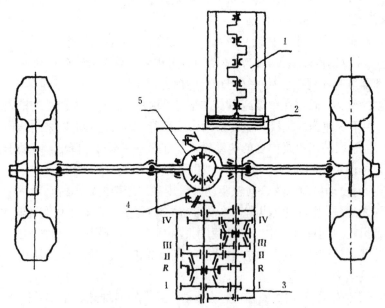

1—发动机；2—离合器；3—四挡变速器（1、2、3、4 挡有同步器）；4—主减速器；5—主减速器壳

图 10-3　发动机前纵置、前轮驱动的传动系示意图

3. 发动机后置、后轮驱动的传动系（RR）

在一些大型客车上，从使整个汽车具有较理想的总体布置设计出发，汽车总质量应较合理地分配在前、后轴上，前轴不易过载，并应充分地利用车厢面积，可采用发动机横向后置、后轮驱动的总体布置方案，如图 10-4（a）所示。发动机 1 横置在后驱动桥 6 之后，发动机动力经离合器 2、变速器 3、角传动装置 4、万向传动装置 5 和后驱动桥 6 传到驱动轮上。为降低高度便于布置，常采用卧式发动机。

对于小客车来说，除上述原因之外，为使整个结构布置简化和紧凑，也有的采用了这种方案，如图 10-4（b）、（c），其中图 10-4（b）所示的变速器放在前部，使变速器操纵机构变得简化，前后轴的负荷分配也更合理。

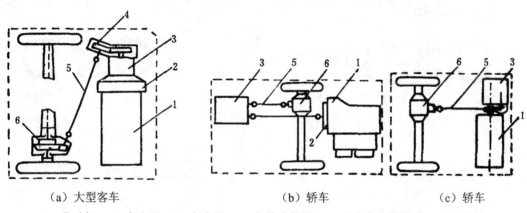

（a）大型客车　　　　　　　　　（b）轿车　　　　　　　　（c）轿车

1—发动机；2—离合器；3—变速器；4—角传动装置；5—万向传动装置；6—后驱动桥

图 10-4　发动机后置、后轮驱动的传动系示意图

采用发动机后置、后轮驱动方案的传动系的缺点是发动机散热条件差，且行车中的某些故障不易被驾驶员察觉。

典型车型：黄海 DD6112H4、厦门金龙、公交车等。

4. 越野汽车的传动系（nWD）

越野汽车为了提高其在无路和坏路地区越野行驶的能力，都采用全轮驱动。另外，某些大型三轴自卸车和牵引车也采用全轮驱动。图 10-5、图 10-6 为几种越野汽车传动系示意图。

典型车型：BJ2020、切诺基等。

这类传动系的特点是：由于有多个驱动桥，所以变速器后面加了一个分动器 5。其功用是把变速器输出的动力经几套万向传动装置分别传给所有的驱动桥，并可进一步降速增扭，以适应越野条件下阻力变化范围更大的需要；分动器和变速器虽然固定在车架上，但二者之间一般有一段距离。考虑到安装误差及车架变形的影响等，在二者之间也有一套万向传动装置 3；由于前驱动桥同时又是转向桥，不能用整体式半轴，所以前驱动桥的两根半轴都由两段组成，中间一般用等角速万向节 8 连接。

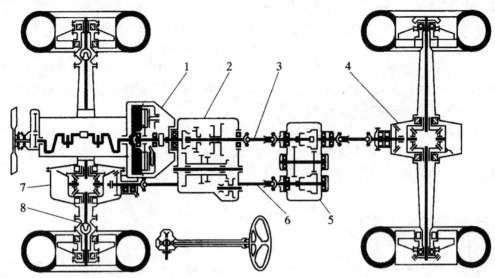

1—离合器；2—变速器；3、6—万向传动装置；4、7—主减速器和差速器；5—分动器；8—等角速万向节

图 10-5　4×4 越野汽车传动系示意图

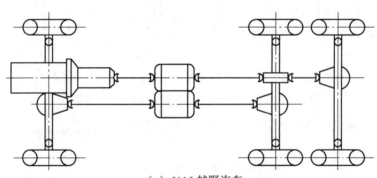

（a）6×6 越野汽车

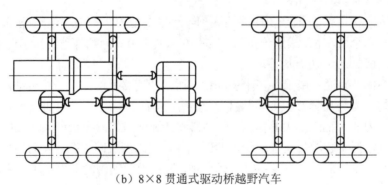

（b）8×8 贯通式驱动桥越野汽车

图 10-6　多桥驱动汽车传动系示意图

【任务实施】

观看普通载货汽车、轿车、大客车、越野车底盘传动系的结构，认识各总成，掌握各总成的作用，指出其传动系的布置形式，并能介绍其优缺点。

任务 2　离合器构造与维修

【任务描述】

离合器是传动系中重要的组成部分，安装在发动机与变速器之间，用来接通与切断动力。本任务是让学生学会离合器的组成及其工作原理；通过查阅资料和观摩，让学生学会离合器的结构、拆装、调整与维修方法；根据环保要求，妥善处理辅料、废弃液体和损坏的零部件。

【相关知识】

一、离合器的功用、种类及要求

1. 离合器的功用

离合器是汽车传动系的重要组成部分，安装在发动机与变速器之间，其功用如下：

（1）使发动机与传动系逐渐接合，保证汽车平稳起步。

（2）暂时切断发动机的动力传动，保证变速器换挡平顺。

（3）限制所传递的转矩，防止传动系过载。

（4）保证发动机的动力传给变速器。

手动变速器利用摩擦式离合器传输动力；自动变速器则利用液力变矩器传输动力。

2. 离合器的种类

汽车上应用的离合器主要有以下三种形式：

（1）摩擦式离合器。摩擦式离合器是指利用主、从动部分的摩擦作用来传递转矩的离合器，目前在汽车上被广泛采用。

（2）液力耦合器。液力耦合器是指利用液体作为传动介质的离合器，原来多用于自动变速器，目前在汽车上几乎不采用。

（3）电磁离合器。电磁离合器是指利用磁力传动的离合器，汽车空调应用的就是这种离合器。

摩擦离合器可以从不同的角度来分类，具体分类如下：

（1）按从动盘的数目。按从动盘的数目，摩擦离合器可以分为单片离合器和双片离合器。轻型汽车多采用单片离合器，双片离合器多用于重型车辆上。

（2）按压紧弹簧的形式。按压紧弹簧的形式，摩擦离合器可以分为周布弹簧离合器、中央弹簧离合器和膜片弹簧离合器。周布弹簧离合器和中央弹簧离合器采用螺旋弹簧，弹簧分别沿压盘的圆周和中央布置；膜片弹簧离合器采用膜片弹簧，目前应用最广泛。

3. 对离合器的要求

根据离合器的功用，它应满足下列要求：

（1）具有合适的储备能力，既能保证可靠地传递发动机的最大转矩，又能防止传动系过载。

（2）接合时应平顺柔和，以保证汽车平稳起步，减少冲击。

（3）分离时应迅速彻底，以保证变速器换挡平顺和发动机顺利起动。

（4）具有良好的通风散热能力，防止离合器温度过高。

（5）旋转部分的平衡性好，且从动部分的转动惯量小。

（6）操纵轻便，以减轻驾驶员的疲劳。

二、离合器的基本结构和工作原理

1. 离合器的基本结构

离合器的基本结构如图 10-7 所示。根据各元件的动力传递和作用不同，离合器可分为主动部分、从动部分、压紧机构、分离机构和操纵机构。压紧机构（膜片弹簧）将从动盘压紧在飞轮端面上，发动机转矩靠飞轮与从动盘接触面之间的摩擦而传递到从动盘上，再经过从动轴等传给驱动轮。

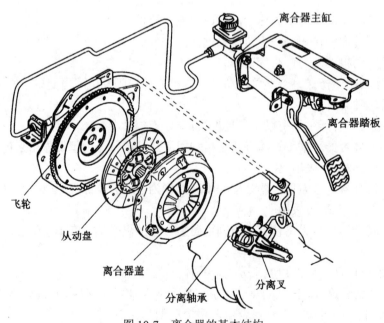

图 10-7　离合器的基本结构

2. 离合器的工作原理

离合器的工作原理如图 10-8 所示。从动盘通过花键和变速器主动轴相连，可以前后运动。在压紧弹簧的作用下，离合器处于接合状态。

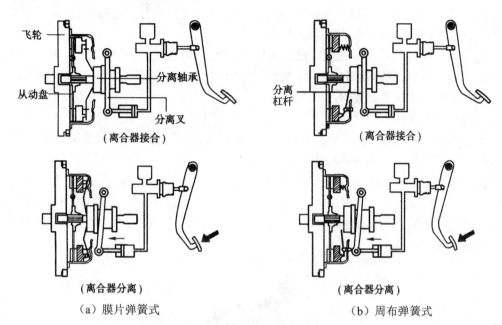

图 10-8 离合器工作原理

离合器除了在结构与尺寸上保证传递最大转矩外，设计时还应考虑到其在使用过程中因摩擦系数的下降、摩擦件磨损变薄和弹簧本身的疲劳致使弹力下降等因素的影响，其所能传递的最大转矩会下降，因此离合器所能传递的最大转矩 M_C 应适当高于发动机的最大转矩 M_{emax}，其间的关系为：

$$M_C = ZP_\Sigma \mu R_C = \beta M_{emax}$$

式中：Z——摩擦面数；

$\quad\quad P_\Sigma$——压盘对从动盘的总压紧力；

$\quad\quad \mu$——摩擦系数；

$\quad\quad R_C$——从动盘的平均摩擦半径；

$\quad\quad \beta$——后备系数。

轿车及轻型货车 $\beta = 1.25 \sim 1.75$

中型及重型货车 $\beta = 1.60 \sim 2.25$

带拖挂的重型货车及牵引车 $\beta = 2.0 \sim 4.0$

但后备系数也不宜过高，以便在紧急制动时，能通过滑转来防止传动系过载。

当驾驶员踩下离合器踏板，分离套筒和分离轴承在分离叉的推动下，推动从动盘克服压紧弹簧的力而后移，使离合器处于分离状态，中断动力传动。

　　逐渐抬起离合器踏板，压盘在压紧弹簧的作用下前移逐渐压紧从动盘，此时从动盘与压盘、飞轮的接触面之间产生摩擦力矩并逐渐增大，动力由飞轮、压盘传给从动盘，经输出轴输出。在这一过程中，从动盘及输出轴转速逐渐提高，直至与主动部分相同，主、从动部分完全接合，接合过程结束，离合器处于接合状态。

　　在离合器的接合过程中，飞轮、压盘和从动盘之间接合还不紧密时，离合器所能传递的摩擦力矩较小，其主、从动部分未达到同步，处于相对打滑的状态，此状态称为半联动状态。这种状态在汽车起动时是必要的。

　　3．离合器踏板的自由行程

　　由离合器的工作原理可知，当从动盘摩擦片磨损变薄后，为了保证离合器处于接合状态，传递发动机转矩，压盘必须向前移动。此时膜片弹簧（或分离杠杆）外端和压盘一起向前移，其内端向后移。如果膜片弹簧（或分离杠杆）与分离轴承之间没有间隙，由于机械式操纵机构的干涉作用，压盘最终无法前移，即导致离合器不能接合，出现打滑现象。为此，在离合器膜片弹簧（或分离杠杆）内端与分离轴承之间预留一定的间隙，一般为几毫米，这个间隙称为离合器的自由间隙，如图 10-9 所示。

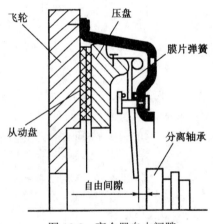

图 10-9　离合器自由间隙

　　离合器分离过程中，为消除离合器自由间隙和分离机构、操纵机构零件的弹性变形所需要踩下的踏板行程称为离合器踏板自由行程。

三、膜片弹簧式离合器

　　1．结构

　　膜片弹簧式离合器以膜片弹簧取代螺旋弹簧及分离杠杆，构造简单，免除了调整分离杠杆高度的麻烦，且膜片弹簧弹性极佳，操作省力，故膜片弹簧离合器为目前使用最广的离合器。

膜片弹簧式离合器的结构如图 10-10 和图 10-11 所示。

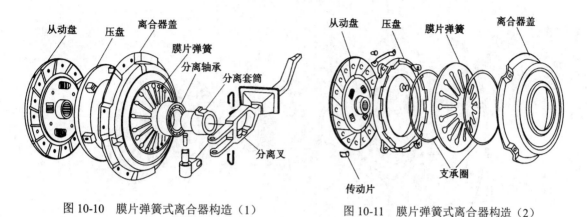

图 10-10　膜片弹簧式离合器构造（1）　　　　图 10-11　膜片弹簧式离合器构造（2）

（1）主动部分。

离合器盖通过螺栓固定在飞轮上，为了保持正确的安装位置，离合器盖通过定位销进行定位。压盘与离合器盖之间通过周向均布的三组或四组传动片来传递转矩。传动片用弹簧钢片制成，每组两片，一端用铆钉铆在离合器盖上，另一端用螺钉连接在压盘上。

（2）从动部分。

从动盘主要由从动盘本体、摩擦片和从动盘毂等组成，如图 10-12 和图 10-13 所示。为消除传动系的扭转振动，从动盘一般都带有扭转减振器。

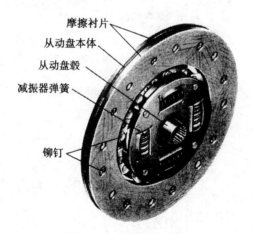

图 10-12　从动盘的结构

从动盘钢片外圆周铆接波浪形弹簧钢片，摩擦衬片分别铆接在弹簧钢片上，从动盘钢片与减振器盘铆接在一起，之间夹有摩擦垫圈和从动盘毂。从动盘毂、从动盘钢片和减振器盘上都有圆周均布的窗孔，减振弹簧装在窗孔中。

摩擦衬片　波浪形弹簧钢片　摩擦衬片　　摩擦垫圈　　盘形垫圈

铆钉　从动盘钢片　铆钉　　止动销　减振弹簧　铆钉　从动盘毂　摩擦板　减振器盘　装合后的从动盘总成

减振弹簧

钢片

从动盘

摩擦垫圈

（a）不工作时　　　　　　　　　　（b）工作时

图 10-13　带扭转减振器的从动盘

当从动盘受到转矩作用时，转矩从摩擦衬片传到从动盘钢片，再经减振弹簧传给从动盘毂，此时弹簧将被压缩，吸收发动机传来的扭转振动。

膜片弹簧的径向开有若干切槽，形成弹性杠杆。切槽末端有圆孔，固定铆钉穿过圆孔，并将膜片弹簧固定在离合器盖上。膜片弹簧两侧装有钢丝支承环，这两个钢丝支承环是膜片弹簧工作时的支点。膜片弹簧的外缘通过分离钩与压盘联系起来。

（3）压紧与分离机构。

膜片弹簧离合器的压紧和分离机构如图 10-14 所示，用优质弹簧钢板制成、形状为碟形的膜片弹簧既是压紧元件，又是分离元件，其上开有若干个径向切槽，切槽的内端开通，外端为圆孔（防止该

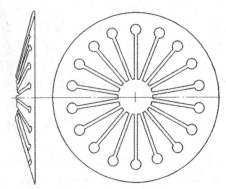

图 10-14　膜片弹簧

处产生应力集中，进而产生裂纹），每两切槽之间钢板形成一个弹性杠杆。

　　膜片弹簧用固定铆钉铆接在离合器盖上，两侧夹有钢丝支承圈作为膜片弹簧的工作支点。压盘周边对称地固定有多个分离钩，分离钩将膜片弹簧的外边沿钩住使其抵靠在压盘环形台上。

　　膜片弹簧与离合器盖间一般采用铆钉或离合器盖上的弯舌连接。操纵时的受力支点可以是支承圈、铆钉台阶或挡环、离合器盖上的内沿环形凸台等。

　　膜片弹簧是随离合器主动部分一起绕其中心转动的，而分离套筒则沿其轴线移动，因此二者之间装有分离轴承。现在汽车广泛采用自动调心式分离轴承。其多为在轴承装配之前一次加足润滑脂的封闭式，即预润滑轴承。

　　离合器在发动机与变速器之间，可用离合器壳（也称飞轮壳）将其各部件连接起来。大多数离合器壳是单独用铸铁或铝合金制成的。前端面与气缸体的后端面间用定位套（销）定位，并用螺栓紧固，变速器用螺栓紧固于离合器壳后端面，并用变速器第一轴（即离合器从动轴）的轴承盖凸缘与离合器壳后孔定心。为了保证变速器第一轴与曲轴的同轴度，离合器壳安装在气缸体上，其后端应与曲轴轴线垂直，其后孔应与曲轴轴线同轴。

　　2. 工作原理

　　膜片弹簧式离合器的工作原理如图 10-15 所示。当离合器盖未安装到飞轮上时，膜片弹簧不受力而处于自由状态，此时离合器盖与飞轮之间有一距离，如图 10-15（a）所示。当离合器盖通过螺栓固定在飞轮上时，离合器盖靠向飞轮，消除距离，后钢丝支承环压紧膜片，使之发生弹性变形（锥角变小），此时膜片弹簧外端对压盘产生压紧力，使离合器处于接合状态，如图 10-15（b）所示。当踩下离合器踏板时，分离轴承左移推动膜片弹簧，使膜片弹簧被压在前支承环上，其径向截面以支承环为支点转动（膜片弹簧呈反锥形），外圆周向后翘起，通过分离钩拉动压盘后移，使离合器分离，如图 10-15（c）所示。

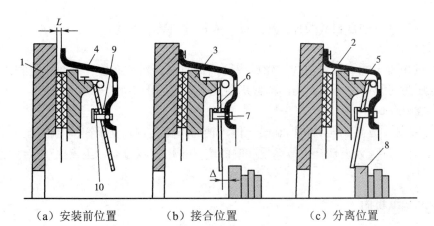

（a）安装前位置　　　（b）接合位置　　　（c）分离位置

1—飞轮；2—从动盘；3—压盘；4—离合器盖；5—分离钩；6—膜片弹簧；7—铆钉；
8—分离轴承和分离套筒；9、10—后、前支承圈

图 10-15　膜片弹簧式离合器的工作原理

四、周布弹簧式离合器

周布弹簧式离合器的构造如图 10-16 所示。

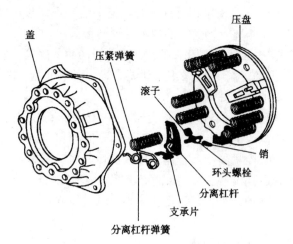

图 10-16　周布弹簧式离合器的构造

1. 主动部分

主动部分由飞轮、离合器盖和压盘等组成。离合器盖通过螺栓固定在飞轮上，为了保证正确的安装位置，离合器盖通过定位销进行定位。压盘与离合器盖之间通过周向均布的 3~4 组支承柱（或传动块）来传递转矩。支承柱一端连接在压盘上，另一端用球面调整螺母锁在离合器盖上。

2. 从动部分

从动部分包括从动盘和从动轴，从动盘一般带有扭转减振器。

3. 压紧机构

压紧机构由若干螺旋弹簧组成，螺旋弹簧沿压盘周向对称布置，装在压盘和离合器盖之间。为降低压盘对弹簧的传热影响，弹簧座做成了凸起的十字形条或加隔热垫。

4. 分离操纵机构

（1）分离叉。分离叉与其转轴制成一体，轴的两端靠衬套支承在离合器壳上。

（2）分离杠杆。分离杠杆用薄钢板冲制而成，采用支点移动、重点摆动或综合式防干涉机构。

五、离合器的操纵机构

离合器的操纵机构起始于分离叉，终止于离合器踏板，可分为机械式和液压式。

1. 机械式操纵机构

机械式操纵机构分为杠杆传动和钢索传动两种形式。

杠杆传动操纵机构如图 10-17 所示。杠杆传动操纵机构结构简单，工作可靠，广泛应用于各类型汽车上。但杠杆传动中杆件间铰接多，摩擦损失大，车架或车身变形以及发动机位移时都会影响其正常工作。

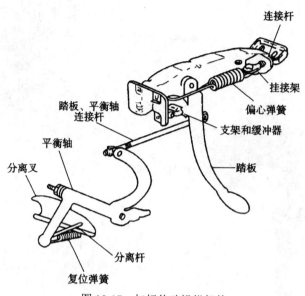

图 10-17　杠杆传动操纵机构

钢索传动操纵机构如图 10-18 所示。由于钢索是挠性件，因此钢索传动操纵机构对其他装置的布置没有大的影响，安装方便，成本低，保养容易，使用较多。

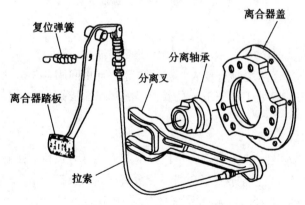

图 10-18　钢索传动操纵机构

2. 液压式操纵机构

液压式操纵机构如图 10-19 所示，由离合器踏板、离合器主缸、离合器工作缸（或称为离合器分泵）、分离叉等组成。

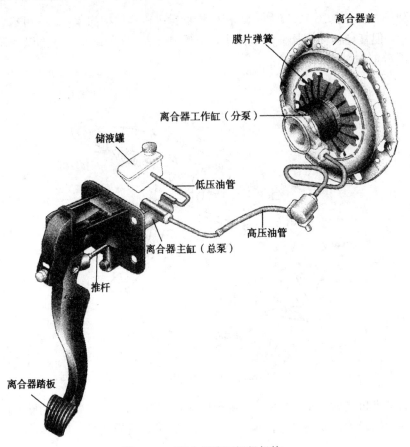

图 10-19　离合器液压操纵机构

（1）离合器主缸。

离合器主缸结构如图 10-20 所示。主缸壳体上的回油孔、补偿孔通过进油软管与储液罐相通。主缸内装有活塞，活塞两端装有皮碗，左端中部装有止回阀，经小孔与活塞右方主缸内腔的油室相通。当离合器踏板处于完全放松位置时，活塞左端皮碗位于回油孔与补偿孔之间，两孔均与储液罐相通。

（2）离合器工作缸。

离合器工作缸结构如图 10-21 所示。工作缸内装有活塞、皮碗、推杆等，壳体上还设有放气螺塞。当管路内有空气存在而导致离合器不能分离时，需要拧出放气螺塞进行放气。工作缸活塞直径略大于主缸活塞直径，故液压系统具有增力作用，以使操纵轻便。

（3）工作情况。

①分离过程。当离合器踏板踩下时，离合器主缸推杆推动主缸活塞，离合器主缸产生油压，压力油经油管将工作缸的活塞推出，经推杆推动分离叉，推移分离轴承等使离合器分离。

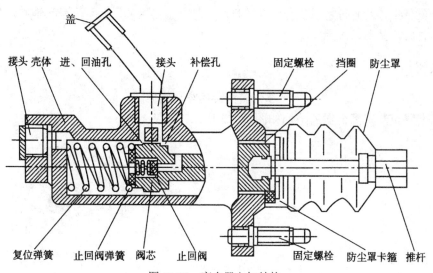

图 10-20　离合器主缸结构

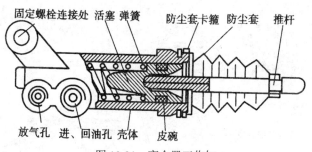

图 10-21　离合器工作缸

②接合过程。离合器踏板放松时，踏板复位弹簧将踏板拉回，离合器主缸油压消失，各机件复原，离合器接合。

③补偿过程。当管路系统渗入空气时，可利用补偿孔来排除渗入的空气。补偿过程如下：当踩下离合器踏板难以使离合器分离时，可迅速放松踏板，在踏板复位弹簧的作用下，主缸活塞快速右移。储液罐中的油液从补偿孔经主缸活塞上的止回阀流入活塞左面。再迅速踩下踏板，工作缸活塞前移，以弥补因从动盘磨损或系统渗入少量空气后引起的在相同踏板位置工作缸活塞移动量的不足，从而保证离合器正常工作。

【案例】

一辆丰田卡罗拉汽车，行驶里程为 100000km，客户反映车子出现了下面问题：汽车用低速挡起步时，放松离合器踏板后，汽车不能起步，或要将离合器踏板抬得很高时才能勉强起步；汽车加速行驶时，车速不能随发动机转速的提高而提高，感到行驶无力，严重时产生焦糊味或冒烟等现象。针对以上问题判断为离合器打滑，对离合器拆解，全面检查和维修，发现磨损严重，更换总成，试车，故障排除。

【任务实施】

离合器拆装检查与维修

丰田卡罗拉汽车离合器的结构如图 10-22 所示。

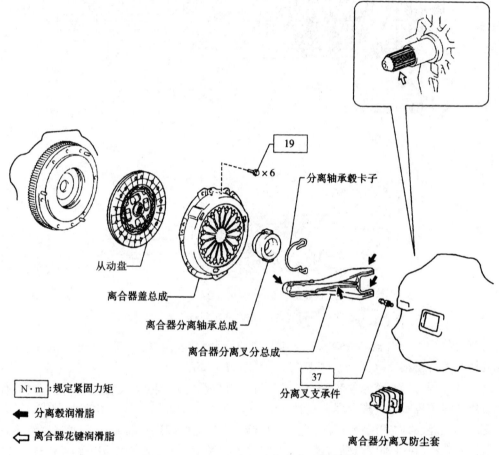

19

×6

分离轴承毂卡子

从动盘

离合器盖总成

离合器分离轴承总成

离合器分离叉分总成

37

N·m：规定紧固力矩

◀ 分离毂润滑脂

◁ 离合器花键润滑脂

分离叉支承件

离合器分离叉防尘套

图 10-22　丰田卡罗拉汽车离合器的结构

一、实训的目的和要求

（1）学会正确使用常用工具和专用工具。

（2）掌握离合器结构、原理、正确的拆装和维修方法。

二、实训的设备及工具

（1）设备：丰田卡罗拉汽车。

（2）普通工具：组合工具、扭力扳手、维修手册。

（3）专用工具与量具：SST 09301-00110 离合器导向工具、SST 09333-00013 万向节轴承拆卸工具和拆装工具。

（4）其他：丰田原厂分离毂润滑脂或同等产品、丰田原厂离合器花键润滑脂或同等产品。

三、步骤及操作方法

1. 准备工作

（1）在汽车进入工位前，将工位清理干净，准备好相关的器材。

（2）将汽车停驻在举升机中央位置。

（3）拉紧驻车制动器操纵杆，并将变速杆置于空挡位置。

（4）套上转向盘护套、变速杆手柄套和座位套，铺设脚垫。

（5）在车内拉动发动机舱盖手柄，在车外打开并支撑发动机舱盖。

（6）粘贴翼子板和前脸磁力护裙。

2. 离合器的拆解

（1）拆下手动传动桥总成。

（2）拆卸离合器分离叉总成。从手动传动桥上拆下带离合器分离轴承的离合器分离叉，如图 10-23 所示。

（3）拆卸离合器分离叉防尘套。从手动传动桥上拆下离合器分离叉防尘套，如图 10-24 所示。

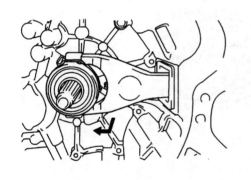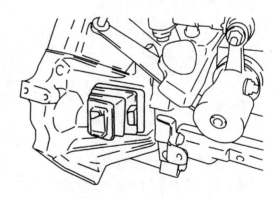

图 10-23　拆卸分离叉总成　　　　　　图 10-24　拆卸分离叉防尘套

（4）拆卸离合器分离轴承总成。从离合器分离叉上拆下分离轴承和卡子，如图 10-25 所示。

（5）拆卸分离叉支承件。从手动传动桥上拆下分离叉支承件，如图 10-26 所示。

（6）拆卸离合器盖总成。

在离合器盖总成和飞轮总成上做好装配标记，如图 10-27 所示，每次将各固定螺栓拧松一圈，直至弹簧张力被完全释放，拆下固定螺栓并拉下离合器盖。

注意： 不要跌落从动盘。

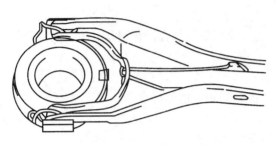

图 10-25　拆卸分离轴承总成

图 10-26　拆卸分离叉支承件

（7）拆下从动盘总成。

注意：使从动盘总成衬片部分、压盘和飞轮总成表面远离油污和异物。

3．离合器零部件检查

（1）检查从动盘总成。

①用游标卡尺测量铆钉深度，如图 10-28 所示。最小铆钉深度应为 0.3mm。如有必要，更换从动盘总成。

装配标记

图 10-27　装配标记

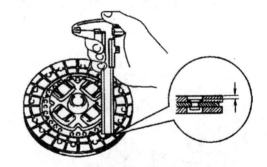

图 10-28　测量铆钉深度

②将从动盘总成安装至传动桥总成。

注意：按正确方向插入从动盘总成。

③用百分表测量从动盘总成的径向跳动，如图 10-29 所示。最大径向跳动应为 0.8mm。如有必要，更换从动盘总成。

（2）检查离合器盖总成。

用游标卡尺测量膜片弹簧磨损的深度和宽度，如图 10-30 所示。最大磨损深度（A）应为 0.5mm；最大磨损宽度（B）应为 6.0mm。如有必要，更换离合器盖总成。

（3）检查飞轮分总成。

用百分表测量飞轮分总成的径向跳动，如图 10-31 所示。最大径向跳动应为 0.1mm。如有必要，更换飞轮分总成。

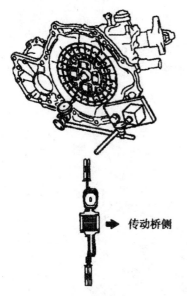

图 10-29 测量从动盘总成的径向跳动

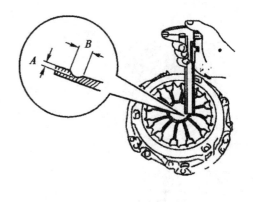

图 10-30 测量膜片弹簧磨损的深度和宽度

（4）检查离合器分离轴承总成。

①在轴向施力时，旋转离合器分离轴承总成的滑动部件（与离合器盖的接触面），检查并确认离合器分离轴承总成移动平稳且无异常阻力，如图 10-32 所示。

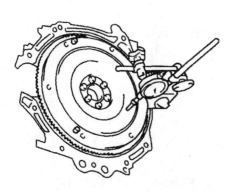

图 10-31 测量飞轮分总成的径向跳动

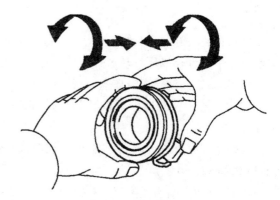

图 10-32 检查分离轴承

②检查离合器分离轴承总成是否损坏或磨损。如有必要，更换分离轴承总成。

4. 离合器的安装

将完好的零件进行清洗，损坏的零件或总成换新后，进行安装。

（1）安装从动盘总成。将 SST 插入从动盘总成，然后将其一起插入飞轮分总成，如图

10-33 所示（使用 SST 09301-00110）。

注意：按正确方向将 SST 插入从动盘总成。

（2）安装离合器盖总成。

①将离合器盖总成上的装配标记和飞轮分总成上的装配标记对准。

②按照图 10-34 所示的步骤，从位于顶部锁销附近的螺栓开始，按顺序拧紧六个螺栓。力矩为 19N·m。

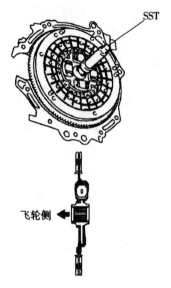

图 10-33　安装从动盘总成

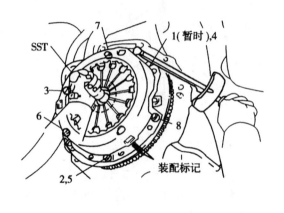

图 10-34　螺栓拧紧顺序

提示：按照图 10-34 所示的顺序，每次均匀拧紧一个螺栓；检查并确认从动盘位于中心位置后，上下左右轻微地移动 SST，然后拧紧螺栓（使用 SST 09301-00110）。

（3）检查并调整离合器盖总成。

①用带滚子仪的百分表检查膜片弹簧顶端高度偏差，如图 10-35 所示。最大偏差应为 0.9mm。

②如果偏差不符合规定，用 SST 调整膜片弹簧顶端高度差，如图 10-36 所示（使用 SST 09333-00013）。

（4）安装分离叉支承件。将分离叉支承件安装至传动桥总成，力矩为 37N·m。

（5）安装离合器分离叉防尘套。将离合器分离叉防尘套安装至手动传动桥。

（6）安装离合器分离叉总成。

①在分离叉和分离轴承总成、分离叉和推杆、分离叉和支承件间的接触面上涂抹分离毂润滑脂，如图 10-37 所示。润滑脂为丰田原厂分离毂润滑脂或同等产品。

②用卡子将分离叉安装至分离轴承总成。

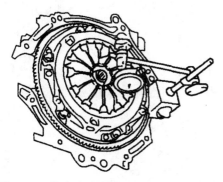

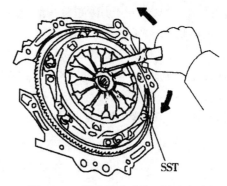

图 10-35 检查膜片弹簧顶端高度偏差　　　　图 10-36 调整膜片弹簧顶端高度偏差

（7）安装离合器分离轴承总成。

①在变速器输入轴花键上涂抹离合器花键润滑脂，如图 10-38 所示。润滑脂为丰田原厂离合器花键润滑脂或同等产品。

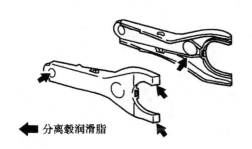

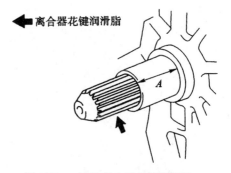

图 10-37 涂抹分离毂润滑脂　　　　图 10-38 涂抹离合器花键润滑脂

注意：不要在图 10-38 中 A 所示的部位涂抹润滑脂。

②将带分离叉的离合器分离轴承安装至传动桥总成。

注意：安装完毕后移动分离叉以检查分离轴承是否滑动平稳。

（8）安装手动传动桥及传动系总成。

四、清洁整理

将实习场地所必要的物品留下，依照规定的合理位置放置，并明确标示，将不必要的物品清除掉；对垃圾进行分类处理；将实习场地清扫干净，并保持卫生；使每位成员养成良好习惯，遵守规则做事。

【知识拓展】

磁粉式电磁离合器

磁粉式电磁离合器主、从动部分之间的转矩传递是靠磁性电介质本身来实现的，即在电磁线圈通电后，磁性电介质将主、从动盘"凝固"在一起来传递力矩。汽车上一般多用以铁粉为媒质的间隙式电磁离合器。

1. 磁粉式电磁离合器的组成

如图 10-39 所示，磁粉式电磁离合器由主动部分 3 和从动部分 8 及磁粉室 9、激磁线圈 6、离合器控制单元 ECU、离合器 C/SW 开关、离合器继电器 7 和蓄电池等组成。手动变速器的离合器控制开关 C/SW 装于换挡手柄处，可进行远程操控。

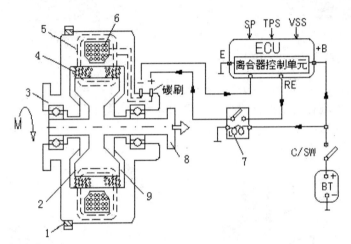

1—起动齿圈；2—导磁盘；3—输入端；4—铁粉末；5—磁通；6—激磁线圈；
7—离合器继电器；8—输出端；9—铁粉室
图 10-39　磁粉式电磁离合器原理图

（1）主动部分（输入端 3）：连接发动机的曲轴，有较大的转动惯量，代替了飞轮的作用。内置式激磁线圈 6，用碳刷与固定部位的滑环接触，可与蓄电池相通。

（2）从动部分（输出端 8）：连接变速器的输入轴。主、从动部分通过轴承连接，可相对转动，形成离合器空转分离状态。

（3）铁粉室 9：处于主、从动部分之间，内装物理性能稳定的、定量的、可以磁化的 30～50μm 铁微粒粉末（磁粉）4。磁粉通电磁化后产生"磁链"，连接主动部分和从动部分，用来传递发动机转矩 M。

2. 磁粉式电磁离合器的控制原理

（1）激磁电流的控制。

激磁电流的控制是利用离合器开关 C/SW 的闭合，使继电器 7 的线圈磁化而导通触点，离合器控制单元 ECU 从 RE 端子提供可变的工作电流，通过继电器直接操控激磁线圈 6 通断电流的大小。

（2）当激磁线圈不通电时，铁粉室的磁粉在离心力的作用下，松散地贴合于室的外侧，主从动部分为分离状态；当激磁线圈通电后，主从动部分间形成虚线闭合回路（磁路 5），铁粉被磁化，流动状态的铁粉在磁场中开始"凝固"起来，铁粉粒子形成磁链，把主从动部分联系在一起。通过激磁线圈中的电流愈大，则磁链的数目愈多，磁链也愈强，磁粉离合器传递的转矩也愈大。当通过的电流达到某一定值时，磁粉将使离合器的主从动部分牢固连在一起，离合器停止打滑，处于完全接合状态。当磁场消失时，铁粉重新又成为流动体，离合器主从动部分之间的联系消失，离合器重新分离。

（3）对离合器接合时间和接合力的控制。

除可以手控 C/SW 开关通断信号外，离合器控制单元 ECU 的电流还可调节电路，利用节气门开度 TPS 信号、转速 SP 信号、车速 VSS 信号这三个逻辑控制参数和其他相关网络信号（如制动信号、轮速信号等），根据汽车行驶工况的需要（起动运转、起步加速、换挡控制、加速爬坡、减速滑行、传动系过载保护等工况），来自动调节激磁线圈中电流的大小和导通时间的长短，自动进行通断和量化控制。磁粉离合器在接合过程中，传递转矩的增长很平滑，接合平顺，不需要进行调整。

3. 磁粉式电磁离合器的控制系统

图 10-40 所示的控制系统主要由传感器、控制单元（ECU）和执行器三大部分组成。当汽车运行时，控制单元根据各种传感器的信息，经演算处理后，控制电磁式离合器线圈的励磁电流，由此获得该工况所必要的转矩容量，实现发动机起动、汽车起步或停车、变速等不同运行状态时的离合器的自动控制过程。由于此系统只控制离合器的离合状态，所以称之为半自动控制系统。

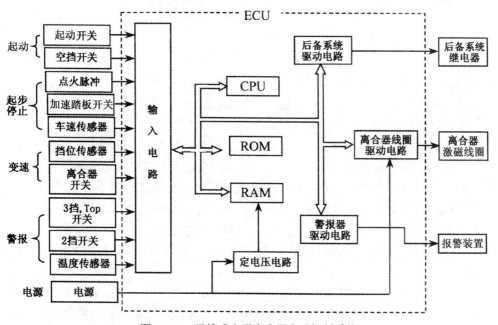

图 10-40　磁粉式电磁离合器自动控制系统

4. 磁粉式电磁离合器的优点

（1）结构简单，减轻了汽车的装备质量，传动效率高，容易实现转矩的平稳增长，无起步发抖弊病，起步性能、加速性能、换挡性能、减速滑行、传动系过载保护等功能良好。

（2）主、从部件不接触，无磨损之虑，更无调整部位，只存在电路部分的故障（继电器、滑环、碳刷、控制单元等），故障内容纳入了电控自诊系统，维修成本低，故障率低，使用寿命长。

（3）无离合器踏板等控制机械，操控开关位于变速器手柄处，进行起动运转和离合换挡控制，简化了操纵动作，方便可靠。

（4）传统式的摩擦式离合器的常见故障不再发生，如分离不好，换挡响；接合不好，行驶打滑；操控部位调整不当，从动盘损坏等。

【练一练】

一、选择题

1. 汽车传动系的作用是（　　）。
   A. 将发动机的动力按需要传给驱动轮　　B. 将发动机的动力传给后轮
   C. 将发动机的动力按规定传给驱动轮　　D. 将发动机的动力传给前轮
2. 下面（　　）是汽车离合器的主要作用。
   A. 保证汽车怠速平稳　　　　　　　　　B. 使换挡工作平顺
   C. 实现倒车　　　　　　　　　　　　　D. 增加变速比
3. 下列不属于汽车离合器部分的是（　　）。
   A. 分离轴承　　　　B. 曲轴　　　　C. 压盘　　　　D. 从动盘
4. 当膜片式离合器从动盘磨损后，离合器踏板的自由行程如何变化（　　）。
   A. 变大　　　　　　B. 不变化　　　　C. 变小　　　　D. 以上答案都有可能
5. 汽车离合器安装在（　　）。
   A. 发动机与变速器之间　　　　　　　　B. 变速器与后驱动桥之间
   C. 分动器与变速器之间　　　　　　　　D. 变速器与主减速器之间
6. 在正常情况下，发动机工作，汽车离合器踏板处于自由状态时（　　）。
   A. 发动机的动力不传给变速器　　　　　B. 发动机的动力传给变速器
   C. 离合器分离杠杆受力　　　　　　　　D. 离合器的主从部分分离
7. 由于离合器分离时，分离杠杆随压盘转动，而分离套筒不转，为减少磨损，分离套筒前端压装有（　　）。
   A. 推力轴承　　　　B. 推力盘　　　　C. 滚动轴承　　　　D. 滑动轴承
8. 为了避免共振，缓和传动系所受的冲击载荷，很多汽车离合器从动盘上安装了（　　）。
   A. 减振器　　　　　　　　　　　　　　B. 扭转减振器

C．减振弹簧　　　　　　　　　　D．膜片弹簧

9．膜片弹簧离合器主要由离合器盖、压盘和膜片弹簧等三个零件组成，膜片弹簧本身兼起（　　）的作用。

A．压紧元件　　　　　　　　　　B．分离杠杆

C．压紧元件和分离杠杆　　　　　D．分离轴承

10．离合器的主动部分包括（　　）。

A．飞轮　　　　　B．离合器壳　　　C．压盘　　　　D．摩擦片

11．离合器的从动部分包括（　　）。

A．离合器盖　　　B．压盘　　　　C．从动盘　　　D．压紧弹簧

12．离合器分离轴承与分离杠杆之间的间隙是为了（　　）。

A．实现离合器踏板的自由行程　　B．减轻从动盘磨损

C．防止热膨胀失效　　　　　　　D．保证摩擦片正常磨损后离合器不失效

二、判断题（对的打"√"，错的打"×"）

1．离合器在使用的过程中，不允许出现摩擦片与压盘、飞轮之间有任何相对滑移的现象。

（　　）

2．膜片弹簧离合器的结构特点之一是用膜片弹簧取代压紧弹簧和分离杠杆。　（　　）

3．离合器在紧急制动时，可防止传动系过载。　　　　　　　　　　　　　（　　）

4．为使离合器接合柔和，驾驶员应逐渐放松离合器踏板。　　　　　　　　（　　）

5．离合器的操纵机构有机械式和液压式两种形式。　　　　　　　　　　　（　　）

6．离合器装在发动机与变速器之间，通过离合器的分离与结合，可控制发动机与变速器之间动力的切断与传递。　　　　　　　　　　　　　　　　　　　　　　　　（　　）

7．离合器所传递的最大转矩取决于从动盘摩擦表面的最大静摩擦力。　　　（　　）

8．为了保证离合器在传递转矩时处于完全接合状态，不会出现打滑现象，离合器在接合状态时，分离杠杆内端与分离轴承之间必须预留一定量的间隙。　　　　　　　　（　　）

9．离合器从动盘摩擦衬片经使用磨损后，离合器自由间隙及自由行程会变小，应及时调整。　　　　　　　　　　　　　　　　　　　　　　　　　　　　　　　　　（　　）

10．离合器的主、从动部分常处于分离状态。　　　　　　　　　　　　　　（　　）

11．离合器在接合的过程中，会出现滑磨的现象，属于正常。　　　　　　　（　　）

12．离合器踏板的自由行程过大会造成离合器的传力性能下降。　　　　　　（　　）

三、填空题

1．摩擦式离合器由_____、_____、_____、_____、_____组成。

2．离合器的主动部分零件是_____和_____。

3．离合器的从动部分零件是_____。

4. 摩擦式离合器根据压紧机构的不同分为_____和_____。

5. 膜片弹簧离合器中的膜片弹簧既是_____，又是_____。

6. 为了减小离合器转动过程中产生的冲击，从动盘上安装_____。

7. 离合器操纵机构有_____、_____和_____三种形式。

8. 按从动盘的片数分，离合器有_____、_____和_____。

9. 双片离合器有_____个从动盘，有_____个摩擦面，有_____个压盘。

10. 踩下离合器踏板，离合器处于_____状态，不踩离合器踏板，离合器处于_____状态。

四、简答题

1. 离合器的主要功用是什么？

2. 离合器是由几部分组成的？

3. 简述离合器的工作原理。

4. 什么是离合器的自由间隙和离合器踏板的自由行程？

5. 膜片弹簧式离合器是如何工作的？

6. 离合器液压操纵机构的工作原理是什么？

任务3 手动变速器构造与维修

【任务描述】

手动变速器安装在离合器后部，改变汽车行驶速度和牵引力，多采用齿轮变速机构。本任务是让学生学会手动变速器的组成及其工作原理；学会手动变速器的拆装、检查、维修操作方法；根据环保要求，妥善处理辅料、废弃液体和损坏的零部件。

【相关知识】

一、变速器的功用

1. 改变汽车行驶的速度和牵引力

变速器可改变传动比，扩大驱动轮转速和转矩的变化范围，使汽车适应在不同工况下所需的牵引力和合适的行驶速度，并使发动机尽量在功率较高而油耗较低的有利工况下工作。变速器中是通过不同的挡位来实现这一功用的。

2. 实现倒车

发动机的旋转方向从前往后看为顺时针方向，且不能改变，为了实现汽车的倒向行驶，变速器中设置了倒挡。

3. 实现中断动力传动

在发动机起动和怠速运转、变速器换挡、汽车滑行和暂时停车等情况下，都需要中断发动机的动力传动，因此变速器中设有空挡。

二、变速器的种类

变速器按传动比的级数可分为有级式、无级式和综合式；按操纵方式可分为手动变速器、自动变速器和手动自动一体变速器。

本任务主要分析手动变速器。

三、手动变速器

手动变速器包括变速传动机构和操纵机构两大部分。变速传动机构的主要作用是改变转矩和转速的数值和方向；操纵机构的作用是实现变速器传动比的变换——换挡。

变速传动机构是手动变速器的主体。手动变速器按工作轴的数量（不包括倒挡轴）可分为二轴式手动变速器和三轴式手动变速器。

1. 齿轮传动的基本原理

普通齿轮式变速器是利用不同齿数的齿轮啮合传动来实现转矩和转速的改变的。

齿轮传动的基本原理如图 10-41 所示，一对齿数不同的齿轮啮合传动时可以实现变速，而且两齿轮的转速比与其齿数成反比。

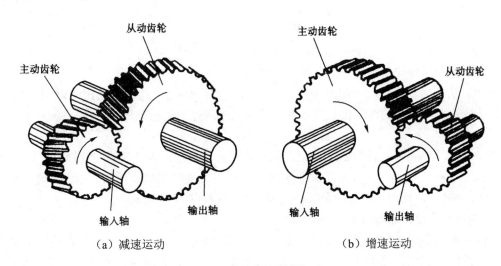

（a）减速运动　　　　　　　　　　　　（b）增速运动

图 10-41　齿轮传动的基本原理

设主动齿轮转速为 n_1、齿数为 z_1；从动齿轮转速为 n_2、齿数为 z_2；主动齿轮（即输入轴）转速与从动齿轮（即输出轴）转速之比值为传动比（i_{12}），则由齿轮 1 传到齿轮 2 的传动比为 $i_{12}=n_1/n_2=z_2/z_1$。

当小齿轮为主动齿轮，带动大齿轮转动时，输出转速降低，即 $n_2 < n_1$，此时为减速传动，传动比大于 1；当大齿轮驱动小齿轮时，输出转速升高，即 $n_2 > n_1$，此时为增速传动，传动比小于 1。汽车变速器就是根据这一原理，利用若干大小不同的齿轮副传动而实现变速的。

一对齿轮传动只能得到一个固定的传动比，从而得到一种输出转速，并构成一个挡位。为了扩大变速器输出转速的变化范围，普通齿轮式变速器通常都采用多组大小不同的齿轮啮合传动，这样就构成了多个不同的挡位。不同的挡位对应于不同的传动比，从而得到各种不同的输出转速。图 10-42 为两级齿轮传动示意图，主动齿轮 1 为主动齿轮，驱动从动齿轮 1 转动，主动齿轮 2 与从动齿轮 1 固连在一起，再驱动从动齿轮 2 转动，并输出动力，此时由主动齿轮 1 传到从动齿轮 2 的传动比为

$$i_{14} = n_1/n_4 = (z_2\,z_4)/(z_1\,z_3) = i_{12}\,i_{34}$$

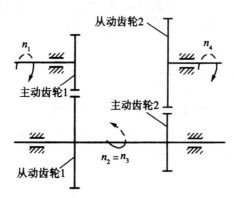

图 10-42　两级齿轮传动

因此，多级齿轮传动的传动比可以总结如下：

i ＝所有从动齿轮齿数的乘积/所有主动齿轮齿数的乘积＝各级齿轮传动比的乘积

对于变速器，各挡的传动比 i 就是变速器输入轴转速与输出轴转速之比，即

$$i = n_{输入}/n_{输出} = M_{输出}/M_{输入}$$

当 $i>1$ 时，$n_{输出} < n_{输入}$，$M_{输出} > M_{输入}$，此时实现降速增矩，为变速器的低挡位，且 i 越大，挡位越低；当 $i=1$ 时，$n_{输出} = n_{输入}$，$M_{输出} = M_{输入}$，此时为变速器的直接挡；当 $i<1$ 时，$n_{输出} > n_{输入}$，$M_{输出} < M_{输入}$，此时实现升速降矩，为变速器的超速挡。

2. 二轴式手动变速器的变速传动机构

二轴式变速器用于发动机前置前轮驱动的汽车，一般与驱动桥（前桥）合称为手动变速驱动桥，目前，我国常见的国产轿车多采用这种变速器，如桑塔纳、捷达、富康、奥迪等。前置发动机有横向布置和纵向布置两种形式，与其配用的二轴式变速器也有两种不同的结构形式。发动机横向布置时，主减速器采用一对圆柱齿轮（多数轿车），如图 10-43 所示。发动机纵向布置时，主减速器为一对圆锥齿轮（如奥迪 100、桑塔纳 2000 轿车），如图 10-44 所示。

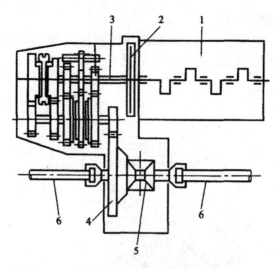

1—发动机；2—离合器；3—变速器；4—主减速器；5—差速器；6—带等角速万向节的半轴

图 10-43　发动机横向布置的二轴式变速器传动示意图

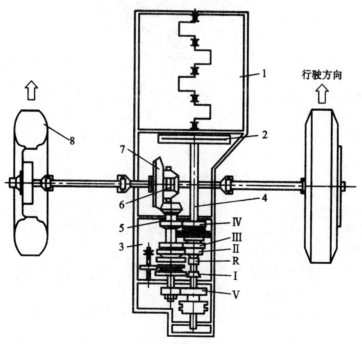

1—纵置发动机；2—离合器；3—变速器；4—变速器输入轴；5—变速器输出轴（主减速器主动锥齿轮）；
6—差速器；7—主减速器从动锥齿轮；8—前轮；Ⅰ、Ⅱ、Ⅲ、Ⅳ、Ⅴ—一、二、三、四、五挡齿轮；
R—倒挡齿轮

图 10-44　发动机纵向布置的二轴式变速器传动示意图（桑塔纳 2000）

（1）发动机横向布置的二轴式变速器。

发动机横向布置的二轴式变速器结构如图 10-45 所示，所有前进挡齿轮和倒挡齿轮都采用常啮合斜齿轮，并采用锁环式同步器换挡。

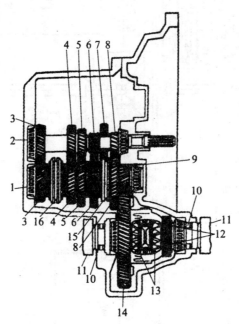

1—输出轴；2—输入轴；3—四挡齿轮；4—三挡齿轮；5—二挡齿轮；6—倒挡齿轮；7—倒挡中间齿轮；8—一挡齿轮；9—主减速器主动齿轮；10—差速器油封；11—等速万向节轴；12—差速器行星齿轮；13—差速器半轴齿轮；14—主减速器从动齿轮；15—一挡/二挡同步器；16—三挡/四挡同步器

图 10-45 发动机横向布置的二轴式变速器结构

一挡：如图 10-46 所示，一挡/二挡同步器右移与输出轴一挡从动齿轮接合，输入轴一挡主动齿轮顺时针转动，逆时针驱动输出轴一挡从动齿轮和主减速器主动齿轮，顺时针驱动主减速器从动齿轮，输出动力。

二挡：从一挡向二挡换挡时，一挡/二挡同步器与一挡从动齿轮分离，并左移与输出轴二挡从动齿轮接合。动力传动路线如图 10-47 所示，输入轴二挡主动齿轮顺时针转动，逆时针驱动输出轴二挡从动齿轮和主减速器主动齿轮，顺时针驱动主减速器从动齿轮，输出动力。

三挡：当二挡同步器接合套返回空挡后，三挡/四挡同步器右移与输出轴上的三挡从动齿轮接合。动力传动路线如图 10-48 所示，输入轴三挡主动齿轮顺时针转动，逆时针驱动输出轴三挡从动齿轮和主减速器主动齿轮，顺时针驱动主减速器从动齿轮，输出动力。

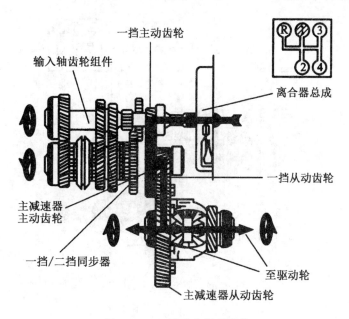

图 10-46　一挡动力传动路线

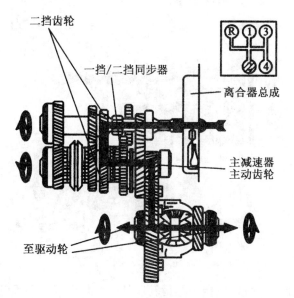

图 10-47　二挡动力传动路线

　　四挡：三挡/四挡同步器接合套从三挡齿轮移开，左移与输出轴四挡从动齿轮接合。动力传动路线如图 10-49 所示，输入轴四挡主动齿轮顺时针转动，逆时针驱动输出轴四挡从动齿轮和主减速器主动齿轮，顺时针驱动主减速器从动齿轮，输出动力。

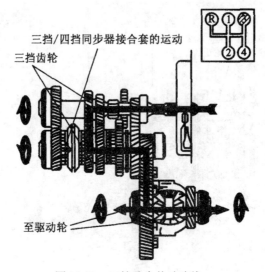

三挡/四挡同步器接合套的运动

三挡齿轮

至驱动轮

图 10-48　三挡动力传动路线

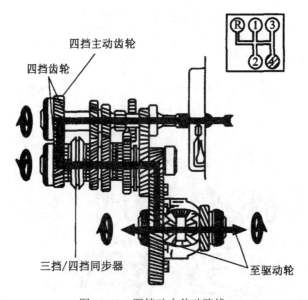

四挡主动齿轮

四挡齿轮

三挡/四挡同步器

至驱动轮

图 10-49　四挡动力传动路线

　　倒挡：变速杆位于倒挡时，倒挡中间齿轮左移同时与倒挡主动齿轮和倒挡从动齿轮啮合。倒挡从动齿轮同时又是一挡/二挡同步器接合套，同步器接合套带有沿其外缘加工的直齿。倒挡中间齿轮改变变速齿轮的旋转方向，使汽车可以实现倒向行驶。动力传动路线如图 10-50 所示，输入轴倒挡主动齿轮顺时针转动，逆时针驱动倒挡中间齿轮，再顺时针驱动输出轴倒挡从动齿轮和主减速器主动齿轮，逆时针驱动主减速器从动齿轮，反向输出动力。

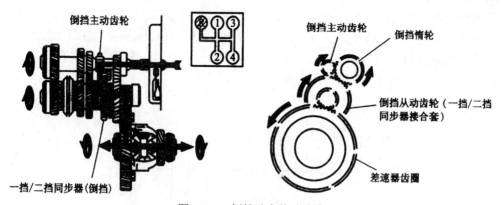

图 10-50　倒挡动力传动路线

（2）发动机纵向布置的二轴式变速器。

桑塔纳 2000 轿车二轴式变速器传动机构的结构图和示意图如图 10-51 和图 10-52 所示。

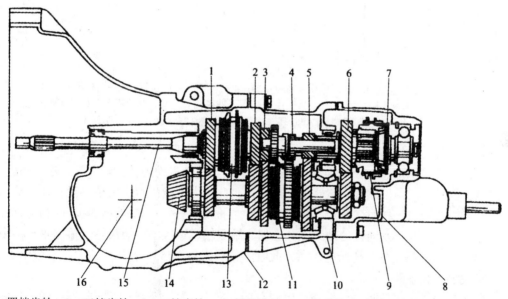

1—四挡齿轮；2—三挡齿轮；3—二挡齿轮；4—倒挡齿轮；5—挡齿轮；6—五挡齿轮；7—五挡齿轮接合齿圈；8—换挡机构壳体；9—五挡同步器；10—齿轮箱体；11—一挡/二挡同步器；12—变速器壳体；13—三挡/四挡同步器；14—输出轴；15—输入轴；16—差速器

图 10-51　桑塔纳 2000 轿车二轴式变速器传动机构的结构图

　　发动机纵向布置的二轴式变速器的变速传动机构有输入轴和输出轴两根轴，二轴平行布置，输入轴也是离合器的从动轴，输出轴也是主减速器的主动锥齿轮轴。该变速器具有五个前进挡和一个倒挡，全部采用锁环式惯性同步器作为换挡装置。输入轴上有一至五挡主动齿轮，其中一、二挡主动齿轮与轴制成一体，三、四、五挡主动齿轮通过滚针轴承空套在轴上。输入轴上还有倒挡主动齿轮，它与轴制成一体。三挡/四挡同步器和五挡同步器也装在输入轴上。输出轴上有一至五挡从动齿轮，其中一、二挡从动齿轮通过滚针轴承空套在轴上，三、四、五挡齿轮通过花键套装在轴上。一挡/二挡同步器也装在输出轴上。变速器壳体的右端还装有倒挡轴，上面通过滚针轴承空套着倒挡中间齿轮。

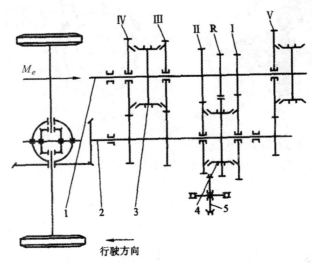

1—输入轴；2—输出轴；3—三挡/四挡同步器；4——挡/二挡同步器；5—倒挡中间齿轮；
Ⅰ——挡齿轮；Ⅱ—二挡齿轮；Ⅲ—三挡齿轮；Ⅳ—四挡齿轮；Ⅴ—五挡齿轮；R—倒挡齿轮
图 10-52 桑塔纳 2000 轿车二轴式变速器传动机构的示意图

各挡动力传动路线：

空挡：图 10-52 所示即为空挡。当离合器接合时，发动机动力传到输入轴，输入轴驱动一挡和二挡齿轮转动。由于此时同步器未起作用，因此动力不能传到输出轴，没有动力输出。

一挡：驾驶员挂一挡时，由空挡位置向左前方推变速杆，一挡/二挡同步器向后移动，与输出轴一挡齿轮啮合。发动机的动力经离合器、输入轴、输入轴一挡齿轮、输出轴一挡齿轮、一挡/二挡同步器、输出轴，传给驱动桥。此时的传动比为 3.455，输出转矩大，一般用于车辆起步、爬坡等行驶条件。

二挡：驾驶员挂二挡时，由空挡位置向左后方推变速杆，一挡/二挡同步器向前移动，与输出轴二挡齿轮啮合。发动机的动力经离合器、输入轴、输入轴二挡齿轮、输出轴二挡齿轮、一挡/二挡同步器、输出轴，传给驱动桥。此时的传动比为 1.944，输出转矩下降，车速增加。

三挡：驾驶员挂三挡时，由空挡位置向正前方推变速杆，三挡/四挡同步器向后移动，与输入轴三挡齿轮啮合。发动机的动力经离合器、输入轴、三挡/四挡同步器、输入轴三挡齿轮、输出轴三挡齿轮、输出轴，传给驱动桥。此时的传动比为 1.286，车速进一步增加。

四挡：驾驶员挂四挡时，由空挡位置向正后方推变速杆，三挡/四挡同步器向前移动，与输入轴四挡齿轮啮合。发动机的动力经离合器、输入轴、三挡/四挡同步器、输入轴四挡齿轮、输出轴四挡齿轮、输出轴，传给驱动桥。此时的传动比为 0.969，应为直接挡。

五挡：驾驶员挂五挡时，由空挡位置向右前方推变速杆，五挡同步器向后移动，与输入轴五挡齿轮啮合。发动机的动力经离合器、输入轴、五挡同步器、输入轴五挡齿轮、输出轴五挡齿轮、输出轴，传给驱动桥。此时的传动比为 0.800，此为超速挡。

倒挡：驾驶员挂倒挡时，由空挡位置向右后方推变速杆，倒挡中间齿轮向后移动，同时与输入轴和输出轴倒挡齿轮啮合。发动机的动力经离合器、输入轴、输入轴倒挡齿轮、倒挡中间齿轮、输出轴倒挡齿轮、输出轴，传给驱动桥，此时为反向传动。

3. 三轴式手动变速器的变速传动机构

三轴式变速器用于发动机前置后轮驱动的汽车。下面以东风 EQ1092 中型货车的变速器为例进行介绍，其结构简图如图 10-53 所示，它有三根主要的传动轴，即一轴、二轴和中间轴，所以称为三轴式变速器。另外还有倒挡轴。

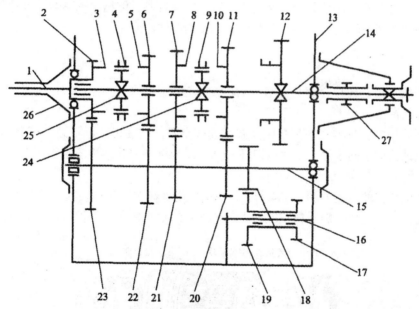

1—一轴；2—一轴常啮合齿轮；3—一轴常啮合齿轮接合齿圈；4、9—接合套；5—四挡齿轮接合齿圈；6—二轴四挡齿轮；7—二轴三挡齿轮；8—三挡齿轮接合齿圈；10—二挡齿轮接合齿圈；11—二轴二挡齿轮；12—二轴一挡、倒挡直齿滑动齿轮；13—变速器壳体；14—二轴；15—中间轴；16—倒挡轴；17、19—倒挡中间齿轮；18—中间轴一挡、倒挡齿轮；20—中间轴二挡齿轮；21—中间轴三挡齿轮；22—中间轴四挡齿轮；23—中间轴常啮合齿轮；24、25—花键毂；26—轴承盖；27—回油螺纹

图 10-53　东风 EQ1092 中型货车的三轴式变速器结构简图

该变速器为五挡变速器，各挡传动情况如下：

空挡：二轴上的各接合套、传动齿轮均处于中间空转的位置，动力不传给二轴。

一挡：前移二轴一挡、倒挡直齿滑动齿轮 12 与中间轴一挡、倒挡齿轮 18 啮合。动力经一轴常啮合齿轮 2，中间轴常啮合齿轮 23，中间轴一挡、倒挡齿轮 18，二轴一挡、倒挡直齿滑动齿轮 12 传到二轴，使其顺时针旋转（与一轴同向）。

二挡：后移接合套 9 与二轴二挡齿轮接合齿圈 10 啮合。动力经齿轮 2、23、20、11 以及二挡齿轮接合齿圈 10、接合套 9、花键毂 24，传到二轴使其顺时针旋转。

三挡：前移接合套 9 与二轴三挡齿轮接合齿圈 8 啮合。动力经齿轮 2、23、21、7 以及三挡齿轮接合齿圈 8、接合套 9、花键毂 24，传到二轴使其顺时针旋转。

四挡：后移接合套 4 与二轴四挡齿轮接合齿圈 5 啮合。动力经齿轮 2、23、22、6 以及四挡齿轮接合齿圈 5、接合套 4、花键毂 25，传到二轴使其顺时针旋转。

五挡：前移接合套 4 与一轴常啮合齿轮接合齿圈 3 啮合。动力直接由一轴、一轴常啮合齿轮 2、一轴常啮合齿轮接合齿圈 3、接合套 4、花键毂 25 传到二轴，传动比为 1。由于二轴的转速与一轴相同，故此挡称为直接挡。

倒挡：后移二轴一挡、倒挡直齿滑动齿轮 12 与倒挡中间齿轮 17 啮合。动力经齿轮 2、23、18、19、17、12 传给二轴使其逆时针旋转，汽车倒向行驶。倒挡传动路线与其他挡位相比较，由于多了倒挡中间齿轮的传动，所以改变了二轴的旋转方向。

四、同步器

同步器的功用是使接合套与待啮合的齿圈迅速同步，缩短换挡时间，且防止在同步前啮合而产生换挡冲击。

目前所采用的同步器几乎都是摩擦式惯性同步器，按锁止装置不同，可分为锁环式惯性同步器和锁销式惯性同步器，下面以锁环式同步器为例介绍其结构及工作原理。

1. 结构

锁环式同步器的结构如图 10-54 所示，花键毂用内花键套装在轴的外花键上，用垫圈、卡环轴向定位。三个滑块分别装在花键毂上三个均布的轴向槽内，沿槽可以轴向移动。

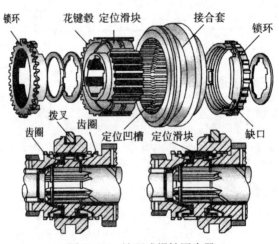

图 10-54　锁环式惯性同步器

花键毂两端与齿轮之间各有一个青铜制成的锁环（即同步环）。锁环有内锥面，与接合齿圈外锥面相配合，组成锥面摩擦副。通过这对锥面摩擦副的摩擦，转速不等的两齿轮在接合之前可迅速达到同步。

2. 工作原理

下面以二挡换三挡为例说明同步器的工作原理，如图 10-55 所示。

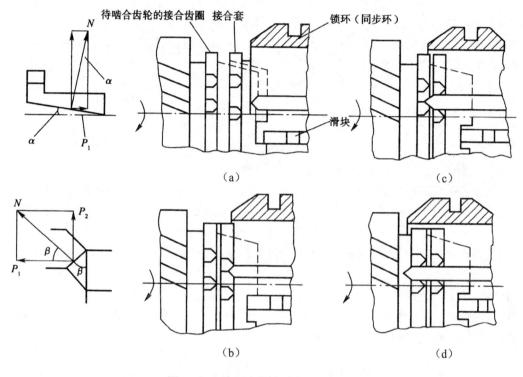

图 10-55　锁环式惯性同步器工作原理

（1）空挡位置。接合套刚从二挡退入空挡时，如图 10-55（a）所示，三挡齿轮、接合套、锁环以及与其有关联的运动件，因惯性作用而沿原方向继续旋转（图示箭头方向）。由于齿轮是高挡齿轮（相对于二挡齿轮来说），所以接合套、锁环的转速低于齿轮的转速。

（2）挂挡。欲换入三挡时，驾驶员通过变速杆使拨叉推动接合套连同滑块一起向左移动，如图 10-55（b）所示，滑块又推动锁环移向齿轮，使锥面接触。驾驶员作用在接合套上的轴向推力使两锥面有正压力 N，又因两者有转速差，所以产生摩擦力矩。通过摩擦作用，齿轮带动锁环相对于接合套向前转动一个角度，使锁环缺口靠在滑块的另一侧（上侧）为止，此时接合套的内齿与锁环上错开了约半个齿宽，接合套的齿端倒角面与锁环的齿端倒角面互相抵住。

（3）锁止。驾驶员的轴向推力使接合套的齿端倒角面与锁环的齿端倒角面之间产生正压力同时作用着方向相反的摩擦力矩和拨环力矩，同步器的结构参数可以保证在同步前（存在摩擦力矩）拨环力矩始终小于摩擦力矩，所以在同步之前无论驾驶员施加多大的操纵力，都不会挂上挡，即产生锁止作用，如图 10-55（c）所示。

（4）同步啮合。随着驾驶员施加于接合套上的推力加大，摩擦力矩不断增加，使齿轮的转速迅速降低。当齿轮、接合套和锁环达到同步时，作用在锁环上的摩擦力矩消失。此时在拨环力矩的作用下，锁环、齿轮以及与之相连的各零件相对于接合套反转一角度，滑块处于锁环缺口的中央，如图 10-55（c）所示，键齿不再抵触，锁环的锁止作用消除。接合套压下弹簧圈继续左移（滑块脱离接合套的内环槽而不能左移），与锁环的花键齿圈进入啮合，进而再与齿轮进入啮合，如图 10-55（d）所示，换入三挡。

锁环式同步器尺寸小、结构紧凑，摩擦力矩也小。

五、变速器的操纵机构

在汽车行驶过程中，需要经常进行换挡以变换传动比，从而得到不同的路面和行车情况所需要的车速和相应的驱动力。这时需要驾驶员通过变速器的操纵机构使相应挡位的齿轮进入啮合或使相应挡位的同步器进入啮合状态，以实现动力自发动机经变速器传到驱动轮，此外，当需要暂时中断动力传递或停车时，变速器应由工作挡位退入空挡位置，这一操作也是由变速器操纵机构来进行的。这便是变速器操纵机构的作用。

变速器操纵机构按照变速操纵杆（变速杆）位置的不同，可分为直接操纵式和远距离操纵式。

直接操纵式操纵机构的变速器布置在驾驶员座椅附近，变速杆由驾驶室底板伸出，驾驶员可以直接操纵，多用于发动机前置后轮驱动的车辆，解放 CA1091 中型货车六挡变速器操纵机构就采用这种形式，如图 10-56 所示。

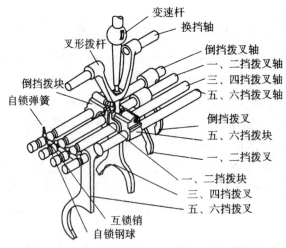

图 10-56　解放 CA1091 型中型货车六挡变速器的直接操纵式操纵机构

在有些汽车上，由于变速器离驾驶员座位较远，则需要在变速杆与拨叉之间加装一些辅助杠杆或一套传动机构，构成远距离操纵机构。这种操纵机构多用于发动机前置前轮驱动的轿车，如桑塔纳 2000 轿车的五挡手动变速器，由于其变速器安装在前驱动桥处，远离驾驶员座椅，所以需要采用这种操纵方式，如图 10-57 所示。远距离操纵式变速器在变速器壳体上具有类似于直接操纵式的内换挡机构，如图 10-58 所示。

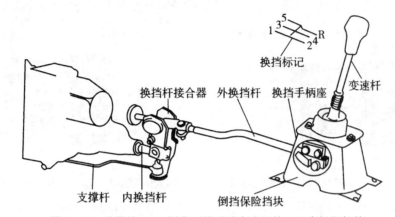

图 10-57　桑塔纳 2000 轿车五挡手动变速器的远距离操纵机构

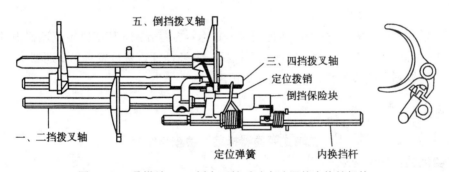

图 10-58　桑塔纳 2000 轿车五挡手动变速器的内换挡机构

为了保证变速器在任何情况下都能准确、安全、可靠地工作，变速器操纵机构一般都具有换挡锁止装置，包括自锁装置、互锁装置和倒挡锁装置。自锁装置用于防止变速器自动脱挡或挂挡，并保证轮齿以全齿宽啮合；互锁装置用于防止同时挂上两个挡位；倒挡锁装置用于防止误挂倒挡。

自锁装置的结构原理如图 10-59 所示。换挡拨叉轴上方有 3 个凹坑，上面有被弹簧压紧的钢珠，当拨叉轴位置处于空挡或某一挡位置时，钢珠压在

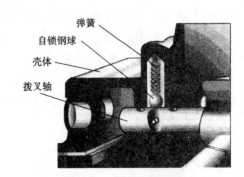

图 10-59　自锁装置的结构

凹坑中内，起到了自锁作用。

互锁装置的结构原理如图 10-60 所示，当中间拨叉轴移动挂挡时，另外两个拨叉轴被钢球锁住，防止同时挂上两个挡而使变速器卡死或损坏，起到了互锁作用。

倒挡锁装置的结构原理如图 10-61 所示。当换挡杆下端向倒挡拨叉轴移动时，必须压缩弹簧才能进入倒挡拨叉轴上的拨块槽中。这样防止了在汽车前进时因误挂倒挡而导致零件损坏的问题，起到了倒挡锁的作用。当倒挡拨叉轴移动挂挡时，另外两个拨叉轴被钢球锁住。

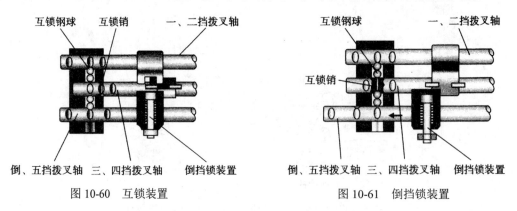

图 10-60　互锁装置　　　　　　　　　　图 10-61　倒挡锁装置

【案例】

一辆桑塔纳 2000 轿车，行驶中换挡困难，变速器内有异响，初步判定变速器内部有故障，对变速器进行拆解、检查与维修，发现上换挡杆与下换挡杆连接处损坏，变速器中三、四挡同步器损坏，更换损坏的零件后，装车，汽车正常。

【任务实施】

二轴式变速器拆装、检查与维修

一、实训的目的和要求

（1）学会正确使用常用工具和专用工具。

（2）掌握二轴式变速器的正确拆装和维修方法。

二、实训的设备及工具

（1）设备：桑塔纳 2000 轿车。

（2）普通工具：组合工具、塑料锤、扭力扳手。

（3）其他：齿轮油及桑塔纳 2000 维修手册等。

三、步骤及操作方法

1. 准备工作

（1）汽车进入工位前，将工位清理干净，准备好相关的设备。

（2）将汽车停驻在举升机中央位置。

（3）拉紧驻车制动器操纵杆，并将变速杆置于空挡位置。

（4）套上转向盘护套、变速杆手柄套和座位套，铺设脚垫。

（5）在车内拉动发动机舱盖手柄，在车外打开并支撑发动机舱盖。

（6）粘贴翼子板和前脸磁力护裙。

2. 变速器操纵机构分解与安装

变速器操纵机构分解图如图 10-62 所示。

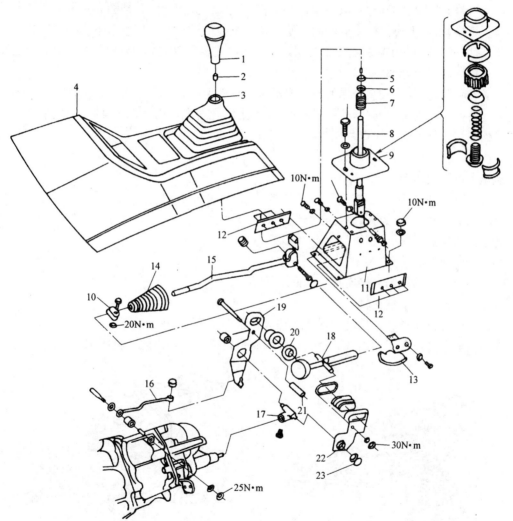

1—换挡手柄；2—防尘罩衬套；3—防尘罩；4—仪表板；5—锁圈；6—挡圈；7—弹簧；8—上换挡杆；9—换挡杆支架；10—夹箍；11—变速控制器罩壳；12—缓冲垫；13—倒挡缓冲垫；14—密封罩；15—下换挡杆；16—支撑杆；17—离合块；18—换挡连接套；19—轴承右侧压板；20—罩盖；21—支撑轴；22—轴承左侧压板；23—塑料衬套

图 10-62　桑塔纳 2000 轿车五挡手动变速器操纵机构分解图

（1）上换挡杆的拆卸：拆下换挡手柄，取下防尘罩；取下仪表板；拆下固定在上换挡杆的弹簧锁圈（注意锁圈一经拆卸，就要更换），取下挡圈和弹簧；拆下换挡杆支架；拆下变速控制器罩壳，使上、下换挡杆脱离。

（2）上换挡杆的安装：上换挡杆的安装按照与拆卸相反的顺序进行，但应注意检查所有零件的完好情况，更换已经损坏的零件、润滑衬套和挡圈，调整上换挡杆，用快干胶固定换挡手柄。

（3）换挡杆支架的拆卸：取下换挡手柄和防尘罩；拆下锁圈、挡圈和弹簧（锁圈一经拆卸，就要更换）；拆下换挡杆支架的固定螺栓，取下换挡杆支架；用手取下换挡杆支架，换挡杆支架零件分解图如图10-62右上部分所示。换挡杆支架只有加润滑油时才能分解，一旦发现任何零件损坏，就要全部更换。

（4）换挡杆支架的安装：用润滑脂润滑换挡杆支架内各部件，装上换挡杆支架，螺栓不用旋紧，将换挡杆支架上的孔与变速控制器罩壳上的孔对准，用10N·m的力矩旋紧螺栓；装上弹簧挡圈和新的锁圈；检查各挡的啮合情况；装上防尘罩和手柄。

3. 变速器变速传动机构的拆装

从车上拆下变速器。

（1）变速器的拆解。

①清洗变速器外表，将其固定在修理架上。

②放出齿轮油。

③拆下变速器后盖。

④拆卸一、二挡锁销，接着把拨叉向左转动。

⑤挂入二挡，拉下拨叉轴。

⑥拆下五挡拨叉轴、五挡同步器和五挡齿轮组件（见图10-63）。

⑦锁住输入轴，取下输出轴五挡齿轮紧固螺母，拆下五挡齿轮（见图10-64）。

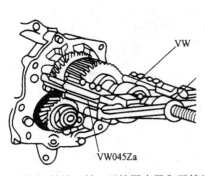

图10-63 拆下五挡拨叉轴、五挡同步器和五挡齿轮组件　　图10-64 拆下五挡齿轮

⑧取下三、四挡的锁销和拨叉轴。

⑨拆下倒挡自锁装置和倒挡拨叉轴。

⑩拆下输入轴和输出轴组件（见图 10-65）。

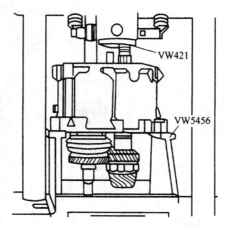

图 10-65　拆下输入轴和输出轴组件

⑪取出倒挡轴和齿轮、倒挡传动臂。

⑫拆卸拨叉轴自锁和互锁装置（见图 10-66）。

⑬拆下从动齿轮的轴承盖螺栓，取下盖子，取出主减速器和差速器总成（见图 10-67）。

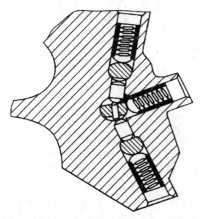

图 10-66　拆卸拨叉轴自锁和互锁装置

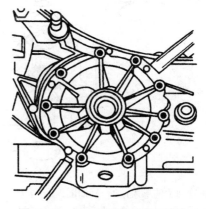

图 10-67　拆下从动齿轮的轴承盖

（2）输入轴的拆卸（见图 10-68）。

①拆下四挡齿轮的有齿锁环，取下四挡齿轮、同步环和滚针轴承。

②拆下同步器锁环。

③拆下三、四挡同步器，三挡同步环和齿轮，取下三挡齿轮的滚针轴承。

④拆下中间轴承内圈。

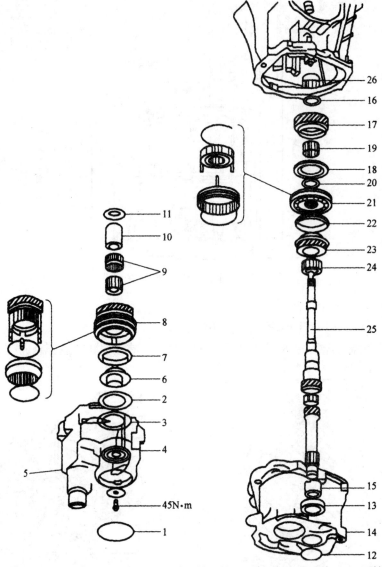

1—后轴承的罩盖；2—挡油圈；3—卡环；4—输入轴后轴承；5—变速器后盖；6—五挡同步套管；
7—五挡同步环；8—五挡同步器和齿轮；9—五挡齿轮滚针轴承；10—五挡齿轮滚针轴承内座圈；
11—固定垫圈；12—卡环；13—中间轴承；14—轴承支座；15—中间轴承内座圈；16—卡环；
17—四挡齿轮；18—四挡同步环；19—四挡齿轮滚针轴承；20—卡环；21—三挡/四挡同步器；
22—三挡同步环；23—三挡齿轮；24—三挡齿轮滚针轴承；25—输入轴；26—输入轴滚针轴承

图 10-68 输入轴零件分解图

（3）输出轴的拆卸（见图 10-69）。

①拆下输出轴后轴承和一挡齿轮，取下滚针轴承和一挡同步环。

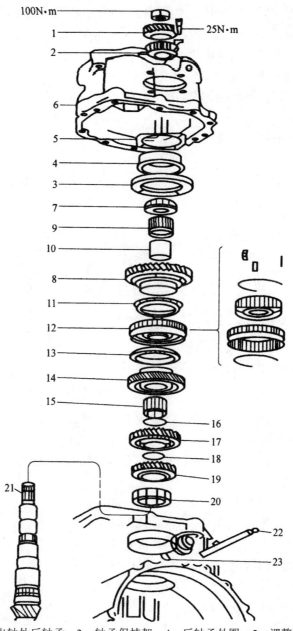

1—五挡齿轮；2—输出轴外后轴承；3—轴承保持架；4—后轴承外圈；5—调整垫片；6—轴承支座；
7—输出轴内后轴承；8—一挡齿轮；9—一挡齿轮滚针轴承；10—一挡齿轮滚针轴承内座圈；11—一挡
同步环；12—一挡/二挡同步器；13—二挡同步环；14—二挡齿轮；15—二挡齿轮滚针轴承；16—卡环；
17—三挡齿轮（凸缘应转向四挡齿轮）；18—卡环；19—四挡齿轮（凸缘应转向主动锥齿轮）；20—输出
轴前轴承；21—输出轴；22—圆柱销；23—输出轴前轴承外圈

图 10-69　输出轴零件分解图

②拆下滚针轴承的内圈、同步环和二挡齿轮，取下二挡齿轮的滚针轴承。

③拆下三挡齿轮的锁环、三挡齿轮。

④拆下四挡齿轮的锁环、四挡齿轮。

⑤拆下输出轴的前轴承。

⑥检查各零件的情况，输出轴的安装顺序与拆卸顺序相反。

4. 变速器的装配

变速器的装配可按拆卸的相反顺序进行。

（1）输入轴的装配。

①装上中间轴承内圈，将预先润滑过的三挡齿轮滚针轴承装上，把油槽转向二挡齿轮。

②组装三挡/四挡同步器，如图 10-70 所示。

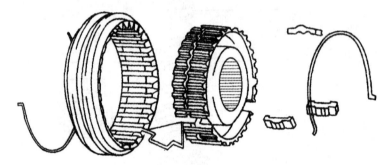

图 10-70　组装三挡/四挡同步器

③装上三挡齿轮及三挡/四挡同步器，装上锁环。

④装上同步环、滚针轴承和四挡齿轮，再装上有齿锁环。

⑤将三挡齿轮、同步器和四挡齿轮紧紧压在有齿锁环上，把总成固定好。

（2）输出轴的装配。

①将前轴承装在输出轴上。

②装上四挡齿轮，齿轮有凸缘的一边应朝向轴承。

③利用可供使用锁环中的一个将四挡齿轮固定好。先从较厚的锁环开始，锁环厚度有：2.35mm、2.38mm、2.41mm、2.44mm、2.47mm 几种。

④安装三挡齿轮，凸缘应朝向四挡齿轮。

⑤利用塞尺测量将要装用的锁环的厚度，如图 10-71 所示。根据测得的尺寸，选择适当的锁环装上，锁环厚度的选择见表 10-1。

⑥安装滚针轴承、齿轮、二挡同步环。

⑦装配一挡/二挡同步器，如图 10-72 所示。

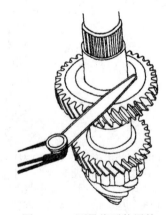

图 10-71　测量将要装用的锁环的厚度

10 项目

表 10-1　锁环厚度的选择

测得尺寸/mm	锁环厚度/mm
<1.6	1.5
1.6 或>1.6	1.6

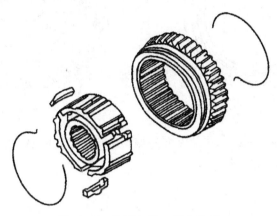

图 10-72　装配一挡/二挡同步器

　　同步器凹槽中的细槽应转向装拨叉槽的对面一边，如图 10-73 所示。同步器壳体有三个凹口，凹口上有三个凹陷的内齿。在安装中，三个凹口和槽应吻合，这样可以安装锁环，然后装止动弹簧，相互间隔 120°，弯的一段锲入锁环中，如图 10-74、图 10-75、图 10-76 中箭头所示。

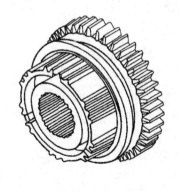

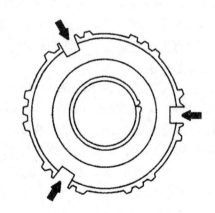

图 10-73　安装同步器（一）　　　　图 10-74　安装同步器（二）

⑧装上一挡/二挡同步器，同步器壳体的槽应朝一挡齿轮。

⑨装上一挡齿轮滚针轴承的内圈，再装上一挡同步环、一挡齿轮、一挡齿轮滚针轴承。

⑩装上后轴承。将输入轴和输出轴装在轴承支座上，再将轴承支座装在变速器壳体上，

最后将变速器后盖装在变速器轴承支座上。

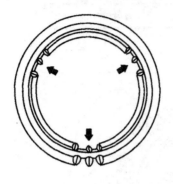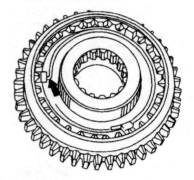

图 10-75　安装同步器（三）　　　图 10-76　安装同步器（四）

（3）对于轴承支座和变速器后盖之间的调整垫片和密封圈厚度的确定，只要下列的任何一个零件更换了，就要计算调整垫片。

①轴承支座。

②输出轴后轴承。

③一挡齿轮的滚针轴承内圈。

④主减速器从动锥齿轮和主动锥齿轮总成。

由于桑塔纳轿车的变速器和主减速器是合为一体的整体结构，其变速器输出轴又是主减速器主动齿轮的输入轴，因此轴的定位和预紧十分重要，具体来说就是在装配变速器后盖时要特别注意调整垫片和密封圈的厚度，因为它们直接影响主动齿轮输出轴的轴向位置。

由于输入轴后端支承采用的向心轴承和组合轴承是两种型号，因而后盖的尺寸不一样，调整垫片的厚度也不一样。具体参见《桑塔纳轿车维修手册》。

四、三轴式手动变速器主要零件的检修

1．变速器壳体的检修

变速器壳体的常见损伤为壳体裂纹和变形、轴承座孔磨损、螺纹孔损伤等。

（1）变速器壳体上螺纹孔的螺纹损坏不得超过 2 牙。其上平面与盖接合面的平面度公差应为 0.15mm，如超过 0.30mm，应加以修复。

（2）检查变速器壳第一、二轴轴承孔与中间轴轴承孔的公共轴线平行度误差，及倒挡轴的轴承孔中心线与上列轴线平行度误差，该误差值应不大于 0.10mm，检验方法如图 10-77 所示。

（3）检查变速器壳前端面对第一、二轴轴承孔公共轴线的端面圆跳动，应不大于 0.10mm，后端面圆跳动不大于 0.15mm。

（4）检查变速器滚动轴承外径与壳体轴承孔的配合，应符合各车型变速器维修标准的规定。

（5）检查壳体上各轴承孔的圆度，公差应为 0.008mm。

（6）检查变速器壳体轴承孔与倒挡轴轴颈的配合，应符合各车型变速器维修标准的规定。

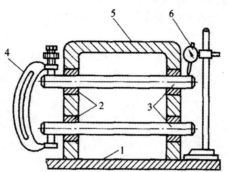

1—平板；2—定位套；3—试轴；4—千分尺；5—壳体；6—百分表

图 10-77　变速器壳体轴承孔平行度的测量

（7）检查变速器壳体，不得有变形、裂损。

（8）壳体裂纹的检修。一般用磁力探伤法或外部检视法并轻轻敲击检验。

（9）壳体变形的检验。壳体的变形与轴承座孔的磨损会破坏壳体与轴承的配合关系。

2．变速器盖的检修

（1）变速器盖不得有裂纹，螺纹孔不得有损伤或滑扣。

（2）盖体与壳体接合平面长度在 250mm 以内时，其平面度公差应为 0.15mm；接合平面长度大于 250mm 时，平面度公差应为 0.20mm，使用限度不于 0.30mm。检测时，将变速器盖支撑在平板上，用百分表测量其与壳体的接合平面，其平面度公差超过使用限度时，应修平。

（3）用百分表、外径千分尺检测变速器上盖体变速叉轴轴孔和变速叉轴的配合间隙，一般为 0.04～0.10mm，大修时允许为 0.20mm，使用限度不大于 0.30mm。

（4）检查顶盖变速杆球节限位销孔和限位销的配合状态，相应差值一般为 0.00～0.20mm，固定式为-0.03～-0.01mm，活动式为 0.015～0.045mm，大修时允许不大于 0.070mm。

（5）顶盖球节座孔磨损的检查。圆形的球节露出部分不得超过球高的 1/5，半圆形球节顶部磨损不低于座平面 2.00mm。

3．变速器齿轮的检修

变速器齿轮的主要损伤有：齿面磨损、齿端磨损、疲劳剥落、腐蚀斑点、轮齿破碎或折断、花键孔磨损等。

（1）检查齿轮工作面。齿轮不得有裂纹，齿轮工作面上不允许有疲劳性剥落或不规则磨损，不得有锐角、毛刺，工作面上的打击伤痕和缺口面积应不大于 20%。若工作面上有轻微斑点、剥落、磨损，在保证其啮合间隙的情况下，允许用细油石修磨后使用。如果齿轮磨损严重，应换用新件。

（2）常啮合齿轮啮合间隙应为 0.01～0.05mm，使用极限应不大于 0.06 mm。接合齿轮的齿侧间隙应为 0.10～0.40mm，各齿轮的啮合印痕应在齿轮啮合面的中部，且不小于啮合面的 60%。

（3）齿轮端部磨损的检查。在齿高 2/3 处测量，接合齿应不超过原齿长的 30%，滑动齿应不超过原齿长的 15%，啮合套齿长的最大磨损应不超过原齿长的 15%。否则，应换用新件。

（4）检查齿轮开口环、垫圈、调整垫、齿轮凸缘处和止推垫片表面。如有刮伤及过量磨损，应换用新件。

（5）检查齿轮、轴承卡环，如有损伤、变形和弹力减弱现象，应换用新件。

（6）各轴花键与滑动齿轮键槽的配合间隙应符合各车型变速器维修标准。

4. 同步器的检修

（1）锁环式惯性同步器。锥面角一般为 6°～7.5°，在使用中，若锥面角变形增大而不能迅速同步，则应及时更换；同步器的锁环与接合齿轮端的间隙应符合要求；被同步的齿轮与同步器齿轮毂应有 0.15～0.20mm 的止推间隙。

（2）锁销式惯性同步器。锁销式惯性同步器主要损伤为锥环、锥盘磨损。当锥环斜面上 0.40mm 深的螺纹槽磨损至 0.10mm 深时，应更换。

5. 变速器轴与轴承的检修

变速器轴常见损伤主要有轴颈磨损、键齿磨损、轴弯曲变形、螺纹损伤等。轴承的损伤主要是磨损过量。

（1）变速器轴装配滚球、滚柱和滚锥轴承的轴颈的磨损，一般不超过 0.030mm。

（2）检查变速器滚针轴承与轴颈的配合间隙，一般为 0.02～0.10mm，大修时允许为 0.02～0.13mm，各轴颈的磨损极限为 0.30mm。同一组滚针轴承各滚针直径差不大于 0.02mm。

（3）变速器第一轴前轴颈与轴承的配合间隙应为 0.002～0.040mm，使用极限不大于 0.10mm。

（4）检查变速器第一轴轴承盖外径的磨损，一般不大于 0.225mm，其外径与分离轴承座孔的配合间隙应为 0.05～0.15mm，大修时允许不大于 0.375mm。

（5）变速器第一轴键齿宽度磨损不大于 0.20mm。

（6）第一、第二轴后轴颈滚球轴承的配合间隙为-0.038～0.003mm。

（7）变速器第一、第二轴和中间轴轴颈以两端轴承轴颈的公共轴线为基准，其他各配合轴颈的径向圆跳动应不大于 0.050mm，大修时允许不大于 0.070mm，使用极限不大于 0.10mm。

（8）变速器第二轴花键齿不得有扭曲变形；对于凸缘键槽的配合侧隙，大修标准为-0.040～0.100mm，大修时允许为-0.040～0.150mm，使用限度不大于 0.300mm。

（9）中间轴轴颈与滚柱轴承的配合间隙应为-0.032～-0.003mm，使用极限不大于 0.150mm。

（10）变速器轴弯曲变形的检查：变速器第一、第二轴和中间轴轴颈径向圆跳动的允许值为 0.030mm，使用极限为 0.06mm。

检查方法如图 10-78 所示，将变速器一、第二轴和中间轴以两端轴颈为支承点，放在平板上的 V 形架上，

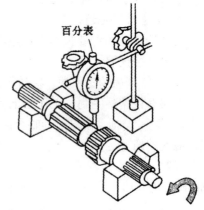

图 10-78 轴的径向圆跳动误差检查

用百分表测杆触头抵在中部轴颈上，轻转变速器轴，百分表的读数便是该轴的径向圆跳动。若变形超过极限，可用压床冷压校正。

（11）倒挡轴与齿轮衬套内径的配合应符合各车型维修标准的规定，衬套外径与齿轮孔径的配合为过盈配合，不允许有间隙。

（12）倒挡轴轴颈与滚针轴承、倒挡齿轮孔径的配合间隙：大修标准为 0.020～0.100mm。

（13）检测变速器花键轴键齿与齿轮键槽的配合间隙：应符合各车型维修标准要求，一般为 0.04～0.30mm。

（14）所有轴上的花键部分和凸缘盘键齿孔相啮合部位不得有明显台阶和向一侧偏磨的情况。

（15）检查变速器装配的滚球、滚柱轴承及轴承滚道：不得有严重磨损或烧蚀变绿色痕迹，也不得有裂纹、金属脱层、鱼鳞状剥落及大量腐蚀斑点，否则应换用新件。

（16）用百分表检测单列向心球轴承轴向、径向间隙：其径向、轴向间隙不得超过 0.30mm，否则，应换用新件。

（17）检测使用衬套的轴颈与衬套的配合间隙：一般为 0.03～0.10mm，使用极限不大于 0.20mm；衬套与齿轮孔径的配合间隙应为-0.068～-0.012mm。

（18）检测油封轴颈：油封轴颈磨损不得有沟槽，轴颈磨损不得大于 0.30mm。否则，应对磨损轴颈的部位进行涂镀、镀铬或堆焊修复。修复后的油封轴颈应恢复其基本尺寸，油封轴颈与凸缘轴心线的径向圆跳动不大于 0.10mm，表面粗糙度的 Ra 不大于 0.80μm。

6．变速器操纵机构的检修

（1）变速杆不得有弯曲、裂纹，球节、定位槽不得有严重磨损。

（2）若球节磨损超过 0.50mm，定位槽磨损变形与球头磨损超过 0.40mm，应修复。

（3）球节、球头磨损可用检测工具、模具通过新旧对比及配合方法检验。

（4）根据变速杆磨损情况，对磨损部位可采取涂镀、镀铬、镀铁或堆焊后修复的方法。

（5）变速叉不得有裂纹、缺口和弯曲、扭曲变形，如图 10-79 所示，若有弯曲、扭曲变形，可用冷压校正修复。

（6）变速叉端面厚度的磨损应不大于 0.40mm，对于其与滑动齿环槽的配合间隙，大修标准为 0.20～0.80mm。

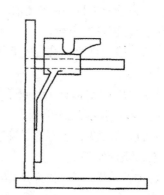

图 10-79　拨叉弯曲和扭曲变形检测

（7）变速叉两同侧端面，应分别位于同一平面内，两端面与叉孔中心线垂直度误差不大于 0.15mm，大修时允许不大于 0.20mm。

（8）拨叉和滑套的拨叉槽不得过量磨损，不得因磨损而变色，滑套的接合齿不得在接触区偏斜。

（9）变速叉轴上定位球凹槽及互锁凹槽沿轴向磨损不超过 0.50mm，磨损深度不超过 0.70mm，定位锁止钢球及弹簧应完好不变形。

（10）变速叉轴的直线度公差应为 0.05mm，变速叉轴磨损不大于 0.10mm。变速叉轴与盖上叉轴座孔配合间隙应为 0.01～0.10mm。

（11）定位球、互锁销如磨损严重，应换用新品；定位弹簧自由长度变短、弹力减弱或折断时，应换用新品。

7. 变速器的磨合试验

变速器经检修、装配完毕后，应在专用试验台上进行磨合试验。其目的，一是为改善各运动配合副，特别是齿轮工作表面的状况，使其达到适合工作条件的要求，以延长变速器的使用寿命；二是检查变速器修理的质量，发现问题及时排除，以提高修复质量。

（1）磨合与试验的规范。变速器的磨合分无负荷与有负荷两个阶段。先在无负荷情况下进行各挡位磨合，视各挡磨合情况再增加负荷试验。所增加负荷为传递的最大转矩的 30% 左右。

对于磨合试验的转速，各个车型都有规定。第一轴转速一般为 1000～2000r/min，如东风EQ1092F 为 1450r/min。各挡运转时间应不少于 10～15min，总时间应不少于 1h。修复或换用齿轮时，相关挡位的运转时间还应适当增加。磨合时应加汽油发动机机油，磨合中油温不超过85℃。磨合结束后应放掉机油，用煤油、柴油各 50% 的混合油清洗干净。

（2）磨合与试验的设备。驱动装置可用电动机或车用发动机。加载装置有液压式、电力式、电涡流式及机械式等制动器。

液压式制动器即用油泵作负载，通过节流阀改变油泵输出油压而改变制动力矩；电涡流式制动器是通过改变励磁电流而改变制动力矩，它具有制动力矩变化范围较大、低速时制动力矩较大、制动力矩随转速变化较小等特点。上述两种制动器结构简单，工作可靠，适合一般修理厂使用。

电力式制动器的结构复杂，成本较高。机械式制动器即靠摩擦力矩加载，虽结构简单、易于制造，但性能不稳。

（3）检查试验。磨合中要注意检查，若有异常现象要查明原因，属装配不当时应予以排除相应故障。

经磨合的变速器在 15～65℃ 油温下进行加载试验，在任何挡位不允许有自动脱挡、乱挡现象；操纵机构和同步器换挡应轻便、灵活、迅速、可靠；运转和换挡时均不得有异响，变速杆不允许有明显的抖动现象；所有密封装置不得有漏油现象；双手推拉凸缘时，应无轴向间隙感觉。

五、清洁整理

将实习场地所必要的物品留下，依照规定的合理位置放置，并明确标示，将不必要的物品清除掉；对垃圾进行分类处理；将实习场地清扫干净，并保持卫生；使每位成员养成良好习惯，遵守规则做事。

【知识拓展】

分动器

一、四轮驱动系统概述

越野车、军用汽车等需要经常在条件恶劣的环境中行驶，因此需要增加汽车驱动轮的数目。这样，如果有一个驱动轮陷入沟中，则由其他驱动轮产生驱动力使汽车继续行驶。要使前后车轮都是驱动轮，应在前后驱动轮之间增加一个分动器。

传统四轮驱动汽车的基本组成如图 10-80 所示，发动机的动力经过离合器传给变速器，然后利用分动器把动力分配给前后传动轴，再通过传动轴将动力传递给前后差速器以及四个半轴，使四轮车轮转动。

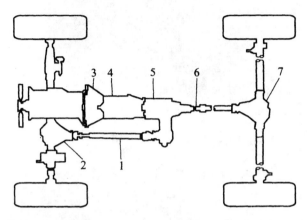

1—前万向传动装置；2—前驱动桥；3—离合器；4—变速器；5—分动器；
6—后万向传动装置；7—后驱动桥
图 10-80　传统四轮驱动汽车的基本组成

分动器与前桥传动轴之间的连接方式有齿轮传动与链条传动两种，如图 10-81 所示。

目前，四轮驱动分为三种形式。

1. 全时驱动（Full-time）

全时驱动车辆永远保持四轮驱动模式，正常行驶时发动机转矩按 50%输出，50%设定在前后轮上。当轮胎打滑时汽车自动分配前后转矩以确保在不同路面上极佳的车辆性能和驾驶条件，分配比例在 30%：70%～70%：30%之间（前后驱动转矩在 30%～70%之间连续无级可调），采用这种驱动模式的车辆具有极佳驾驶操控性和行驶循迹性。全时四驱科技含量高，车辆的行驶操控性能和舒适性也强，因此主要运用在奥迪 A4 Quattro、新奥迪 A6L、宝马 X5 等高挡车型上。

2. 兼时驱动（Part-time）

兼时驱动模式一般用于越野车或四驱 SUV 上。驾驶员可根据路面情况，通过接通或断开分动器来变化两轮驱动或四轮驱动模式,其优点是可根据实际情况来选取驱动模式,比较经济,缺点是其机械结构比较复杂,需要驾驶员有很强驾驶经验。北京切诺基就是采用这种驱动模式。

3. 适时驱动（Real-time）

对于采用适时驱动的车辆，其选择何种驱动模式由电脑控制，正常路面一般采用两轮驱动,如果路面不良或驱动轮打滑,电脑会自动检测出来并立即将发动机输出转矩分配给其他两轮,切换到四轮驱动状态,免除了驾驶员的判断和手动操作,应用更加简单。选用这种驱动模式的代表车型有东风本田 CR-V 和北京现代途胜等。

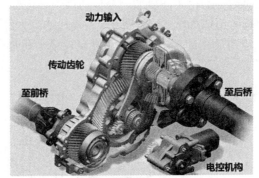

（a）齿轮传动式

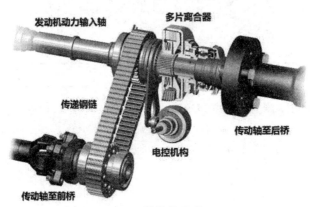

（b）链条传动式

图 10-81　分动器与前桥传动轴间传动方式

二、分动器的典型结构和工作原理

以传统的兼时驱动的北京切诺基为例介绍其主要部件的结构、原理和检修方法。

分动器的功用是把变速器传来的动力分配给前后驱动桥。大多数的分动器上没有变速机构，在进行两轮或四轮驱动切换的同时，也改变了整车的传动比。在普通路面上应使用高速挡，在恶劣路面上使用低速挡。

北京切诺基主要采用 87A-K 型分动器，其构造与原理与普通齿轮变速器类似。

1．结构、组成

87A-K 型分动器的结构简图如图 10-82 所示。其壳体是中间剖分式的，壳体内设有串联的输入轴 1 和后输出轴 7、中间轴 8 及前输出轴 9。

分动器的高、低速挡及空挡是由牙嵌式离合器接合套 3 的位置决定的。接合套内孔制有齿形花键和输入轴后端的齿形花键滑套着。接合套处于前后不同位置时，可以分别和低速挡齿轮 2 或后输出轴 7 的齿形花键接合，也可以处于中间位置与输入轴接合。当接合套处于前端位置时，其花键孔同时套着输入轴低速挡齿轮和后端的齿形花键，输入轴 1 的转矩就通过后端的齿形花键传给接合套继而通过低速挡齿轮、中间轴大齿轮和中间轴小齿轮分别传给前输出轴 9 和四轮驱动齿轮 4，其速比为 2.36∶1，此时同步器接合套 5 被同步器拨叉拨向后方与同步器盘 6 接合，转矩同时传递给后输出轴，其转速与前输出轴相同。

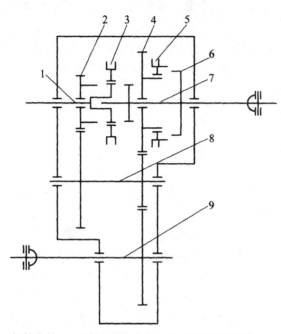

1—输入轴；2—低挡齿轮；3—离合器接合套；4—四轮驱动齿轮；5—同步器接合套；
6—同步器盘；7—后输出轴；8—中间轴；9—前输出轴
图 10-82　87A-K 型分动器的结构简图

　　当接合套处于中间位置时，接合套只与输入轴的齿形花键套合，因此，输入轴无转矩输出，成为空挡。当接合套处于后方位置时，输入轴的转矩通过接合套直接传给输出轴，二者转速相同，此时为高挡传动。

　　分动器的四轮或两轮驱动取决于同步器接合套的位置。当同步器处于前方时同步器和同步盘分离，此时后输出轴的动力不传给前轴，仅后轮驱动；同步器接合套处于后方位置时，后输出轴不仅驱动后轴还通过四轮的驱动齿轮驱动前轴，实现四轮驱动。由于离合器接合套 3 和同步器接合套 5 的位置分别由接合套和两个拨叉来控制，即排除了低速两轮驱动工况，防止转矩传递过大而损坏传动系机件。

　　惯性同步器仅用于高速挡时后轮驱动的接合，低速挡时同步器断开，后轮由高、低速挡接合套传递动力。因此允许车辆行驶中实施高速两轮或高速四轮驱动工况的变换。由于高、低速挡是采用接合套变换，因此必须在车辆完全静止时进行高低速换挡。否则，会产生强烈离合器冲击及噪声，甚至损坏有关零件，换挡困难。

2. 转矩传递路线

分动器两轮或四轮驱动时转矩的传递路线如下：

（1）四轮低速时：输入轴→接合套→低速挡齿轮→中间齿轮组→前输出轴→四轮驱动齿轮→惯性式同步器→后输出轴。

（2）四轮高速时：输出轴→接合套→后输出轴→惯性式同步器→四轮驱动齿轮→中间轴齿轮→前输出轴。

（3）两轮驱动（只有高速挡）：输入轴→接合套→后输出轴。

【练一练】

一、选择题

1. 下列哪个齿轮传动比表示超速挡？ （ ）
   A. 2.15：1　　　　　　　　　　　　B. 1：1
   C. 0.85：1　　　　　　　　　　　　D. 以上答案都不正确

2. 三轴式变速器不包括（ ）。
   A. 输入轴　　　　B. 输出轴　　　　C. 中间轴　　　　D. 倒挡轴

3. 两轴式变速器的特点是输入轴与输出轴（ ），且无中间轴。
   A. 重合　　　　B. 垂直　　　　C. 平行　　　　D. 斜交

4. 变速器的操纵机构由（ ）等构成。
   A. 变速杆　　　　B. 拨叉　　　　C. 拨叉轴　　　　D. 安全装置

5. （ ）可以实现减速增矩传动。
   A. 小齿轮为主动齿轮，带动大的从动齿轮转动
   B. 大齿轮为主动齿轮，带动小的从动齿轮转动
   C. 主动齿轮与从动齿轮大小相等
   D. 以上答案都不正确

6. 三轴式变速器属于（ ）传动。
   A. 单级　　　　B. 双级　　　　C. 三级　　　　D. 四级

7. （ ）换挡装置用于斜齿轮传动的挡位。
   A. 直齿滑动式　　　B. 接合套式　　　C. 同步器式　　　D. 以上答案都不正确

8. 一对齿数不同的齿轮啮合传动时可以变速，而且两齿轮转速与齿轮齿数成（ ）。
   A. 反比　　　　B. 正比　　　　C. 线性　　　　D. 无固定比例

9. 越野汽车因多轴驱动而装有（ ），其主要功用是将变速器输出的动力分配到各个驱动桥。
   A. 分动器　　　　　　　　　　　　B. 变速驱动桥
   C. 主减速器和差速器　　　　　　　D. 半轴

10．变速器乱挡（在离合器技术状况正常情况下，变速器同时挂上两个挡，或虽能挂上挡，但却不能挂入所需要的挡位，或者挂入后不能退出）的故障原因主要为（　　）。

A．变速操纵机构失效　　　　　　　B．变速传动机构失效

C．变速控制机构失效　　　　　　　D．变速旋转机构

二、判断题（对的打"√"，错的打"×"）

1．汽车设置变速器的目的是为了改变发动机的扭矩，增加发动机功率。　　　　（　　）

2．换挡时，两根拨叉轴一般同时工作。　　　　　　　　　　　　　　　　　　（　　）

3．在东风 EQ1090E 型汽车变速器的互锁装置中，两个互锁钢球的直径之和正好等于相邻两根拨叉轴间的距离。　　　　　　　　　　　　　　　　　　　　　　　　　　　　（　　）

4．在东风 EQ1090E 型汽车变速器的互锁装置中，互锁销的长度恰好等于拨叉轴的直径。
　　　　　　　　　　　　　　　　　　　　　　　　　　　　　　　　　　　　（　　）

5．变速器在换挡时，为避免同时挂入两挡，必须装设自锁装置。　　　　　　　（　　）

6．变速器的挡位越低，传动比越小，汽车的行驶速度越低。　　　　　　　　　（　　）

7．互锁装置的作用是当驾驶员用变速杆推动某一拨叉轴时，自动锁上其他所有拨叉轴。
　　　　　　　　　　　　　　　　　　　　　　　　　　　　　　　　　　　　（　　）

8．主动齿轮（即输入轴）的转速与从动齿轮（即输出轴）的转速之比值称为传动比。
　　　　　　　　　　　　　　　　　　　　　　　　　　　　　　　　　　　　（　　）

9．采用移动齿轮或接合套换挡时，待啮合的一对齿轮的圆周速度一定相等。　　（　　）

10．同步器能够保证：变速器换挡时，待啮合齿轮的圆周速度迅速达到一致，以减少冲击和磨损。　　　　　　　　　　　　　　　　　　　　　　　　　　　　　　　　　　（　　）

11．超速挡主要用于汽车在良好路面上轻载或空载运行，以提高汽车的燃料经济性。
　　　　　　　　　　　　　　　　　　　　　　　　　　　　　　　　　　　　（　　）

12．当以小齿轮为主动齿轮，带动大的从动齿轮转动时，输出轴（从动齿轮）的转速降低，同时传递的转矩增加，实现减速增矩传动。　　　　　　　　　　　　　　　　（　　）

13．当主动齿轮与从动齿轮大小相等时，输出轴（从动齿轮）的转速就等于输入轴（主动齿轮）的转速，同时传递的转矩不变，实现等速等矩传动。　　　　　　　　　　（　　）

14．一对齿轮传动只能得到一个固定的传动比，从而得到一种输出转速，并构成一个挡位。　　　　　　　　　　　　　　　　　　　　　　　　　　　　　　　　　　　　（　　）

15．所谓几挡变速器是指其前进挡的数目。　　　　　　　　　　　　　　　　　（　　）

16．变速器每次只能以一个挡位工作。　　　　　　　　　　　　　　　　　　　（　　）

17．变速器传动比小的挡位称为高挡，传动比大的挡位称为低挡。　　　　　　　（　　）

18．按传动轴的数目（不含倒挡轴）不同，汽车上使用的手动变速器可分为二轴式和三轴式两种。　　　　　　　　　　　　　　　　　　　　　　　　　　　　　　　　　（　　）

19．两轴式变速器输入轴与输出轴的轴线平行，其主动齿轮都安装在输入轴上，从动齿轮都安装在输出轴上。　　　　　　　　　　　　　　　　　　　　（　　）

20．三轴式变速器输入轴与输出轴在同一条轴线上。　　　　　　　　（　　）

21．三轴式变速器前进挡的输出轴与输入轴转向相反。　　　　　　　（　　）

22．变速传动机构的主要作用是改变发动机曲轴输出的转速、转矩和转动方向。

（　　）

23．同步器式换挡装置可以保证在换挡时使接合套与待啮合齿圈的圆周速度迅速达到相等，即迅速达到同步状态，并防止两者在同步之前进入啮合，从而可彻底消除换挡时由于转速不等而造成的冲击。　　　　　　　　　　　　　　　　　　　　　　　（　　）

24．手动变速器装配前，必须对零件进行认真清洗，除去污物、毛刺和铁屑等，尤其要注意第二轴齿轮上的径向润滑油孔应畅通。　　　　　　　　　　　　　　（　　）

25．安装手动变速器第一轴、第二轴及中间轴的轴承时，可以施加冲击载荷，但要注意轴承的安装方向。　　　　　　　　　　　　　　　　　　　　　　　　　（　　）

三、填空题

1．变速操纵机构的锁止机构包括_____、_____、_____三种，其中，可以防止自动挂挡和脱挡的是_____。

2．为减少变速器内摩擦引起的零件磨损和功率损失，需在变速器壳体内注入齿轮油，采用_____方式润滑各齿轮副轴与轴承等零件的工作表面。

3．变速器由_____和_____组成。

4．变速器按传动比变化方式可分为_____、_____和_____三种。

5．变速器一轴的前端与离合器的_____相连，二轴的后端通过凸缘与_____相连。

6．在多轴驱动的汽车上，为了将变速器输出的动力分配到各驱动桥，变速器之后需装有_____。

7．当分动器挂入低速挡工作时，其输出的转矩_____，此时_____必须加以驱动，以分担一部分载荷。

8．为防止变速器工作时由于油温升高、气压增大而造成润滑油渗漏现象，应在变速器盖上装_____。

四、简答题

1．变速器的类型有哪几种？举例说明其应用在哪些汽车上。

2．变速器中同步器是哪种类型？简述其同步器工作原理。

3．变速器中的锁止装置有哪些？其装置起到什么作用？

4．三轴变速器和二轴变速器在结构上有什么区别？它们主要应用在哪些汽车上？

任务 4　自动变速器构造与维修

【任务描述】

有些汽车采用自动变速器，它安装在发动机后端，由自动变速器的电子控制单元控制自动换挡。本任务是让学生学会自动变速器的组成及其工作原理；学会自动变速器的拆装、检查和维修方法；根据环保要求，妥善处理辅料、废弃液体和损坏的零部件。

【相关知识】

一、自动变速器的分类和手柄使用

自动变速器（Automatic Transmission，AT）是指汽车驾驶中离合器的操纵和变速器的操纵都实现了自动化。目前，自动变速器的自动换挡等过程都是由自动变速器的电子控制单元（ECU，俗称电脑）控制的，因此自动变速器又可简称为 EAT、ECAT、ECT 等。

1. 自动变速器的分类

按车辆驱动方式的不同，自动变速装置可以分为自动变速器和自动变速驱动桥（Automatic Transaxle）。

自动变速器按结构、控制方式的不同，可以分为液力式自动变速器、无级自动变速器（Continuously Variable Transmission，CVT）和机械式自动变速器（Automated Mechanical Transmission，AMT）。

自动变速器按照选挡手柄置于前进挡时的挡位数，可以分为四挡、五挡、六挡等。

2. 自动变速器选挡手柄的使用

（1）自动变速器选挡手柄位置及用途。

汽车自动变速器的选挡手柄通常有 6 或 7 个位置，如图 10-83（a）所示。其功能如下：

P——停车挡，停车时使用，机械锁止自动变速器输出轴，可以起动发动机。

R——倒挡，倒车时用。

N——空挡，用于短暂停车，有的可以起动发动机。

D——前进挡，常用挡位，可以根据行驶条件适时自动在 1 到 n 挡之间转换。

S——运动挡或强制 2 挡，自动变速器锁止在 2 挡，不能升降挡。

L——低速挡，锁止在前进挡中的 1 挡，不能升挡。可利用发动机反拖制动。

（2）手自一体自动变速器选挡手柄位置及用途。

手自一体自动变速器选挡手柄位置及用途如图 10-83（b）所示。

S——运动模式，在这种状态下，车辆的加速响应性增强，但舒适性、经济性下降。

*——冰雪路模式，用于湿滑路面起步，按下此键时车辆将不从 1 挡起步，而从 2 挡起步，

以减低转矩输出，避免车辆在湿滑路面上起步时打滑。

　　M——手动模式，按下此键时，选挡手柄向前推即可完成加挡操作，向后推则完成减挡操作。

　　其他位置的用途与自动变速器相同。

（a）自动变速器选挡手柄位置　　　　（b）手自一体自动变速器选挡手柄位置

图 10-83　两种自动变速器选挡手柄位置

　　3．自动变速器的基本组成及工作原理

　　（1）基本组成。

　　自动变速器主要由液力变矩器、齿轮变速机构、换挡执行元件、液压控制系统、电子控制系统等组成，如图 10-84 所示。

　　（2）工作原理。

　　图 10-85 为电控自动变速器原理图。电控自动变速器是通过各种传感器，将发动机的转速、节气门位置、车速、发动机冷却液温度、自动变速器油（ATF）温等参数信号输入电子控制单元，ECU 根据这些信号，按照设定的换挡规律，向换挡电磁阀、油压电磁阀等发出动作控制信号，换挡电磁阀和油压电磁阀再将 ECU 的动作控制信号转变为液压控制信号，阀板中的各控制阀根据这些液压控制信号，控制换挡执行元件的动作，从而实现自动换挡过程。

二、自动变速器各部件的结构及工作原理

　　1．液力变矩器

　　（1）液力变矩器的功用。

　　液力变矩器位于发动机和机械变速器之间，以 ATF 为工作介质，主要完成以下功用：

　　①传递转矩。发动机的转矩通过液力变矩器的主动元件，再通过 ATF 传给液力变矩器的从动元件，最后传给变速器。

　　②无级变速。根据工况的不同，液力变矩器可以在一定范围内实现转速和转矩的无级变化。

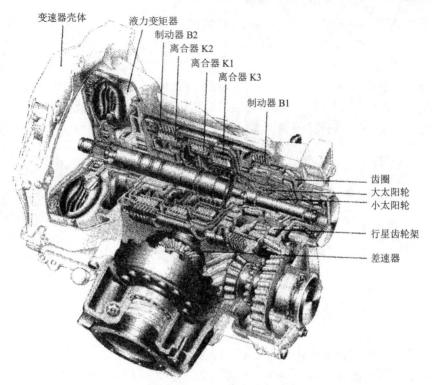

变速器壳体

液力变矩器

制动器 B2

离合器 K2

离合器 K1

离合器 K3

制动器 B1

齿圈

大太阳轮

小太阳轮

行星齿轮架

差速器

图 10-84　液力自动变速器的结构

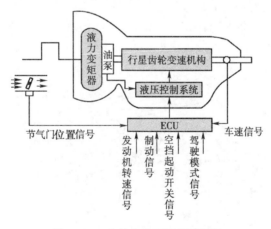

节气门位置信号

发动机转速信号

制动信号

空挡起动开关信号

驾驶模式信号

车速信号

图 10-85　电控自动变速器原理图

③自动离合。液力变矩器由于采用 ATF 传递动力，当踩下制动踏板时，发动机也不会熄火，此时相当于离合器分离；当抬起制动踏板时，汽车可以起步，此时相当于离合器接合。

④驱动油泵。ATF 在工作时需要油泵提供一定的压力，而油泵一般是由液力变矩器壳体驱动。

项目 10

由于采用 ATF 传递动力，液力变矩器的动力传递柔和，且能防止传动系过载。

（2）液力变矩器的结构和工作原理。

①液力变矩器的结构。如图 10-86 所示，液力变矩器通常由泵轮、涡轮和导轮组成。

液力变矩器总成封在一个钢制壳体（变矩器壳体）中，内部充满 ATF。液力变矩器壳体通过螺栓与发动机曲轴后端的飞轮连接，与发动机曲轴一起旋转。泵轮位于液力变矩器的后部，与变矩器壳体连在一起。涡轮位于泵轮前，通过带花键的从动轴向后面的机械变速器输出动力。

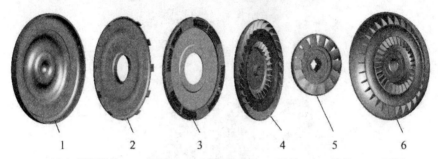

1—液力变矩器盖；2—压盘；3—减振器盘；4—涡轮；5—导轮；6—泵轮

图 10-86　液力变矩器组成

②液力变矩器的工作原理。液力变矩器的工作原理可以通过一对风扇的工作来描述。如图 10-87 所示，将风扇 A 通电，将气流吹动起来，并使未通电的电扇 B 也转动起来，此时动力由电扇 A 传递到电扇 B。为了实现转矩的放大，在两台电扇的背面加上一条空气通道，使穿过风扇 B 的气流通过空气通道的导向，从电扇 A 的背面流回，这会加强电扇 A 吹动的气流，使吹向电扇 B 的转矩增加。即电扇 A 相当于泵轮，电扇 B 相当于涡轮，空气通道相当于导轮，空气相当于 ATF。

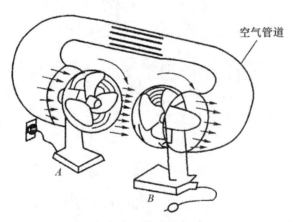

空气管道

图 10-87　液力变矩器的工作模型

液力变矩器工作时，发动机带动壳体旋转，壳体带动泵轮旋转，泵轮的叶片将 ATF 带动起来，并冲击到涡轮的叶片；如果作用在涡轮叶片上的冲击力大于作用在涡轮上的阻力，涡轮将开始转动，并使机械变速器的输入轴一起转动。由涡轮叶片流出的 ATF 经过导轮后再流回到泵轮，形成如图 10-88 所示的循环流动。

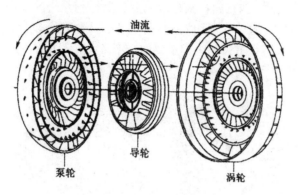

图 10-88　ATF 在液力变矩器中的循环流动

　　③锁止离合器。锁止离合器（Torque Converter Clutch，TCC）可以将泵轮和涡轮直接连接起来，即将发动机与机械变速器直接连接起来，这样可减少液力变矩器在高速比时的能量损耗，提高了传动效率，提高了汽车在正常行驶时的燃油经济性，并防止 ATF 过热。锁止离合器的结构及工作原理如图 10-89 所示。

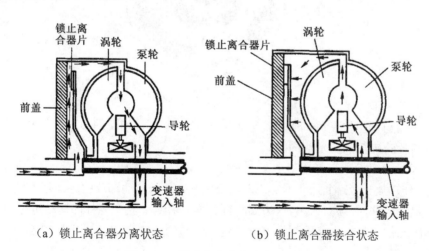

（a）锁止离合器分离状态　　　　（b）锁止离合器接合状态

图 10-89　锁止离合器的结构、原理

　　当车辆起步、低速或在坏路面上行驶时，应将锁止离合器分离，使液力变矩器具有变矩作用。此时油液流至锁止离合器的前端，锁止离合器片前端与后端的压力相同，使锁止离合器分离。当车辆以中速或高速行驶时，油液流至锁止离合器的后端，使锁止离合器片与前盖一起转动。此时发动机的动力经液力变矩器壳体、锁止离合器、涡轮轮毂传给后面的机械变速器，相当于将泵轮和涡轮刚性连在一起，传动效率为100%。

2. 齿轮变速机构

自动变速器的齿轮变速机构主要有行星齿轮变速机构和平行轴齿轮变速机构。齿轮变速机构与液力变矩器配合使用，执行机构根据自动变速器控制系统的命令来接合或分离、制动或放松齿轮机构的某个元件，通过改变动力传递路线得到不同的传动比。

如图10-90所示，单排行星齿轮机构主要由一个太阳轮（或称为中心轮）、一个带有若干个行星齿轮的行星架和一个齿圈组成。

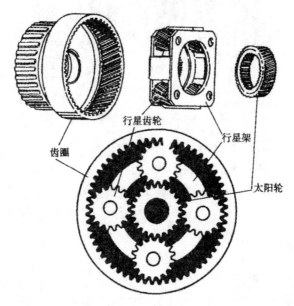

齿圈　行星齿轮　行星架　太阳轮

图10-90　单排行星齿轮机构

由于太阳轮与行星轮是外啮合，所以两者的旋转方向是相反的；而行星轮与齿圈是内啮合，因此这两者的旋转方向是相同的。

如果将太阳轮、齿圈和行星架中某个元件作为主动（输入）部分，让另一个元件作为从动（输出）部分，由于第三个元件不受任何约束限制，所以从动部分的运动是不确定的。因此，为了得到确定的运动，必须对太阳轮、齿圈和行星架三者中的某个元件的运动进行约束和限制。通过对不同的元件进行约束和限制，可以得到不同的动力传递方式，见表10-2。

表10-2　单排行星齿轮组合

序号	主动件	从动件	固定件	传动比	备注
1	太阳轮	行星架	齿圈	$1+\alpha$	降挡
2	行星架	太阳轮	齿圈	$1/(1+\alpha)$	升挡
3	齿圈	行星架	太阳轮	$1+1/\alpha$	降挡

项目10

续表

序号	主动件	从动件	固定件	传动比	备注
4	行星架	齿圈	太阳轮	$\alpha/(1+\alpha)$	升挡
5	太阳轮	齿圈	行星架	$-\alpha$	倒挡
6	齿圈	太阳轮	行星架	$-1/\alpha$	倒挡
7	任意两个连成一体			1	直接挡
8	既无元件制动，又无任何二元件连成一体			自由转动	不能传动、空挡

注：α 为齿圈齿数与太阳轮齿数之比。

　　自动变速器中的行星齿轮变速器一般是采用 2～3 排行星齿轮机构传动，其各挡传动比就是根据上述单排行星齿轮机构传动特点将各元件进行合理组合得到的。

　　3. 换挡执行元件

　　行星齿轮变速器的换挡执行元件包括离合器、制动器和单向离合器。离合器和制动器以液压方式控制行星齿轮机构元件的旋转，单向离合器是以机械方式对行星齿轮机构的元件进行锁止。

　　（1）离合器。

　　离合器的功用是连接轴和行星齿轮机构中的元件或连接行星齿轮机构中的不同元件。离合器主要由离合器鼓、花键毂、活塞、主动摩擦片、从动钢片、复位弹簧等组成，如图 10-91 所示。

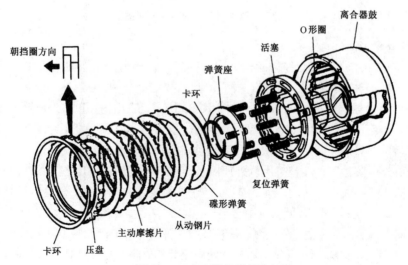

图 10-91　离合器的零件分解图

　　（2）制动器。

　　制动器的功用是固定行星齿轮机构中的元件，防止其转动。制动器的形式有片式和带式。

　　片式制动器与离合器的结构和原理相同，不同之处是离合器是起连接作用而传递动力，而片式制动器是通过连接而起制动作用。

　　带式制动器由制动带和控制油缸等组成，图10-92为带式制动器的零件分解图。制动带是内表面带有镀层的开口式环形钢带。制动带的一端支承在与变速器壳体固连的支座上，另一端与控制油缸的活塞杆相连。

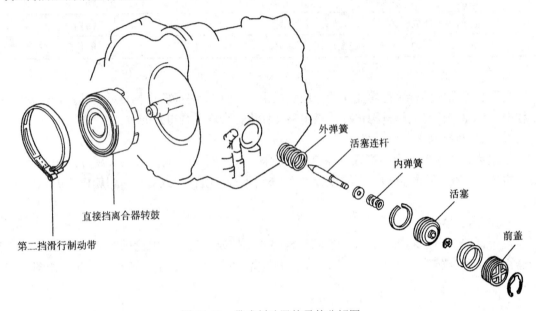

图 10-92　带式制动器的零件分解图

　　（3）单向离合器。

　　单向离合器的作用是使某元件只能按一定方向旋转，在另一个方向上锁止。常见的单向离合器有楔块式和滚柱式两种结构形式。

　　楔块式单向离合器的构造和工作原理如图10-93所示，它由内座圈、外座圈、楔块、保持架等组成。内、外座圈组成的滚道的宽度是均匀的，采用不均匀形状的楔块。当内座圈固定、外座圈逆时针转动时，外座圈带动楔块逆时针转动，楔块的长径与内外座圈接触。由于楔块长径长度大于内、外座圈之间的距离，所以外座圈被卡住而不能转动。反之，当外座圈顺时针转动时，外座圈带动楔块顺时针转动，楔块的短径与内、外座圈接触。由于楔块短径长度小于内、外座圈之间的距离，所以外座圈可以自由转动。

　　滚柱式单向离合器由内座圈、外座圈、滚柱、叠片弹簧等组成，如图10-94所示。外座圈的内表面制有若干偏心的弧形滚道，因此，由光滑的内座圈和外座圈构成的滚子滚道的宽度不均匀，滚子被弹簧压向小端。在内座圈固定的情况下，当外座圈顺时针转动时，滚柱进入楔形槽的宽处，内、外座圈不能被滚柱楔紧，外座圈可以顺时针自由转动。当导轮带动外座圈逆时针转动时，滚柱进入楔形槽的窄处，内、外座圈被滚柱楔紧，外座圈固定不动，单向离合器锁止。

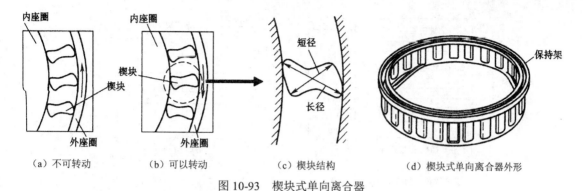

（a）不可转动　　（b）可以转动　　（c）楔块结构　　（d）楔块式单向离合器外形

图 10-93　楔块式单向离合器

4. 液压控制系统

液压控制系统的基本组成包括动力源、执行机构和控制机构。

（1）动力源。

液压控制系统的动力源是油泵（或称为液压泵），它是整个液压控制系统的工作基础。各种阀体的动作、换挡执行元件的工作等都需要一定压力的 ATF。油泵的基本功用就是提供满足需求的 ATF 油量和油压。

（2）执行机构。

执行机构主要由离合器、制动器油缸等组成。其功用是在控制油压的作用下实现离合器的接合和分离动作、制动器的制动和松开动作，以得到相应的挡位。

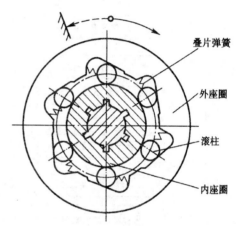

图 10-94　滚柱式单向离合器

（3）控制机构。

控制机构包括各种阀，如主调压阀、手动阀、换挡阀等。此外，液压控制系统还包括一些辅助装置，如用于防止换挡冲击的蓄能器、止回阀等。

5. 电子控制系统

自动变速器的电子控制系统包括传感器、ECU 和执行器等，图 10-95 为丰田卡罗拉汽车电子控制系统组成框图。

（1）传感器。

传感器部分主要包括节气门位置传感器、车速传感器、发动机转速传感器、冷却液温度传感器、ATF 油温传感器、空挡起动开关、制动灯开关等。

节气门位置传感器安装在节气门体上，用于检测节气门开度的大小，并将数据传送给ECU，ECU 根据此信号判断发动机负荷，从而控制自动变速器的换挡、调节主油压和对锁止离合器控制。

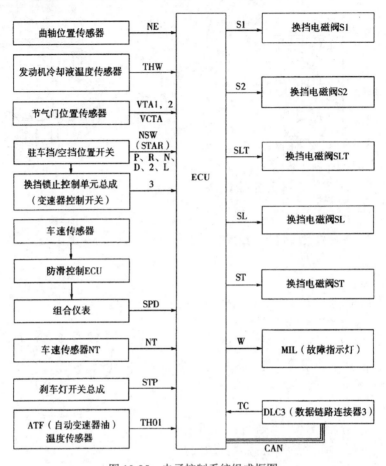

图 10-95　电子控制系统组成框图

车速传感器用于检测自动变速器输出轴转速，自动变速器 ECU 根据车速传感器输入的信号计算出车速，并以此信号控制自动变速器的换挡和锁止离合器的锁止。常见的车速传感器有电磁式、舌簧开关式、光电式。

温度传感器一般都是负温度系数的热敏电阻，即温度升高，电阻下降。ECU 接收温度传感器信号，当温度低于设定温度时，可防止自动变速器换入超速挡，同时锁止离合器也不能工作。

驻车挡/空挡位置开关有两个功用：一是给自动变速器 ECU 提供挡位信息；二是保证只有选挡手柄置于 P 位或 N 位才能起动发动机。

制动灯开关（刹车灯开关）安装在制动踏板支架上。自动变速器 ECU 通过制动灯开关检测是否踩下了制动踏板，如果踩下了制动踏板，ECU 会取消锁止离合器的工作。

（2）执行器。

执行器部分主要包括各种电磁阀和故障指示灯等。

电磁阀根据功能的不同可以分为换挡电磁阀、锁止离合器电磁阀和油压电磁阀。根据工作原理的不同可以分为开关式电磁阀和占空比式电磁阀。绝大多数换挡电磁阀是采用开关式电磁阀，油压电磁阀是采用占空比式电磁阀，而锁止离合器电磁阀，开关式的和占空比式的都有。

（3）ECU。

ECU 主要完成换挡控制、锁止离合器控制、油压控制、故障诊断和失效保护等功能。

三、典型自动变速器

1. 丰田 U341E 自动变速器

丰田卡罗拉汽车配备的 U341E 自动变速器的齿轮变速机构采用了 CR-CR 式行星齿轮机构，即将两组单行星排的行星架 C（Planet Carrier）和齿圈 R（Gear Ring）分别组配。该行星齿轮机构仅有 4 个独立元件（前太阳轮、后太阳轮、前行星架和后齿圈组件、前齿圈和后行星架组件），其特点是变速比大、效率高、元件轴转速低。

U341E 型自动变速器行星齿轮变速机构的结构如图 10-96 所示，主要部件的功能见表 10-3，各换挡执行元件的工作情况见表 10-4。

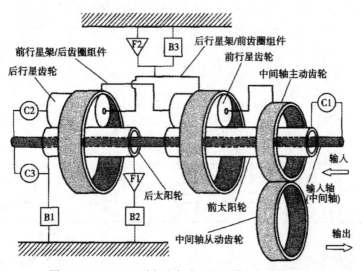

图 10-96　U341E 型自动变速器行星齿轮机构的结构

表 10-3　主要部件功能

部件		功能
C1	前进挡离合器	连接输入轴和前排太阳轮
C2	直接离合器	连接输入轴和后排行星架
C3	倒挡离合器	连接输入轴和后太阳轮

部件		功能
B1	OD 挡和二挡制动器	固定后排太阳轮
B2	二挡制动器	固定 F1 的外圈
B3	一挡和倒挡制动器	固定后行星架/前齿圈组件
F1	1 号单向离合器	与 B2 配合，阻止后太阳轮逆时针转动
F2	2 号单向离合器	阻止后行星架/前齿圈组件逆时针转动
前行星齿轮组		根据各换挡执行元件的工作情况，改变齿轮动力传递路线，以升高或降低输出转速
后行星齿轮组		
中间轴齿轮组		将动力传递给差速器，并改变传动方向，降低输出转速

表 10-4　各换挡执行元件的工作情况

选挡手柄位置	挡位	离合器			制动器			单向离合器	
		C1	C2	C3	B1	B2	B3	F1	F2
P	驻车挡								
R	倒挡			O			O		
N	空挡								
D	一挡	O							O
	二挡	O				O		O	
	三挡	O	O			O			
	四挡		O		O	O			
3	一挡	O							O
	二挡	O				O		O	
	三挡	O	O			O			
2	一挡	O							O
	二挡	O			O	O			
L	一挡	O					O		O

注：O 表示工作。

（1）一挡。选挡手柄处于 D、3 或 2 位置的一挡时，参与工作的换挡执行元件有 C1、F2，动力传递路线如图 10-97 所示。

一挡时动力传递发生在前行星排，F2 阻止前齿圈逆输入轴的旋转方向转动，此时后排行星齿轮组处于空转状态，动力传递路线如下：

输入轴→C1→前太阳轮→前行星轮→前行星架→中间轴主从动齿轮→输出轴

放松加速踏板时，前行星架转速高（接驱动轮），前太阳轮转速低（接发动机），使前齿圈试图被带动加速并顺着前行星架（前太阳轮）的旋转方向转动。由于一挡单向离合器 F2 不阻止前齿圈顺着行星架的旋转方向转动，整个行星排不能反向传递动力，所以无发动机制动效果。

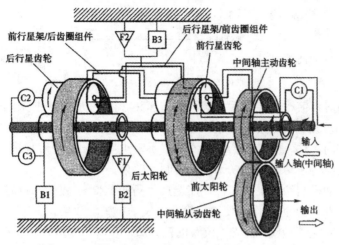

图 10-97　一挡动力传递路线

　　为了提供有发动机制动效果的一挡，在选挡手柄处于 L 位置的一挡时，除了上述的一挡换挡执行元件工作外，B3 也工作，使得车辆行驶时，不论是踩下还是放松加速踏板，行星排都有动力传递能力，从而获得发动机制动效果。

　　（2）二挡。选挡手柄处于 D 和 3 位置的二挡时，参与工作的换挡执行元件有 C1、B2、F1，动力传递路线如图 10-98 所示。

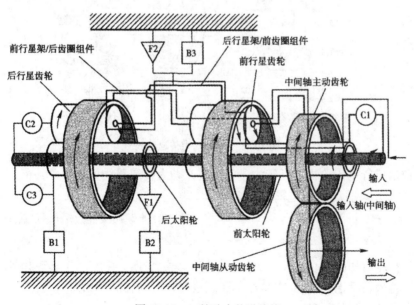

图 10-98　二挡动力传递路线

二挡时动力传递发生在前、后两个行星排，B2、F1 联合作用，阻止后太阳轮逆输入轴的旋转方向转动，动力传递路线如下：

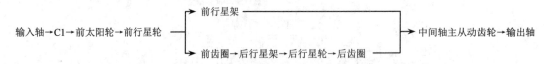

放松加速踏板时，前行星架和后齿圈组件转速高（接驱动轮），前太阳轮转速低（接发动机），使前齿圈和后行星架组件加速转动，进而使后太阳轮试图被带动加速并顺着前行星架（前太阳轮）的旋转方向转动。由于一挡单向离合器不阻止后太阳轮顺着行星架的旋转方向转动，整个行星排不能反向传递动力，所以无发动机制动效果。

为了提供有发动机制动效果的二挡，在选挡手柄处于 2 位置的二挡时，除了上述的二挡换挡执行元件工作外，B1 也工作，使得车辆获得发动机制动效果。

（3）三挡。选挡手柄处于 D 或 3 位置的三挡时，参与工作的换挡执行元件有 C1、C2、B2，动力传递路线如图 10-99 所示。

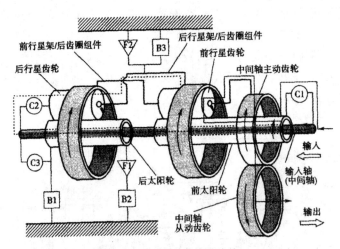

图 10-99　三挡动力传递路线

三挡时前后排行星齿轮机构互锁为一体旋转，动力传递路线如下：

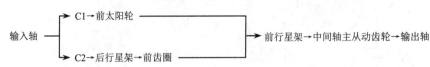

由于行星齿轮机构的三个元件（太阳轮、行星架、齿圈）中有两个转速相等（前太阳轮、前行星架都与输入轴相连），因此在放松加速踏板时，驱动轮的动力可以经前行星架传给前太阳轮，所以有发动机制动效果。

（4）四挡。选挡手柄处于 D 位置四挡时，参与工作的换挡执行元件有 C2、B1、B2，动力传递路线如图 10-100 所示。

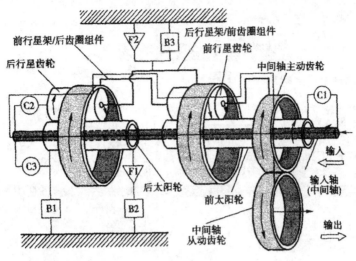

图 10-100　四挡动力传递路线

四挡时动力传递发生在后行星排，此时前排行星齿轮组处于空转状态，动力传递路线如下：

输入轴→C2→后行星架→后行星轮→后齿圈→中间轴主从动齿轮→输出轴

由于行星齿轮机构的 3 个元件（太阳轮、行星架、齿圈）中有 1 个固定（后太阳轮被固定），因此在放松加速踏板时，驱动轮的动力可以经后齿圈传给后行星架，所以有发动机制动效果。

（5）R 位。选挡手柄处于 R 位时，参与工作的换挡执行元件有 C3、B3，动力传递路线如图 10-101 所示。

R 位时动力传递发生在后行星排，此时前排行星齿轮组处于空转状态,动力传递路线如下：

输入轴→C3→后太阳轮→后行星轮→后齿圈→中间轴主从动齿轮→输出轴

由于行星齿轮机构的 3 个元件（太阳轮、行星架、齿圈）中有 1 个固定（后行星架 被固定），因此在放松加速踏板时，驱动轮的动力可以经后太阳轮传给后齿圈，所以有发动机制动效果。

2. 大众 01N 型自动变速器

桑塔纳 2000 汽车配备的自动变速器为 01N 型拉威挪行星齿轮自动变速器，其结构如图 10-102 所示。行星齿轮系由大、小太阳轮各一个，长、短行星齿轮各三个，行星齿轮架和齿圈组成。短行星轮与长行星齿轮及小太阳轮啮合；长行星齿轮同时与大太阳轮、短行星轮及齿圈啮合，动力通过齿圈输出。离合器 K1 用于驱动小太阳轮；离合器 K2 用于驱动大太阳轮；离合器 K3 用于驱动行星齿轮架；制动器 B1 用于制动行星齿轮架；制动器 B2 用于制动大太阳轮；单向离合器 F 防止行星架逆时针转动。

图 10-103 为拉威挪行星齿轮自动变速器的简图，其中锁止离合器 LC 将变矩器的泵轮和

涡轮刚性地连在一起。

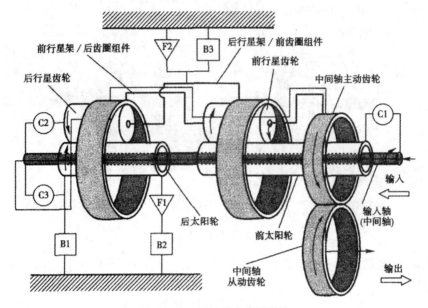

图 10-101 倒挡动力传递路线

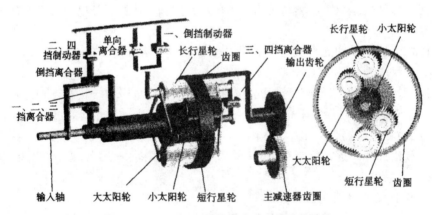

图 10-102 拉威挪行星齿轮自动变速器的结构

各挡位换挡元件的工作情况见表 10-5。

3. 本田 MAXA 型自动变速器

广州本田雅阁汽车 MAXA 自动变速器采用了定轴式齿轮变速传动机构，可以提供四个前进挡和一个倒车挡，其内部结构如图 10-104 所示。图 10-105 所示为 MAXA 自动变速器的齿轮机构。定轴式齿轮变速传动机构主要由平行轴、各挡齿轮和湿式多片离合器等组成。平行轴有三根，即主轴（输入轴）、中间轴和副轴（输出轴）。

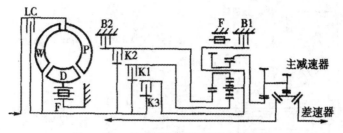

图 10-103　拉威挪行星齿轮自动变速器

表 10-5　各挡位换挡元件的工作情况

挡位	B1	B2	K1	K2	K3	F
R	O			O		O
一挡		O				O
二挡	O	O				
三挡			O		O	
四挡		O			O	

注：O 表示离合器、制动器或单向离合器工作。

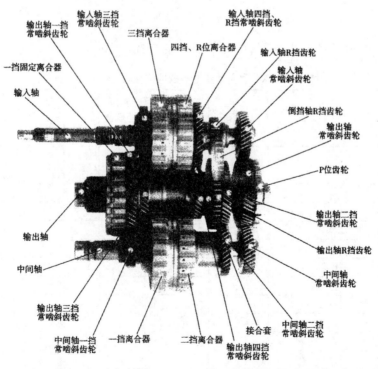

图 10-104　广州本田雅阁汽车 MAXA 自动变速器的内部结构

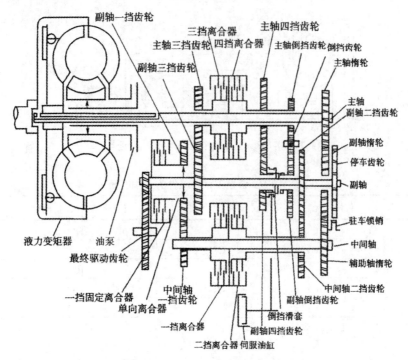

图 10-105　MAXA 自动变速器的齿轮机构

MAXA 型自动变速器各挡位参与工作的相关部件见表 10-6。

表 10-6　MAXA 型自动变速器各挡位参与工作的相关部件

选挡手柄位置		液力变矩器	一挡齿轮一挡离合器	一挡固定离合器	二挡齿轮二挡离合器	三挡齿轮三挡离合器	四挡		倒挡齿轮	驻车挡齿轮
							齿轮	离合器		
P		O								O
R		O						O	O	
N		O								
D4	一挡	O	O							
	二挡	O	O		O					
	三挡	O	O			O				
	四挡	O	O				O	O		
	一挡	O	O							
	二挡	O	O		O					
	三挡	O	O			O				
2		O	O		O					
1		O	O	O						

注：O 表示工作。

【案例】

一辆丰田雷克萨斯 LS400 轿车，采用 A341E 四挡辛普森行星齿轮自动变速器，行驶中加速无力，油耗高，最终出现不能行驶的现象，检查后发现发动机无故障，自动变速器无故障代码，初步判断是超速挡离合器故障，拆解检查后，更换离合器片，装合，试车正常。

【任务实施】

四挡辛普森行星齿轮自动变速器的拆装、检查与维修

丰田雷克萨斯 LS400 轿车的 A341E 四挡辛普森行星齿轮自动变速器的动力传动简图如图 10-106 所示。变速器各挡位换挡执行元件的作用和动作情况见表 10-7 和表 10-8。

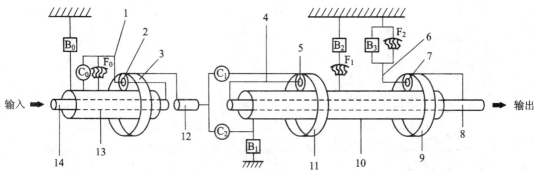

1—超速（OD）行星排行星架；2—超速（OD）行星排行星轮；3—超速（OD）行星排齿圈；4—前行星排行星架；5—前行星排行星轮；6—后行星排行星架；7—后行星排行星轮；8—输出轴；9—后行星排齿圈；10—前后行星排太阳轮；11—前行星排齿圈；12—中间轴；13—超速（OD）行星排太阳轮；14—输入轴；C_0—超速挡（OD）离合器；C_1—前进挡离合器；C_2—直接挡、倒挡离合器；B_0—超速挡（OD）制动器；B_1—二挡滑行制动器；B_2—二挡制动器；B_3—低挡、倒挡离合器；F_0—超速挡（OD）单向离合器；F_1—二挡（1 号）单向离合器；F_2—低挡（2 号）单向离合器

图 10-106　四挡辛普森行星齿轮变速器的动力传动简图

表 10-7　各换挡执行元件的作用

	部件	功能
C_0	超速挡（OD）离合器	连接超速行星排太阳轮与超速行星排行星架
C_1	前进挡离合器	连接中间轴与前行星排齿圈
C_2	直接挡、倒挡离合器	连接中间轴与前后行星排太阳轮
B_0	超速挡（OD）制动器	制动超速行星排太阳轮
B_1	二挡滑行制动器	制动前后行星排太阳轮
B_2	二挡制动器	制动 F_1 外座圈，当 F_1 也起作用时，可以防止前后行星排太阳轮逆时针转动

续表

部件		功能
B_3	低挡、倒挡制动器	制动后行星排行星架
F_0	超速挡（OD）单向离合器	连接超速行星排太阳轮与超速行星排行星架
F_1	二挡（1 号）单向离合器	当 B_2 工作时，防止前后行星排太阳轮逆时针转动
F_2	低挡（2 号）单向离合器	防止后行星排行星架逆时针转动

表 10-8　各换挡执行元件的工作情况

选挡手柄位置	挡位	离合器			制动器				单向离合器		
		C_0	C_1	C_2	B_0	B_1	B_2	B_3	F_0	F_1	F_2
P	驻车挡	O									
R	倒挡	O		O				O	O		
N	空挡	O									
D	一挡	O	O						O		O
	二挡	O	O				O		O	O	
	三挡	O	O	O			O		O		
	四挡（OD 挡）		O	O	O		O				
2	一挡	O	O						O		O
	二挡	O	O			O	O		O	O	
	三挡*	O	O	O			O		O		
L	一挡	O	O					O	O		
	二挡*	O	O			O	O		O	O	

注：O 表示换挡元件工作或有发动机制动。

　　*表示只能降挡不能升挡。

　　2 位置的二挡和三挡及 L 位置的一挡和二挡具有发动机制动的功能。

一、实训的目的和要求

（1）学会正确使用常用工具和专用工具。

（2）掌握自动变速器的正确拆装和维修方法。

二、实训的设备及工具

（1）设备：丰田雷克萨斯 LS400 的 A341E 自动变速器。

（2）普通工具：组合工具、螺丝刀、锤子、铜棒、冲子等。

（3）专用工具与量具：拆装专用工具 SST、拆装翻转架或工作台。

（4）专用设备：空气压缩机、软管、插接头等。

（5）其他：容器、ATF、非残留性溶剂。

三、步骤及操作方法

1. 准备工作

（1）清洗注意事项。

①所有被分解的零件应清洗干净并用压缩空气吹通油道和油孔。

②当用压缩空气吹干零件时，不要对着自己，以防止 ATF 或煤油溅到脸上。

③应使用推荐的 ATF 或煤油进行清洗。

（2）零件的摆放。

①为了能有效地检查、修理和装配，清洗后零件应按适当的次序摆放。

②当分解阀体时，应确保每一个阀与其相应的弹簧在一起。

③在装配前，更换用的新制动带、离合器片应在 ATF 中至少浸泡 15 min。

（3）装配。

①在重新装配之前，所有的油封、离合器片和滑动面都应涂变速器油。

②所有的密封垫片和橡胶 O 形圈都应更换。

③确保弹性挡圈的开口与槽口错开，并正确将它装在槽内。

④如果要更换磨损的衬套，则安装此衬套的部件也应更换。

⑤检查止推轴承和轴承圈是否磨损或损坏，必要时应予以更换。

2. 基本部件的拆卸

自动变速器基本部件的分解图如图 10-107 所示，具体步骤如下：

（1）清洁自动变速器外部。

（2）拆除所有安装在自动变速器壳体上的零部件，如加油管、空挡起动开关、车速传感器、输入轴传感器等。

（3）从自动变速器前方取下液力变矩器。

（4）松开紧固螺栓，拆下自动变速器前端的液力变矩器壳。

（5）拆除输出轴凸缘和自动变速器后端壳，从输出轴上拆下车速传感器的转子。

（6）将变速器安装到变速器翻转架上，如图 10-108 所示。

（7）拆下油底壳。拆下 19 只油底壳连接螺栓后，将维修专用工具的刃部插入变速器与油底壳之间，切开所涂密封胶，注意不要损坏油底壳凸缘。

注意：此步不要翻转变速器，否则油底壳底部的脏物有可能污染阀体。

（8）检查油底壳中的颗粒。拆下磁铁，观察其收集的金属颗粒，若是钢（磁性）性材料，则说明轴承、齿轮和离合器钢片存在磨损；若是黄铜（非磁性）材料，则说明是衬套磨损。

（9）翻转变速器，拆下连接在阀板上的所有线束插头。

（10）拆下 4 个电磁阀，拆下与节气门阀连接的节气门拉索。

（11）用螺丝刀把液压油管小心地撬起取下。

（12）松开进油滤网与阀板之间的固定螺栓，从阀板上拆下进油滤清器。

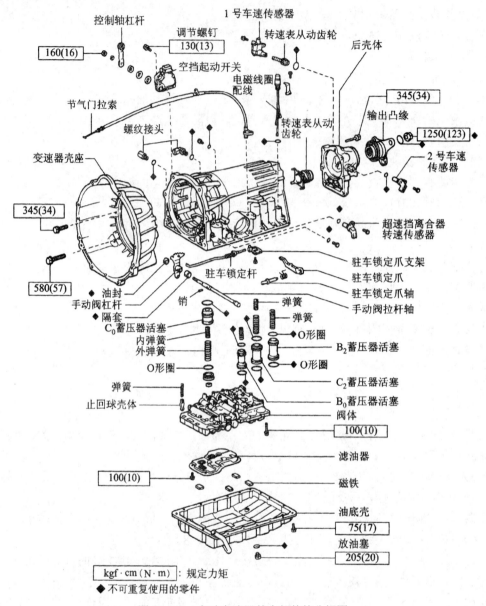

控制轴杠杆
调节螺钉　130(13)
1 号车速传感器
转速表从动齿轮
后壳体
160(16)
空挡起动开关
电磁线圈配线
345(34)
输出凸缘
节气门拉索
转速表从动齿轮
1250(123)
螺纹接头
2 号车速传感器
变速器壳座
345(34)
超速挡离合器转速传感器
580(57)
驻车锁定爪支架
驻车锁定杆
驻车锁定爪
驻车锁定爪轴
油封
手动阀杠杆
隔套
弹簧
手动阀拉杆轴
销
弹簧
C_0 蓄压器活塞
内弹簧
外弹簧
O 形圈
B_2 蓄压器活塞
O 形圈
C_2 蓄压器活塞
O 形圈
弹簧
止回球壳体
B_0 蓄压器活塞
阀体
100(10)
滤油器
100(10)
磁铁
油底壳
75(17)
放油塞
205(20)

kgf·cm（N·m）：规定力矩

◆ 不可重复使用的零件

图 10-107　自动变速器基本部件的分解图

（13）拆下阀体与自动变速器壳体之间的连接螺栓，取下阀板总成。

（14）取出自动变速器壳体油道中的止回阀和弹簧。

（15）取出自动变速器壳体油道中的 B_2、C_2、B_0 和 C_0 蓄压器活塞，方法是：用手指按住蓄压器活塞，从蓄压器活塞周围相应的油孔中吹入压缩空气，如图 10-109 所示，拆下蓄压器活塞和弹簧。

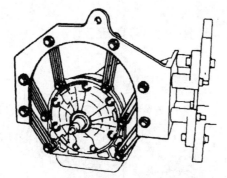

图 10-108　将变速器安装到变速器翻转架上

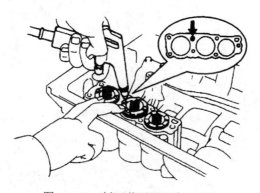

图 10-109　拆下蓄压器活塞和弹簧

（16）拆下手控阀拉杆和停车闭锁爪，必要时也可卸下手控阀操纵轴。

（17）拆卸油泵总成。方法是：拆下 7 个油泵固定螺栓，用专用工具拉出油泵总成，如图 10-110 所示。

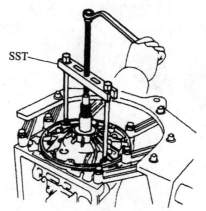

SST

图 10-110　用专用工具拉出油泵总成

3. 拆卸行星齿轮变速器

行星齿轮变速器的零件分解图如图 10-111 所示。

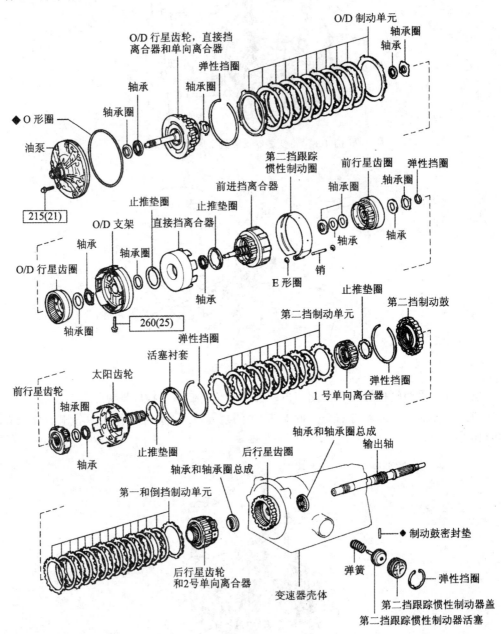

kgf·cm (N·m)：规定力矩
◆ 不可重复使用的零件

图 10-111　行星齿轮变速器的零件分解图

（1）如图 10-112 所示，从自动变速器前方取出超速行星架和超速挡离合器 C_0 组件。拆下超速挡齿圈。

（2）检查超速挡制动器活塞行程。方法是：

①如图 10-113 所示，安装专用工具（SST）和百分表。

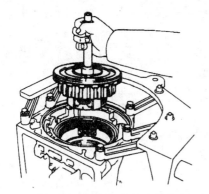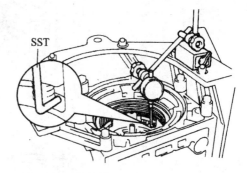

图 10-112　拆下超速行星架和超速挡离合器组件　　图 10-113　安装专用工具（SST）和百分表

②如图 10-114 所示，充入 392.3～784.6kPa（4～8kgf/cm^2）的压缩空气测量活塞行程，标准值应为 1.75～2.05 mm。如不符合标准，应进行调整。

（3）拆卸超速挡制动器 B_0。用螺丝刀拆下超速挡制动器卡环，取出超速挡制动器钢片和摩擦片。拆下超速挡制动器支架的卡环，松开固定支架的螺栓，用 SST 拉出超速挡制动器支架，如图 10-115 所示。

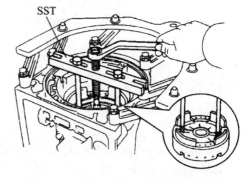

图 10-114　充入压缩空气测量活塞行程　　图 10-115　用 SST 拉出超速挡制动器支架

（4）检查二挡滑行制动器 B_1 活塞杆行程。如图 10-116 所示，用 SST 充入 392.3～784.6kPa（4～8kgf/cm^2）的压缩空气，检查活塞杆的行程。

提示：为了便于检查，可先在活塞杆做上记号。

（5）拆卸二挡滑行制动器活塞总成。方法是：先从外壳上拆下制动器盖的弹性挡圈，然后如图 10-117 所示，向油孔充入压缩空气，拆下二挡滑行制动器盖、活塞和弹簧，再从盖上拆下两个 O 形圈。

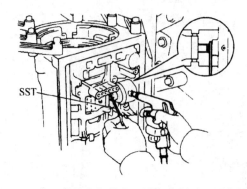

图 10-116　充入压缩空气检查二挡滑行制动器活塞杆行程

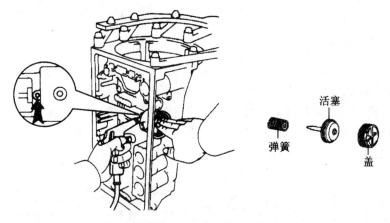

图 10-117　拆卸二挡滑行制动器活塞总成

（6）拆下前进挡离合器 C_1 和直接挡离合器 C_2 总成。方法是：从壳体上拆下带前进挡离合器的直接挡离合器，如图 10-118（a）所示，再从前进挡离合器上拆下直接挡离合器，如图 10-118（b）所示。

（7）拆下二挡滑行制动器 B_1 制动带。方法是：如图 10-119 所示，拆下制动带销轴，然后从壳体上取出制动带。

（8）拆下前行星排。方法是：取出前排齿圈，将自动变速器立起，用木块垫住输出轴，拆下前排行星架上的卡环，如图 10-120 所示，从壳体上拆下输出轴，拆出前排行星架和行星轮组件。

（9）如图 10-121 所示，取出前后太阳轮组件和 1 号单向离合器。

（10）检查二挡制动器 B_2 的间隙。如图 10-122 所示，用塞尺测量卡环和压盘之间的间隙，标准值应为 0.62～1.98 mm。如果不符合标准，应检查二挡制动器。

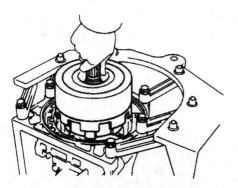

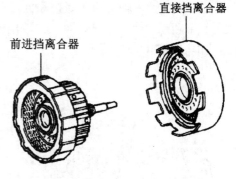

（a）从壳体上拆下带前进挡离合器的直接挡离合器　（b）从前进挡离合器上拆下直接挡离合器

图 10-118　拆下前进挡、直接挡离合器总成

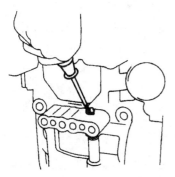

图 10-119　拆下制动带销轴

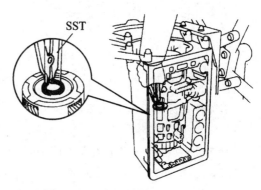

图 10-120　拆下前排行星架上的卡环

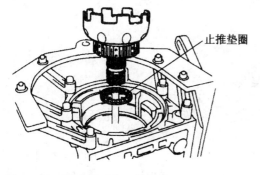

图 10-121　取出前后太阳轮组件和 1 号单向离合器

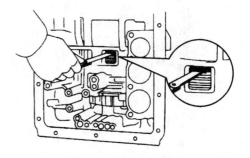

图 10-122　检查二挡制动器 B_2 的间隙

（11）拆卸二挡制动器。方法是：拆下卡环，取出二挡制动器的所有摩擦片、钢片及压盘。

（12）检查低挡、倒挡制动器 B_3 的间隙。其标准值为 $0.7\sim1.22\ mm$，如果不符合要求，应检查制动器。

（13）拆卸输出轴、后行星排和低挡、倒挡制动器及二挡制动器鼓组件。方法是：如图 10-123（a）所示，拆下卡环，再取出输出轴、后行星排和低挡、倒挡制动器及二挡制动器鼓组件，如图 10-123（b）所示。

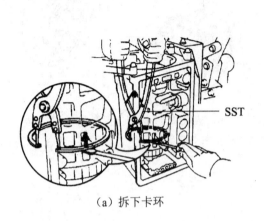
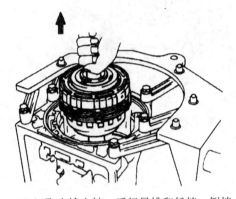

（a）拆下卡环　　　　　　　　　　（b）取出输出轴、后行星排和低挡、倒挡
　　　　　　　　　　　　　　　　　　　　制动器及二挡制动器鼓组件

图 10-123　拆下输出轴、后行星排和低挡、倒挡制动器及二挡制动器鼓组件

4. 零部件的分解、检查和装配

（1）二挡滑行制动器。

二挡滑行制动器的零件分解图如图 10-124 所示。

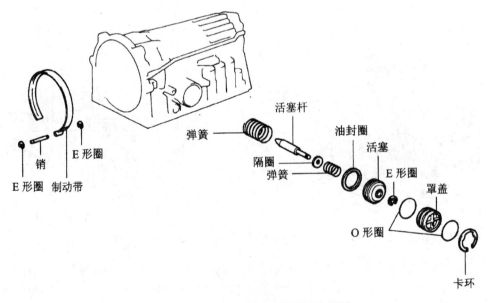

图 10-124　二挡滑行制动器的零件分解图

①检查二挡滑行制动器 B_1 制动带。检查制动带表面是否有沟槽、是否有衬片剥落或松动、印刷号码是否部分磨损。如果有，则应更换。

提示： 在装配新制动带时，应将其浸在 ATF 中至少 15min。

②根据需要分解、装配二挡滑行制动器活塞组件。

（2）超速行星排、超速挡离合器 C_0 和超速挡单向离合器 F_0。

超速行星排、超速挡离合器和超速挡单向离合器的零件分解图如图 10-125 所示。

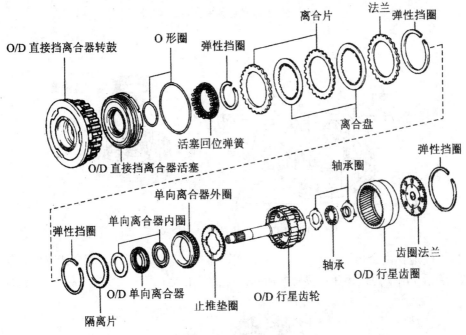

图 10-125　超速行星排、超速挡离合器和超速挡单向离合器的零件分解图

①超速行星排、超速挡离合器和超速挡单向离合器的分解。

a．检查单向离合器工作情况。握住超速挡离合器鼓，转动输入轴，输入轴应顺时针方向转动自如而逆时针方向锁止。

b．从超速行星排上拆下超速挡离合器总成。

c．检查超速挡离合器活塞行程。将油泵放到变矩器上，然后将超速挡离合器总成放到油泵上。用 SST 和百分表测量超速挡离合器活塞行程，如图 10-126 所示，充入的压缩空气的压力为 392.3～784.6 kPa。活塞标准行程为 1.45～1.70 mm，如果不符合标准，应检查离合器片。

d．分解离合器片。从超速挡离合器鼓上拆下卡环，然后拆下压盘和离合器主、从动片各两个。

e．拆下活塞回位弹簧。如图 10-127 所示，用 SST 压缩回位弹簧并拆下卡环，拆下回位弹簧。

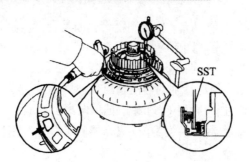

图 10-126　检查超速挡离合器活塞行程

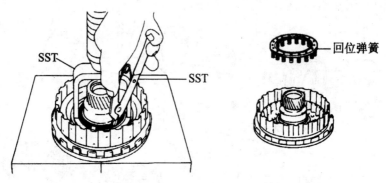

回位弹簧

图 10-127　拆下活塞回位弹簧

　　f. 拆下超速挡离合器活塞。将油泵放到变矩器上，然后将超速挡离合器放到油泵上。如图 10-128 所示，用手握住超速挡离合器活塞，向油缸充入压缩空气以拆下超速挡离合器活塞。

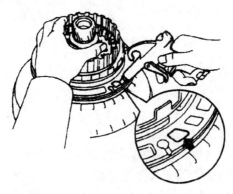

图 10-128　拆下超速挡离合器活塞

　　g. 拆下齿圈法兰。拆下齿圈法兰外侧的卡环，然后取下齿圈法兰。
　　h. 拆下单向离合器。拆下单向离合器外侧的卡环，然后取下隔离片、单向离合器和止推垫圈，如图 10-129 所示。

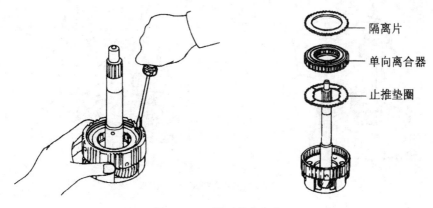

隔离片

单向离合器

止推垫圈

图 10-129　拆下单向离合器

②超速行星排和超速挡离合器的检查。

a. 检查离合器片。检查离合器主、从动片和压盘是否磨损或烧坏，必要时要更换。

注意：如果离合器片的摩擦材料剥落、松动，或印刷号码部分磨损，应更换全部离合器片。装配新离合器片前要将其浸入 ATF 至少 15min。

b. 检查超速挡离合器活塞单向球阀。摇动活塞时，单向球阀应松动。充入低压压缩空气时球阀不应泄漏，如图 10-130 所示。

c. 检查超速挡离合器回位弹簧。用游标卡尺检查包括弹簧座在内的弹簧自由长度，如图 10-131 所示。其标准长度为 15.8mm。

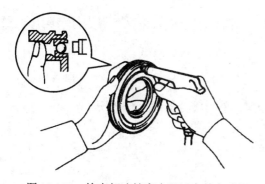

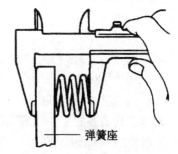

弹簧座

图 10-130　检查超速挡离合器活塞单向球阀　　　　图 10-131　检查超速挡离合器回位弹簧

d. 检查超速挡离合器鼓衬套。如图 10-132 所示，用百分表测量离合器鼓衬套内径。最大内径为 27.11mm，如果内径超过最大值，应更换离合器鼓。

e. 检查超速行星排行星齿轮衬套。用百分表测量行星齿轮衬套内径，应不大于 11.27mm，否则应更换行星齿轮总成。

f. 测量行星齿轮止推间隙。如图 10-133 所示，用塞尺测量行星齿轮的止推间隙。标准间隙为 0.2～0.6mm，最大间隙不应超过 1.0mm，否则应更换行星齿轮总成。

项目 10

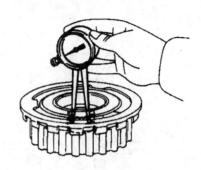

图 10-132　检查超速挡离合器鼓衬套

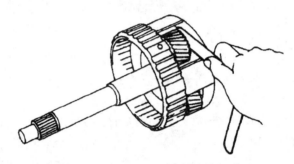

图 10-133　测量行星齿轮止推间隙

③超速行星排、超速挡离合器和超速挡单向离合器的装配。

按照超速行星排、超速挡离合器和超速挡单向离合器分解的相反步骤进行装配，但要注意以下问题：

a．单向离合器不能装反。

b．所有 O 形圈应换新件并涂抹 ATF。

c．装配后应再次检查超速挡离合器活塞行程、单向离合器的工作情况。

（3）超速挡制动器 B_0。

超速挡制动器的零件分解图如图 10-134 所示。

①超速挡制动器的分解。

a．检查超速挡制动器活塞的运动。如图 10-135 所示，将超速挡制动器支架放到制动器总成上，向油道内充入压缩空气检查超速挡制动器活塞的动作是否平稳。

b．从超速挡制动器支架取下离合器鼓止推垫圈和油封。

c．拆下活塞回位弹簧。如图 10-136 所示，将 SST 放到弹簧座上并压缩回位弹簧，拆下弹簧挡圈，取下回位弹簧。

d．拆下超速挡制动器活塞。如图 10-137 所示，将超速挡制动器支架放到制动器总成上，用手握住超速挡制动器活塞，向油道充入压缩空气拆下超速挡制动器活塞。

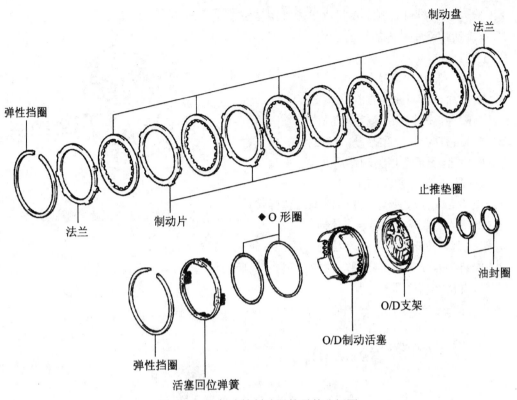

图 10-134　超速挡制动器的零件分解图

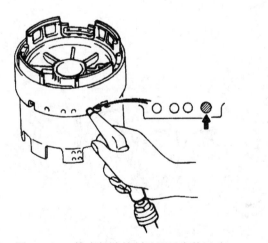

图 10-135　检查超速挡制动器活塞的运动

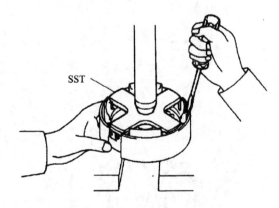

图 10-136　拆下活塞回位弹簧

②超速挡制动器的检查。

a. 检查离合器片。检查离合器主、从动片和压盘是否磨损或烧坏，必要时要更换。

b. 检查超速挡制动器活塞回位弹簧。用游标卡尺检查包括弹簧座在内的弹簧自由长度。其标准长度为 17.23 mm。

③超速挡制动器的装配。

a. 安装油封。将超速挡制动器支架的 2 个油封涂上 ATF，并安装到超速挡制动器支架上。

b. 安装超速挡制动器活塞。将 2 个新 O 形圈涂上 ATF，并装到超速挡制动器活塞上，然后将活塞用手压入超速挡制动器支架。

c. 安装活塞回位弹簧。安装活塞回位弹簧，并用 SST 将回位弹簧压缩，装上卡环。

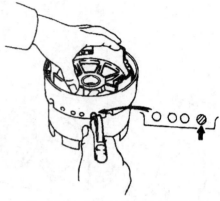

图 10-137　拆下超速挡制动器活塞

注意：卡环的开口要与超速挡制动器支架的缺口错开。

d. 安装离合器鼓止推垫圈，并检查超速挡制动器活塞的运动情况。

（4）直接挡离合器 C_2。

直接挡离合器的零件分解图如图 10-138 所示。

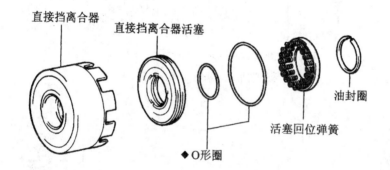

直接挡离合器　　直接挡离合器活塞　　　　　　　　　　油封圈　　活塞回位弹簧　　◆O形圈

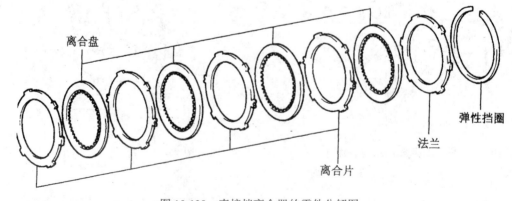

离合盘　　离合片　　法兰　　弹性挡圈

图 10-138　直接挡离合器的零件分解图

①直接挡离合器的分解。

a．检查直接挡离合器活塞行程。将直接挡离合器总成放到超速挡制动器支架上，充入392.3～784.6kPa 的压缩空气，使用 SST 和百分表，测量直接挡离合器活塞行程，如图 10-139 所示。活塞行程应为 1.37～1.60mm，如果不符合标准应检查离合器片。

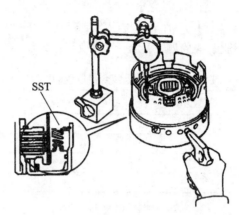

图 10-139　检查直接挡离合器活塞行程

b．拆下压盘和离合器片。先拆下卡环，然后拆下压盘和主、从动片各 4 个。

c．拆下活塞回位弹簧。使用 SST 拆下回位弹簧的卡环，然后拆下活塞回位弹簧。

d．拆下直接挡离合器活塞。如图 10-140 所示，将直接挡离合器鼓放到超速挡制动器支架，用手握住直接挡离合器活塞，充入压缩空气以拆下活塞。

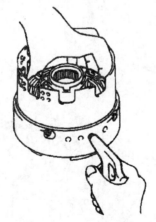

图 10-140　拆下直接挡离合器活塞

②直接挡离合器的检查。

直接挡离合器检查的内容和方法与前述的超速挡离合器相同，包括：

a．弹簧座在内的活塞回位弹簧自由长度的测量，标准自由长度为 24.35mm。

b. 检查直接挡离合器活塞。

c. 检查压盘和离合器片。

d. 检查离合器衬套内径，最大内径为 53.97 mm。

③直接挡离合器的装配。

按照分解的相反顺序进行装配，注意事项同超速挡离合器，最后要采用如图 10-139 所示的方法测量直接挡离合器活塞行程，活塞行程应为 1.37～1.60 mm。如果不符合标准，首先检查是否为装配不正确，若不能解决问题，应选择、更换其他的压盘。不同厚度的压盘见表 10-9。

表 10-9　直接挡离合器压盘的厚度

编号	厚度/mm	编号	厚度/mm
33	3.0	29	3.4
32	3.1	28	3.5
31	3.2	27	3.6
30	3.3	34	3.7

（5）前进挡离合器 C_1。

前进挡离合器的零件分解图如图 10-141 所示。

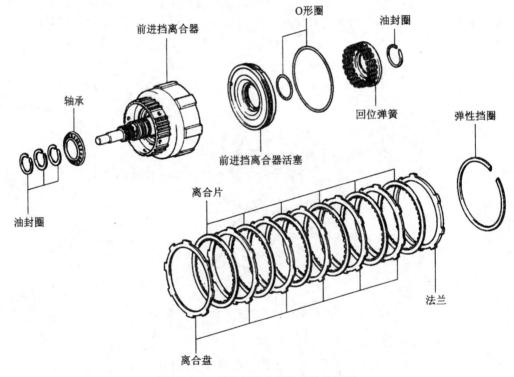

图 10-141　前进挡离合器的零件分解图

①前进挡离合器的分解。

a. 检查前进挡离合器的活塞行程。将超速挡制动器支架放到合适的工作台上，再将前进挡离合器放到超速挡制动器支架上。如图 10-142 所示，充入压缩空气（392.3～784.6kPa）用 SST 和百分表来检查前进挡离合器的活塞行程。活塞行程为 0.70～1.00mm，如果间隙不符合标准应检查离合器片。

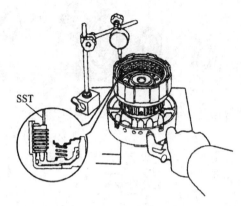

SST

图 10-142 检查前进挡离合器活塞行程

b. 拆下压盘和离合器片。

c. 拆下活塞回位弹簧。

d. 拆下活塞。

提示：b、c、d 三步骤的具体方法同前述的超速挡离合器。

②前进挡离合器的检查。

前进挡离合器检查的内容和方法与前述的超速挡离合器相同，包括：

a. 检查压盘和离合器片。

b. 检查直接挡离合器活塞。

c. 检查离合器鼓衬套内径，最大内径为 24.08 mm。

③前进挡离合器的装配。

按照分解的相反顺序进行装配，注意事项同超速挡离合器，最后要采用如图 10-142 所示的方法测量前进挡离合器活塞行程，活塞行程应为 0.70～1.00mm。如果不符合标准，首先检查是否为装配不正确，若不能解决问题，应选择、更换其他的压盘。不同厚度的压盘见表 10-10。

表 10-10 前进挡离合器压盘的厚度

编号	厚度/mm	编号	厚度/mm
42	4.0	45	3.4
44	3.8	60	3.2
62	3.6	61	3.0

（6）前排行星齿轮机构和 1 号单向离合器 F_1。

前排行星齿轮机构和 1 号单向离合器的零件分解图如图 10-143 所示。

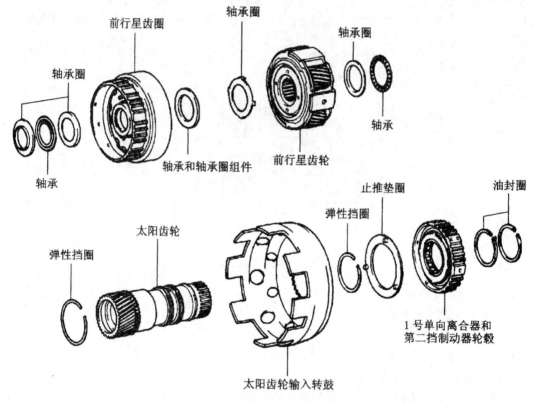

图 10-143　前排行星齿轮机构和 1 号单向离合器的零件分解图

①前排行星齿轮机构和 1 号单向离合器的分解。

a．检查 1 号单向离合器的工作情况。如图 10-144 所示，握住太阳轮并转动二挡制动器鼓。二挡制动器鼓应顺时针转动自如而逆时针锁止。

b．拆下油封、单向离合器和止推垫圈。

c．从太阳轮上拆下太阳轮输入转鼓。用木块作工作台，用 SST 拆下卡环，然后拆下太阳轮输入转鼓。

②前排行星齿轮机构的检查。

a．检查前排齿圈。用百分表测量齿圈衬套内径。最大内径为 24.08mm，如果内径大于最大值，应更换齿圈。

b．测量行星齿轮止推间隙。如图 10-145 所示，用塞尺测量行星齿轮的止推间隙。标准间隙为 0.2～0.6mm，最大间隙为 1.0mm，如果间隙超过最大值应更换行星齿轮总成。

c．检查太阳轮衬套。用百分表测量太阳轮衬套内径。最大内径为 27.08mm，如果内径超过最大值，应更换太阳轮。

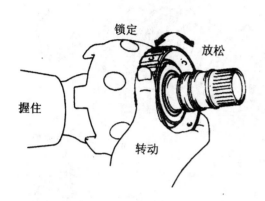

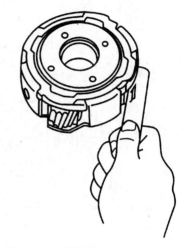

图 10-144　检查 1 号单向离合器的工作情况　　　　　图 10-145　测量行星齿轮止推间隙

③前排行星齿轮机构和 1 号单向离合器的装配。

按前排行星齿轮机构和 1 号单向离合器分解的相反顺序进行装配，但需要注意以下问题：

a．不要将 1 号单向离合器装反，应按如图 10-146 所示的方向装配。

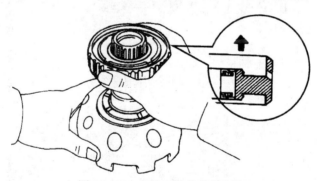

图 10-146　安装 1 号单向离合器

b．所有油封应换新并涂抹 ATF。

（7）二挡制动器 B_2。

二挡制动器的零件分解图如图 10-147 所示。

①二挡制动器的分解。

a．检查二挡制动器活塞运动。向二挡制动器鼓充入压缩空气检查二挡制动器活塞运动是否平稳。

b．拆下活塞回位弹簧。如图 10-148 所示，将 SST 放到弹簧挡圈上并用夹具压缩回位弹簧，拆下卡环，然后拆下回位弹簧挡圈和弹簧。

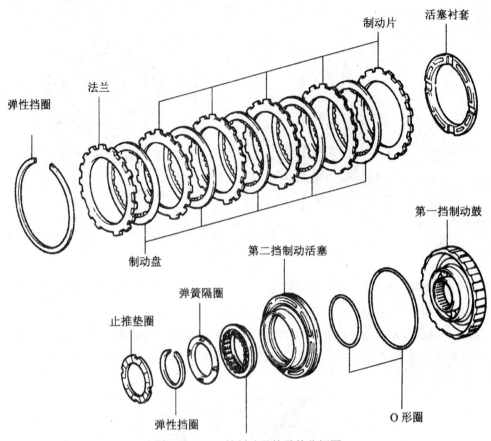

弹性挡圈　　法兰　　　　　　　　　　　　　制动片　　活塞衬套

制动盘

第一挡制动鼓

第二挡制动活塞

弹簧隔圈

止推垫圈

弹性挡圈

O形圈

图 10-147　二挡制动器的零件分解图

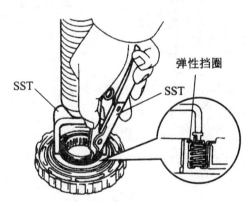

SST　　　　　　　　　　　弹性挡圈

SST

图 10-148　拆下活塞回位弹簧

　　c．拆下二挡制动器活塞。用手握住二挡制动器活塞，并向二挡制动器鼓充入压缩空气以拆下二挡制动器活塞。

10 项目

②二挡制动器的检查。

a．检查压盘与制动片。方法同前述的离合器压盘和离合器片的检查。

b．检查活塞回位弹簧。用游标卡尺测量包括弹簧座在内的弹簧的自由长度，标准长度应为 19.64mm。

③二挡制动器的装配。

按照二挡制动器分解的相反顺序进行装配。

（8）后排行星齿轮机构、2 号单向离合器和输出轴。

后排行星齿轮机构、2 号单向离合器和输出轴的零件分解图如图 10-149 所示。

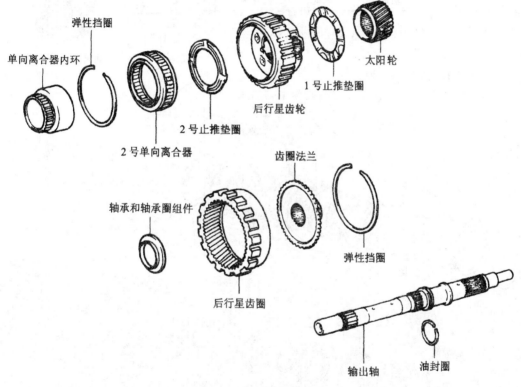

图 10-149　后排行星齿轮机构、2 号单向离合器和输出轴的零件分解图

①后排行星齿轮机构、2 号单向离合器和输出轴的分解。

a．从后排行星齿轮总成上拆下输出轴。

b．从后排行星齿轮机构上拆下行星齿轮架总成。

c．检查 2 号单向离合器的工作情况。握住行星齿轮并转动单向离合器内环。单向离合器应逆时针转动自如而顺时针方向锁止。

d．拆下单向离合器。

e．拆下齿圈法兰。

②后排行星齿轮的检查。

用塞尺测量行星齿轮的止推间隙。标准间隙应为 0.2～0.6 mm，最大间隙为 1.0mm，如果超过最大间隙应更换后排行星齿轮总成。

③后排行星齿轮机构、2 号单向离合器和输出轴的装配。

按照后排行星齿轮机构、2 号单向离合器和输出轴分解的相反顺序进行装配，但需要注意以下问题：

a．2 号单向离合器不能装反，确保单向离合器的导向器的开口端向上，如图 10-150 所示。

b．安装前，油封应涂抹 ATF，轴承应涂抹润滑脂。

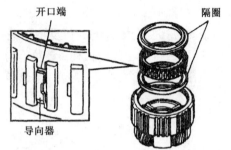

图 10-150　2 号单向离合器的安装

（9）低挡、倒挡制动器 B_3。

低挡、倒挡制动器的零件分解图如图 10-151 所示。

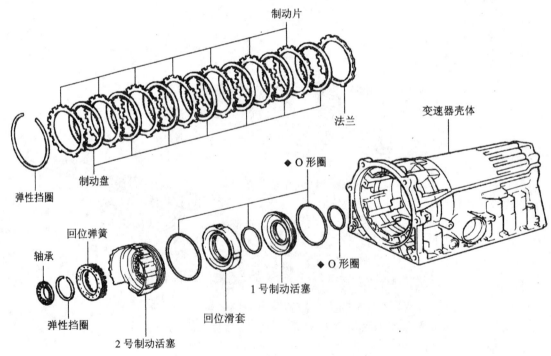

图 10-151　低挡、倒挡制动器的零件分解图

①低挡、倒挡制动器的分解。

a．检查低挡、倒挡制动器的活塞运动情况。如图 10-152 所示，向变速器壳体充入压缩空

气以检查低挡、倒挡制动器的活塞运动是否平稳。

　　b. 拆下活塞回位弹簧。使用如图 10-153 所示的 SST 压缩回位弹簧，拆下卡环然后拆下回位弹簧。

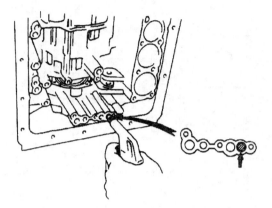

图 10-152　检查低挡、倒挡制动器的活塞运动情况

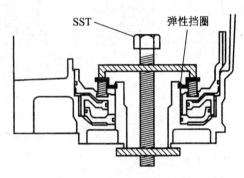

图 10-153　拆下活塞回位弹簧

　　c. 拆下 2 号制动活塞。如图 10-154 所示，用手握住 2 号制动活塞，向变速器壳体内充入压缩空气以拆下 2 号制动活塞。

图 10-154　拆下 2 号制动活塞

　　d. 拆下回位滑套和 1 号制动活塞。如图 10-155 所示，使用 SST 拆下回位滑套和 1 号制动活塞。

　　②低挡、倒挡制动器的检查。

　　a. 检查压盘和制动片。方法与离合器的检查相同。

　　b. 检查活塞回位弹簧。检查包括弹簧座在内的回位弹簧的自由长度，标准长度应为 12.9mm。

　　③低挡、倒挡制动器的装配。

　　按照低挡、倒挡制动器分解的相反顺序进行装配。

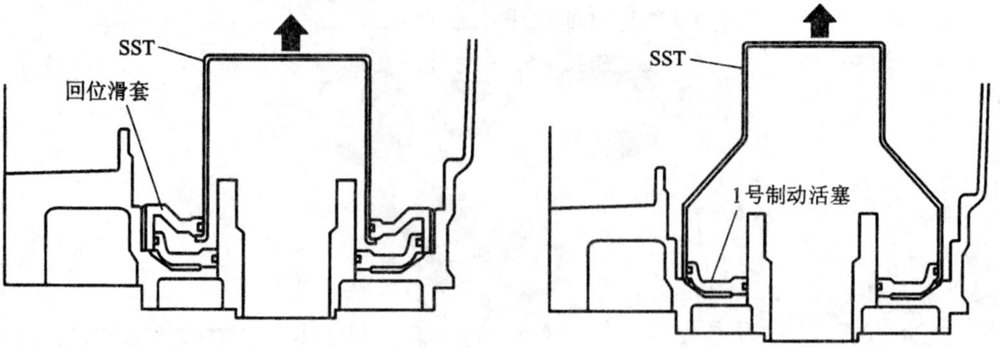

图 10-155   拆下回位滑套和 1 号制动活塞

（10）变速器壳体。

对于变速器壳体，主要是检查其后衬套内径，最大内径为 38.18 mm，如果内径超过最大值，应更换变速器壳体。

四、清洁整理

将实习场地所必要的物品留下，依照规定的合理位置放置，并明确标示，将不必要的物品清除掉；对垃圾进行分类处理；将实习场地清扫干净，并保持卫生；使每位成员养成良好习惯，遵守规则做事。

【知识拓展】

一、无级变速器

无级变速器（Continuously Variable Transmission，CVT）是传动比可以在一定范围内连续变化的变速器。它采用传动带和工作直径可变的主、从动轮相配合来传递动力，以实现传动比的连续改变，从而得到传动系与发动机工况的最佳匹配，最大限度地利用发动机的特性，提高汽车的动力性和燃油经济性。目前，无级变速器在汽车上的应用越来越多，最常见的是金属带式无级变速器（VDT-CVT）。

目前，国内常见的采用了无级变速器的有奥迪 A6、派力奥、西耶那、周末风、飞度和旗云等车型。

1. 01J 无级变速器的结构

下面对奥迪 Multitronic 进行简单介绍，该无级变速器的内部编号为 01J。奥迪 01J 无级变速器主要由减振缓冲装置、动力连接装置、速比调节变换器、液压控制单元和电子控制单元组成，如图 10-156 所示。

发动机输出转矩通过飞轮减振装置或双质量飞轮传递给无级变速器。其前进挡离合器和倒挡制动器都是湿式摩擦元件，与前述自动变速器中的离合器和制动器结构相同。倒挡的旋转方向是通过行星齿轮机构改变的。发动机的转矩通过辅助减速齿轮传到速比变换器，并由此传到主减速器、差速器。液压控制系统和电子控制系统集成为一体，位于无级变速器内部。

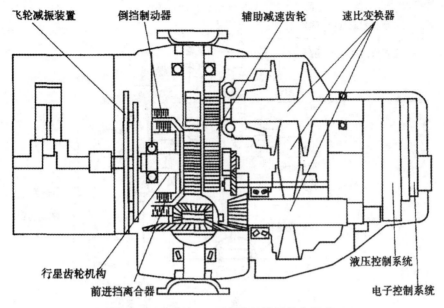

图 10-156　奥迪 01J 无级变速器的基本组成

行星齿轮机构由齿圈、行星轮（2 个）、行星架、太阳轮组成，如图 10-157 所示。太阳轮顺时针转动时，驱动行星轮逆时针转动，再驱动行星轮顺时针转动，最后驱动齿圈也顺时针转动。

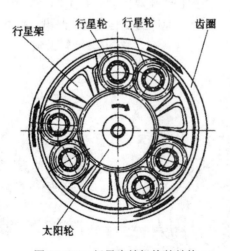

图 10-157　行星齿轮机构的结构

作为输入元件的太阳轮、输入轴和前进挡离合器钢片相连接，作为输出元件的行星架、辅助减速齿轮的主动齿轮和前进挡离合器的摩擦片相连接，齿圈和倒挡制动器摩擦片相连接，倒挡制动器钢片和变速器壳体相连接，如图 10-158 所示。

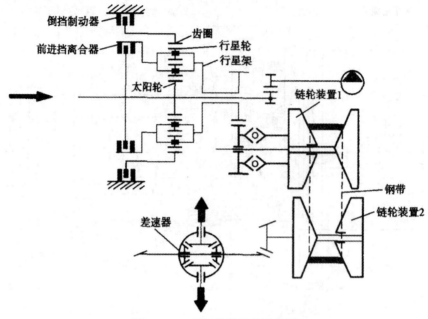

图 10-158　行星齿轮机构的简图

　　速比变换器的功用是实现无级变速传动，它由两组滑动锥面链轮和作用在其中间的 V 形传动链组成，如图 10-159 所示。主动链轮由发动机通过辅助减速齿轮驱动，发动机转矩由传动链传递到从动链轮装置，并由此传给主减速器。每组链轮装置中的一个链轮可沿轴向移动，用来调整传动链的跨度尺寸，从而连续地改变传动比。两组链轮装置必须同步进行，这样才能保证传动链始终处于张紧状态，并且具有足够的传动链和链轮之间的接触压力。

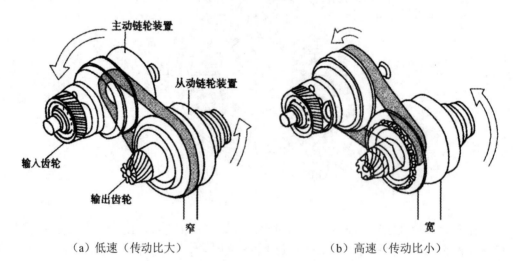

（a）低速（传动比大）　　　　　　　　　　　　（b）高速（传动比小）

图 10-159　速比变换器的基本组成和原理

2. 动力传递路线

（1）P/N 位的动力传动路线。选挡手柄处于 P 或 N 位时，前进挡离合器和倒挡制动器都不工作。发动机的转矩通过与输入轴相连接的太阳轮传到行星齿轮机构，并驱动行星轮，行星轮再驱动另外的行星轮，行星轮与齿圈相啮合。车辆尚未行驶时，作为辅助减速齿轮输入部分的行星架（行星齿轮机构的输出部分）的阻力很大，处于静止状态，齿圈以发动机转速一半的速度怠速运转，旋转方向与发动机相同。

（2）前进挡的动力传动路线。选挡手柄处于 D 位时，前进挡离合器工作。前进挡离合器钢片与太阳轮相连接，摩擦片与行星架相连接，此时，太阳轮（变速器输入轴）与行星架（输出部分）连接，行星齿轮机构被锁死成为一体，并与发动机同方向运转，传动比为 1∶1。

（3）倒挡的动力传动路线。选挡手柄处于 R 位时，倒挡制动器工作。倒挡制动器摩擦片与齿圈相连接，钢片与变速器壳体相连接，此时，齿圈被固定，太阳轮（输入轴）主动，转矩传递到行星架，由于是双行星齿轮（其中一个为惰轮），所以行星架就会以与发动机旋转方向相反的方向运转，使车辆向后行驶。

二、双离合器自动变速器

双离合器自动变速器（Dual Clutch Transmission，DCT）也称为直接换挡变速器（Direct Shift Gearbox，DSG），是基于手动变速器发展而来的，其工作原理是通过将变速器挡位按奇偶数分开布置，分别与两个离合器连接，通过切换两个离合器的工作状态完成换挡动作。

双离合器自动变速器早在 20 世纪 80 年代就被装配于赛车上，从而消除换挡离合时的动力传递停滞现象。目前，双离合器自动变速器在德系车上装配较多，如奥迪 TT、奥迪 A3、高尔夫 GTI 和迈腾等车型。宝马 M3、Z4 车上装有 M-DKG 双离合器变速器，福特福克斯装有 Power Shift 双离合器变速器，三菱跑车装有 SST（Sport Shift Transmission）双离合器变速器。

虽然不同汽车公司所配备的 DCT 名称不同，但其构造及原理是基本相同的，下面以大众车系的 DSG 为例进行介绍。

1. DSG 的基本组成

DSG 的机械部分主要包括多片湿式双离合器和三轴式齿轮变速器，如图 10-160 所示。DSG 有两根同轴心的输入轴，外输入轴空套在内输入轴外面。内输入轴与离合器 1 相连，内输入轴上的常啮齿轮分别与一、三、五挡齿轮相啮合；外输入轴为空心轴，与离合器 2 相连，外输入轴上的常啮齿轮分别与二、四、六挡齿轮相啮合；倒挡齿轮通过倒挡轴齿轮与内输入轴的常啮齿轮啮合。也就是说，离合器 1 负责一、三、五挡和倒挡，离合器 2 负责二、四、六挡。当使用不同挡位时，相应离合器接合且接合套动作。

2. DSG 的工作原理

在一挡起步行驶时，离合器 1 接合，一、三挡接合套右移与一挡齿轮接合，动力传递路线如图 10-161 所示，转矩通过内输入轴到一挡齿轮，再通过中间轴传递到差速器输出。同时，图中二、四挡接合套已经左移与二挡齿轮接合，表示二挡已经被选中，但由于此时离合器 2

是分离的，所以二挡的动力传递路线实际上并没有进行动力传递，只是预先选好挡位，为接下来的接合做准备。

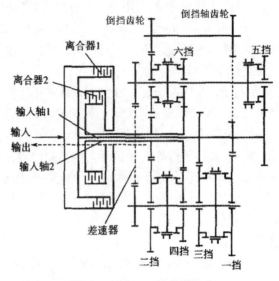

图 10-160 DSG 的基本组成

当需要升入二挡时，离合器 2 接合、离合器 1 分离，由于二挡齿轮事先已经接合，变速器自然进入二挡、退出一挡，动力传递路线如图 10-162 所示。同时一、三挡接合套预先左移与三挡齿轮接合，为升入三挡做准备。

其他挡位的工作情况与之类似。

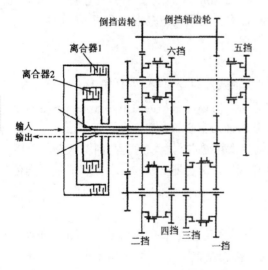

图 10-161 一挡动力传递路线

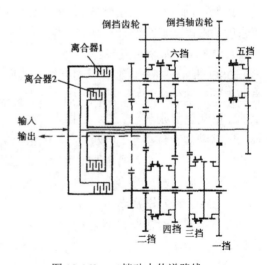

图 10-162 二挡动力传递路线

【练一练】

一、选择题

1．在自动变速器中，液力变矩器的泵轮和涡轮转速差值愈大，则（　　）。
A．输出转矩愈大
B．输出转矩愈小
C．效率愈高
D．输出功率愈大

2．液力变矩器锁止电磁阀的作用是当车速升到一定值后，控制油液能把（　　）锁为一体。
A．泵轮和导轮
B．泵轮和涡轮
C．泵轮和单向离合器
D．涡轮和导轮

3．在输出轴处于增矩工况下，自动变速器的液力变矩器中的导轮处于（　　）状态。
A．自由
B．锁止
C．与涡轮同速
D．与泵轮同速

4．在自动变速器的行星齿系机构中，只有当（　　）时，才能获得倒挡。
A．行星架制动，齿圈主动
B．行星架主动、太阳轮制动
C．齿圈制动，太阳轮主动
D．太阳轮主动，行星架制动

5．关于自动变速器的液力变矩器，下列说法中正确的是（　　）。
A．能将发动机的转矩传递给变速器
B．涡轮与发动机转速相同
C．导轮由发动机直接驱动
D．导轮与涡轮之间通过单向离合器连接

6．对于自动变速器的手动换挡阀，正确的说法是（　　）。
A．由于换挡杆带动手动换挡阀
B．手动换挡阀独立存在，不在阀体中
C．手动换挡阀由加速踏板连动
D．手动换挡阀直接控制前进挡的挡位

7．自动变速器的油泵，是被（　　）驱动的。
A．变矩器外壳
B．导轮间接
C．从泵轮抛向涡轮的油流
D．单向离合器

8．在自动变速器中，当行星齿系中有锁止元件，并且行星架作为输入元件时，行星齿轮机构就（　　）。
A．形成降速挡
B．形成降矩挡
C．输出与输入转向相反
D．形成增速挡

9．决定自动变速器换挡时刻的主要传感信息是车速传感器及（　　）。
A．节气门位置传感器
B．发动机转速
C．发动机空气流量计
D．变速器输入轴的转速

10．在自动变速器中，液力变矩器的工作原理就像两台对置的电风扇，一台电风扇接通电源，另一台电风扇不接电源。那么通电电风扇与不通电电风扇分别相当于液力变矩器中的哪些部件（　　）。

    A．泵轮与涡轮   B．导轮与涡轮

    C．涡轮行星齿轮   D．行星齿轮与导轮

二、判断题（对的打"√"，错的打"×"）

1．根据换挡工况的需要，自动变速器中的单向离合器由液压系统控制其分离或锁止。
（　　）

2．所谓液力变矩器的锁止，其含义是把其内的导轮锁止不动，以提高传动效率。
（　　）

3．自动变速器中制动器的作用是把行星齿轮机构中的某两个元件连接起来，形成一个整体共同旋转。（　　）

4．自动变速器中的单向离合器是以机械方式进行运作的，而多片式离合器则是利用液压进行操纵的。（　　）

5．当行星齿轮机构中的太阳轮、齿圈或行星架都不被锁止时，会形成空挡。
（　　）

6．四挡辛普森式自动变速器的结构特点是前后行星架组成一体。（　　）

7．自动变速器的内啮合式齿轮泵是靠液力变矩器的输出轴驱动的。（　　）

8．在液力变矩器中，导轮处于锁止状态时，将反过来使泵轮的转矩增大。（　　）

三、填空题

1．自动变速器基本由_____、_____、_____、_____和_____等组成。

2．液力变矩器是由_____、_____、_____等组成的，有些还装有_____。

3．泵轮由许多_____叶片组成，安装在_____上。

4．涡轮由许多_____叶片组成，其中间安装在_____，与_____相连接。

5．导轮中心安装有_____，以保证单向锁止。

6．行星齿轮机构是由_____、_____、_____、_____等组成的。

7．若行星齿轮机构中的行星架固定，太阳轮输入，齿圈输出，此为_____挡。

8．若行星齿轮机构中的太阳轮与行星架一起输入，齿圈输出，此为_____挡。

9．若行星齿轮机构中的太阳轮输入，无固定和输出元件，此为_____挡。

10．自动变速器的执行元件有_____、_____和_____。

11．自动变速器中采用的离合器多为_____的结构，采用_____控制。

12. 自动变速器中采用的制动器有_____和_____两种。

13. 电控液动自动变速器中，ECU 通过_____控制换挡阀。

14. 电控液动自动变速器换挡是由_____和_____控制的。

15. 本田"雅阁"自动变速器内，采用_____齿轮机构。

四、简答题

1. 自动变速器的基本组成及工作原理是什么？

2. 液力变矩器有哪些功用？

3. 液力变矩器由哪些元件组成？它是如何工作的？

4. 自动变速器的换挡执行元件有哪些？各有什么功用？

5. 自动变速器常用的传感器及开关有哪些？各有什么功用？

6. 用图说明丰田 U341E 型自动变速器各挡动力传动路线。

7. 用图说明大众 01N 型行星齿轮自动变速器各挡动力传动路线。

8. 用图说明本田 MAXA 型自动变速器各挡动力传动路线。

9. 无级变速器由哪几部分组成？其工作原理是什么？

10. 双离合器自动变速器是如何工作的？

任务5　万向传动装置构造与维修

【任务描述】

　　万向传动装置安装在手动变速器与驱动桥之间，主要作用是传力。本任务是让学生学会万向传动装置的组成及其工作原理；学会万向传动装置的结构、拆装、检测和维修方法；根据环保要求，妥善处理辅料、废弃液体和损坏的零部件。

【相关知识】

　　万向传动装置是传动系中重要的组成部分，对于发动机前置前轮驱动的汽车，其安装在驱动桥与驱动车轮之间；对于发动机前置后轮驱动的汽车，其安装在变速器与驱动桥之间，用来传递动力。

一、万向传动装置的功用

　　万向传动装置在汽车上有很多应用，结构也稍有不同，但其功用都是一样的，即在轴线相交且相互位置经常发生变化的两转轴之间传递动力。

　　图 10-163 所示为万向传动装置在汽车中最常见的应用，位于变速器与驱动桥之间。

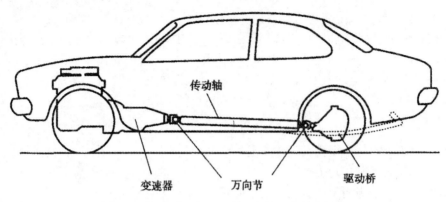

图 10-163　变速器与驱动桥之间的万向传动装置

二、万向传动装置的组成

万向传动装置主要包括万向节和传动轴，传动距离较远的分段式传动轴为了提高传动轴的刚度，还设有中间支承，如图 10-164 所示。

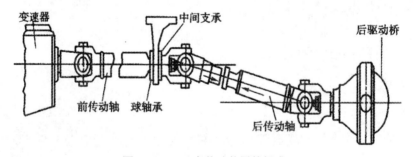

图 10-164　万向传动装置的组成

三、万向传动装置的应用

万向传动装置在汽车上的应用主要有以下几个方面：

（1）变速器与驱动桥之间（4×2 汽车），如图 10-165 所示。一般汽车的变速器、离合器与发动机三者合为一体装在车架上，驱动桥通过悬架与车架相连。负荷变化及汽车在不平路面行驶时引起的跳动，会使驱动桥输入轴与变速器输出轴之间的夹角和距离发生变化，需安装万向传动装置。

（2）变速器与分动器、分动器与驱动桥之间（越野汽车），如图 10-166 所示。为消除车架变形及制造、装配误差等引起的其轴线同轴度误差对动力传递的影响，需装有万向传动装置。

（3）转向驱动桥的内、外半轴之间，如图 10-167 所示。转向时两段半轴轴线相交且交角变化，因此要用万向节。

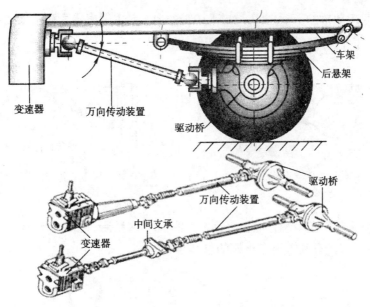

图 10-165　变速器与驱动桥之间的万向传动装置

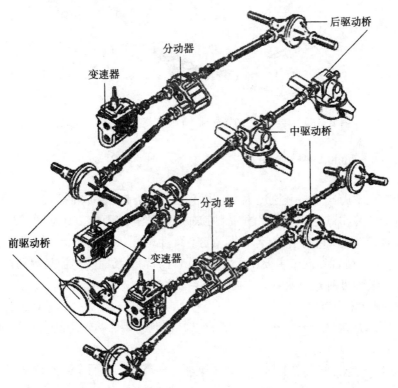

图 10-166　变速器与分动器、分动器与驱动桥之间的万向传动装置

（4）断开式驱动桥的半轴之间，如图 10-168 所示。主减速器壳在车架上是固定的，桥壳上下摆动，半轴是分段的，需用万向节。

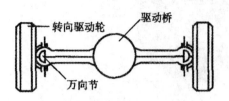

图 10-167　转向驱动桥内、外半轴之间的
万向传动装置

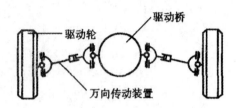

图 10-168　断开式驱动桥半轴之间的
万向传动装置

（5）转向机构的转向轴和转向器之间，如图 10-169 所示。在转向机构的转向轴和转向器间安装万向传动装置，有利于转向机构的总体布置。

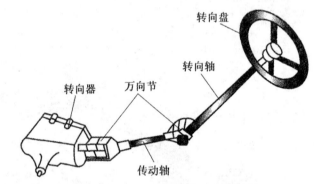

图 10-169　转向机构的转向轴和转向器之间的万向传动装置

四、万向节

在汽车上使用的万向节按其刚度大小，可分为刚性万向节和柔性万向节。刚性万向节按其速度特性分为不等速万向节（常用的为十字轴式）、准等速万向节（双联式和三销轴式）和等速万向节（包括球叉式和球笼式等）。目前在汽车上应用较多的是十字轴式刚性万向节和等速万向节。十字轴式刚性万向节主要用于发动机前置后轮驱动的变速器与驱动桥之间，等角速万向节主要用于发动机前置前轮驱动的内、外半轴之间。

1. 十字轴刚性万向节

常见的不等速万向节为十字轴式刚性万向节，其允许相邻两轴的最大夹角为 15°～20°。

（1）构造。

图 10-170 所示为汽车上常用的十字轴式刚性万向节，它由两个万向节叉、十字轴、滚针轴承等组成。

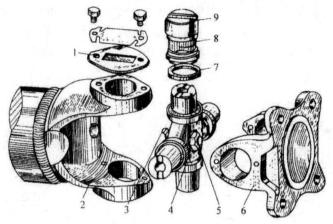

1—轴承盖；2、6—万向节叉；3—油嘴；4—十字轴；5—安全阀；7—油封；8—滚针；9—套筒

图 10-170　十字轴式刚性万向节

　　万向节叉 2、6 上的孔分别套在十字轴 4 的四个轴颈上。十字轴轴颈与万向节叉孔之间装有滚针 8 和套筒 9，用带有锁片的螺钉和轴承盖 1 来使之轴向定位。为了润滑轴承，十字轴内钻有油道（见图 10-171），且油道与注油嘴、安全阀相通。为避免润滑油流出及尘垢进入轴承，十字轴轴颈的内端套装带金属壳的毛毡油封（或橡胶油封）。安全阀 5 的作用是当十字轴内腔润滑脂压力超过允许值时，阀打开润滑脂外溢，使油封不会因油压过高而被损坏。现代汽车多采用橡胶油封，多余的润滑油从油封内圆表面与十字轴轴颈接触处溢出，故无需安装安全阀。

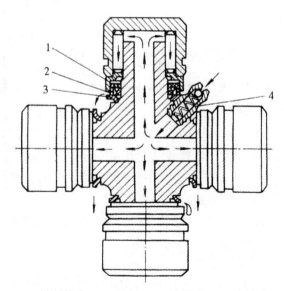

1—油封挡盘；2—油封；3—油封座；4—注油嘴

图 10-171　十字轴润滑油道及密封装置

万向节轴承的常见定位方式，除上述盖板式外，还有内、外弹性卡环固定式。

万向节中滚针轴承的轴向定位方式，除上述盖板式外，还有弹性盖板式（图 10-172（a））、瓦盖固定式（图 10-172（b））、塑料环定位式（图 10-172（c））、外挡圈固定式（图 10-172（d））、内挡圈固定式（图 10-172（e））。

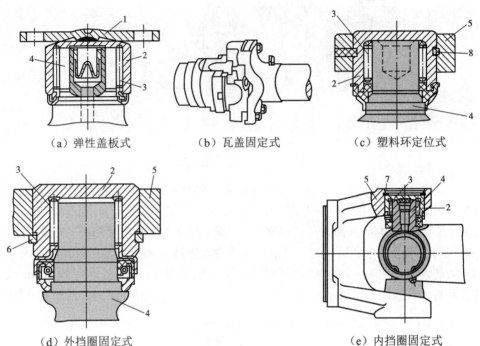

（a）弹性盖板式　　　　　（b）瓦盖固定式　　　　　（c）塑料环定位式

（d）外挡圈固定式　　　　　　　　　（e）内挡圈固定式

1—弹性盖板；2—轴承座；3—滚针轴承；4—十字轴；5—万向节叉；6—外挡圈；
7—内挡圈；8—填充塑料

图 10-172　轴承的定位方式

（2）普通万向节的速度特性。

单个十字轴式刚性万向节在主动轴和从动轴之间有夹角的情况下，当主动叉等角速转动时，从动叉是不等角速的，这称为十字轴式刚性万向节的不等速特性。且两转轴之间的夹角越大，不等速性就越大，而主、从动轴的平均转速是相等的，即主动轴转一圈从动轴也转一圈。图 10-173 所示为传动轴每转一圈时速度变化情况。

十字轴式刚性万向节的不等速特性将使从动轴及其相连的传动部件产生扭转振动，从而产生附加的交变载荷，影响部件寿命。

（3）等角速传动的条件和排列方式。

为实现等角速传动，可将两个十字轴式万向节按图 10-174 所示的排列方式安装，且必须满足以下两个条件，才可实现两轴间的等角速传动。

①第一万向节两轴间夹角 α_1 与第二万向节两轴间夹角 α_2 相等，即 $\alpha_1 = \alpha_2$。

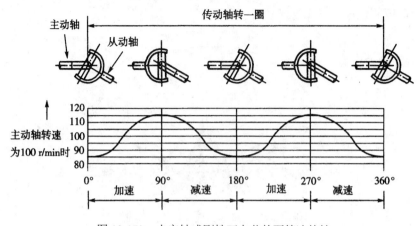

图 10-173　十字轴式刚性万向节的不等速特性

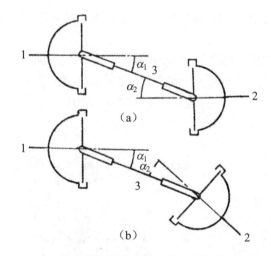

（a）平行排列；（b）等腰式排列

1—输入轴；2—输出轴；3—传动轴

图 10-174　双万向节的等速排列方式

②第一万向节的从动叉与第二万向节的主动叉处于同一平面内。

所谓等角速传动是就传动轴两端的输入轴和输出轴而言。对传动轴来说，只要夹角不为零，它就不等角速转动，这与传动轴的排列方式无关。

传动轴排列形式有：平行排列和等腰三角形排列，如图 10-174 所示。

由于悬架的振动，不可能在任何时候都保证 $\alpha_1 = \alpha_2$，因此这种双十字轴刚性万向节的传动只能近似地解决等速传动问题，且由于两轴夹角最大只能是 20°，故其在使用上受到限制。

2. 等速万向节

等速万向节的工作原理是保证万向节在工作过程中，其传力点永远位于两轴交角的平分面上，如图 10-175 所示。

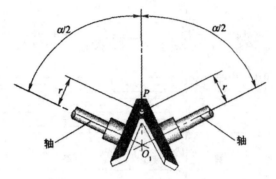

图 10-175　等速万向节的工作原理

（1）球笼式万向节。

常见的球笼式万向节有固定型球笼式等速万向节（RF 节）和伸缩型球笼式等速万向节（VL 节）。

如图 10-176 所示，固定型球笼式万向节由 6 个钢球、星形套、球形壳和保持架等组成。万向节星形套与主动轴用花键固接在一起，星形套外表面有六条弧形凹槽滚道，球形壳的内表面有相应的 6 条凹槽，6 个钢球分别装在各条凹槽中，由球笼使其保持在同一平面内。动力由主动轴、钢球、球形壳输出。

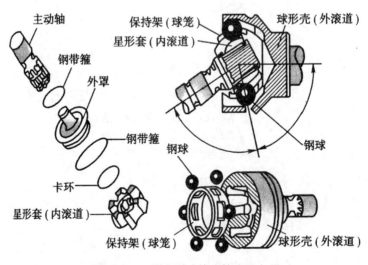

图 10-176　固定型球笼式等速万向节

球笼式万向节允许在轴间最大夹角为 42° 的情况下传递转矩，工作时 6 个钢球都参与传力，故承载能力强、磨损小、寿命长，广泛应用于各种型号的转向驱动桥和独立悬架的驱动桥。

伸缩型球笼式等角速万向节又称直槽滚道型等速万向节。如图 10-177 所示，其结构与上述球笼式相近，只是内、外滚道为圆筒形直槽，使万向节本身可轴向伸缩（伸缩量为 40～50mm），省去了其他万向节传动中的滑动花键，且滚动阻力小，适用于断开式驱动桥的万向传动装置。这种万向节所连接的两轴夹角不能太大，因此常常和固定型球笼式等速万向节组合在一起使用，以保证在夹角和距离发生变化的条件下传递动力。

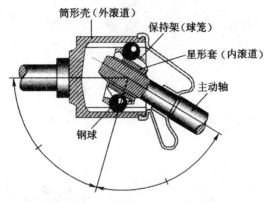

图 10-177　伸缩型球笼式等速万向节

RF 节和 VL 节广泛应用于采用独立悬架的汽车转向驱动桥，如红旗、桑塔纳、捷达、宝来、奥迪等汽车的前桥。其中 RF 节位于靠近车轮处，VL 节位于靠近驱动桥处，如图 10-178 所示。

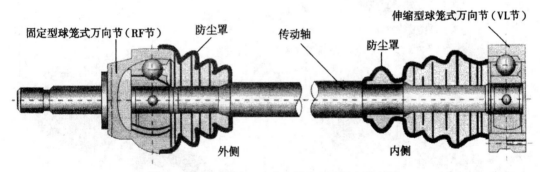

图 10-178　RF 节与 VL 节在转向驱动桥中的布置

（2）三枢轴球面滚轮式等速万向节。

三枢轴球面滚轮式等速万向节又称为自由三枢轴万向节，其结构如图 10-179 所示，由 3 个位于同一平面内互成 120°的枢轴构成，它们的轴线交于输入轴上一点，并且垂直于驱动轴。3 个枢轴外表面为球面，滚子轴承分别活套在各枢轴上。还有一个漏斗形轴，其筒形部分被加工出 3 个槽形轨道。3 个槽形轨道在筒形圆周上是均匀分布的，轨道配合面为部分同柱面，3 个滚子轴承分别装入各槽形轨道，可沿轨道滑动。

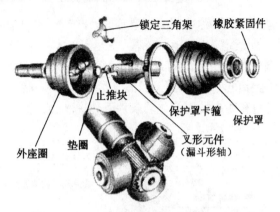

图 10-179　三枢轴球面滚轮式等速万向节

图 10-180 所示为别克凯越汽车等速万向节和传动轴的结构。

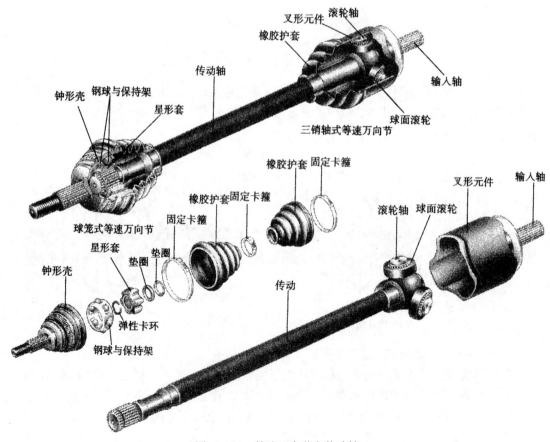

图 10-180　等速万向节和传动轴

五、传动轴与中间支承

1．传动轴

传动轴是万向传动装置中的主要传力部件，通常用来连接变速器（或分动器）和驱动桥，在转向驱动桥和断开式驱动桥中，则用来连接差速器和驱动车轮。

图 10-181 所示为传动轴的构造。传动轴有实心轴和空心轴之分。为了减轻传动轴的质量，节省材料，提高轴的强度、刚度，传动轴多为空心轴，超重型货车则直接采用无缝钢管。转向驱动桥、断开式驱动桥或微型汽车的传动轴通常制成实心轴。传动轴两端的连接件装好后，应进行动平衡试验。在质量小的一侧补焊平衡片，使其不平衡量不超过规定值。

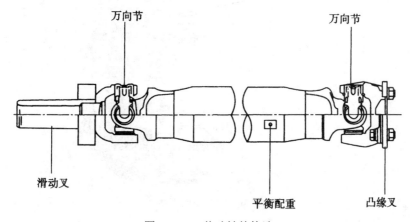

图 10-181　传动轴的构造

汽车行驶过程中，变速器与驱动桥的相对位置会发生变化，随着传动轴角度的改变，传动轴长度也会改变，因此传动轴中采用滑动叉和花键组成的滑套，以实现其长度的变化，如图 10-182 所示。

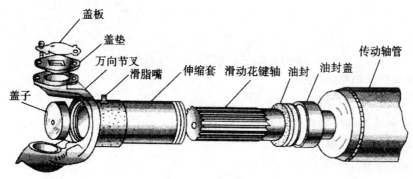

图 10-182　滑动叉的构造

2. 中间支承

传动轴分段时需加中间支承，中间支承通常装在车架横梁上，能补偿传动轴轴向和角度方向的安装误差，以及汽车行驶过程中因发动机窜动或车架变形等引起的位移。

图 10-183 所示的中间支承是由支架和轴承等组成的，轴承固定在中间传动轴后部的轴颈上。带油封的支承盖之间装有弹性元件橡胶垫环，用 3 个螺栓紧固。紧固时，橡胶垫环会径向扩张，其外圆被挤紧于支架的内孔。

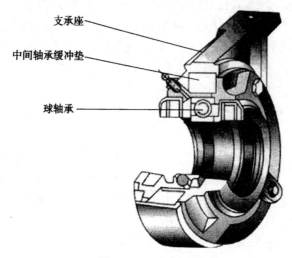

支承座
中间轴承缓冲垫
球轴承

图 10-183　中间支承

【案例】

对于一辆丰田卡罗拉汽车，客户反映：在转弯的过程中前轮有响声，但直线行驶时，无声音。分析判断为前轮处等速万向节有故障，拆解检查后，发现等速万向节的钢球磨损严重，更换等速万向节后，汽车正常。

【任务实施】

等速万向节的拆装、检查与维修

一、实训的目的和要求

（1）学会正确使用常用工具和专用工具。

（2）掌握等速万向节的正确拆装和维修方法。

二、实训的设备及工具

（1）设备：丰田卡罗拉汽车。

（2）普通工具：组合工具、螺丝刀、台虎钳、卡环扩张器、冲子、铜棒、锤子、压力机、塑料锤、水泵钳子、维修手册。

（3）专用工具：SST 09950-00020 轴承拆卸工具、SST 09527-10011 后桥半轴轴承拆卸工具。

（4）其他：润滑脂。

三、步骤及操作方法

1. 准备工作

（1）在汽车进入工位前，将工位清理干净，准备好相关的器材。

（2）将汽车停驻在举升机中央位置。

（3）拉紧驻车制动器操纵杆，并将变速杆置于空挡位置。

（4）套上转向盘护套、变速杆手柄套和座位套，铺设脚垫。

（5）在车内拉动发动机舱盖手柄，在车外打开并支撑发动机舱盖。

（6）粘贴翼子板和前脸磁力护裙。

2. 万向节的拆解操作步骤

（1）拆卸前桥内侧万向节防尘罩 2 号卡夹。用螺丝刀松开防尘套卡夹的锁紧部件并分离防尘套卡夹，如图 10-184 所示。

（2）拆卸前桥内侧万向节防尘套卡夹。用螺丝刀松开防尘套卡夹的锁紧部件并分离防尘套卡夹，如图 10-185 所示。

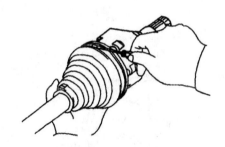

图 10-184　拆卸前桥内侧万向节防尘罩 2 号卡夹　　　图 10-185　拆卸前桥内侧万向节防尘套卡夹

（3）分离前桥内侧万向节防尘套。将内侧万向节防尘套从内侧万向节密封垫上分离。

（4）拆卸前桥左半轴内侧万向节总成。

①清除内侧万向节上的所有旧润滑脂。

②在内侧万向节和外侧万向节轴上做好装配标记，如图 10-186 所示。

注意：不要损坏标记。

③将内侧万向节从外侧万向节轴上拆下。

④在台虎钳上的两个铝板之间夹住外侧万向节轴。

注意：不要过度紧固台虎钳。

⑤使用卡环扩张器，拆下轴卡环，如图 10-187 所示。

⑥在外侧万向节轴上和三销架上设置装配标记。

注意：不要损坏标记。

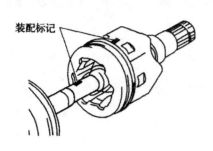

图 10-186　做装配标记

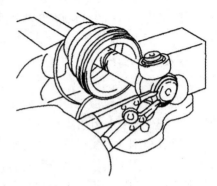

图 10-187　拆下轴卡环

⑦用铜棒和锤子从外侧万向节轴上敲出三销架，如图 10-188 所示。

注意：不要敲击滚子。

（5）拆卸前桥右半轴内侧万向节总成。

提示：执行与左侧相同的程序。

（6）拆卸前桥内侧万向节密封垫。将内侧万向节密封垫从内侧万向节上拆下，如图 10-189 所示。

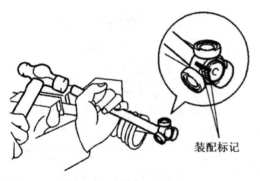

图 10-188　敲出三销架

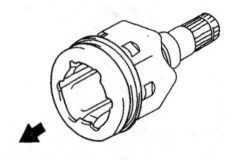

图 10-189　拆卸前桥内侧万向节密封垫

（7）拆卸前桥内侧万向节防尘套。拆下内侧万向节防尘套、内侧万向节防尘套 2 号卡夹和内侧万向节防尘套卡夹。

（8）拆卸前桥右半轴减振器卡夹（右侧）。如图 10-190 所示，用尖嘴钳拆下 2 个驱动轴减振器卡夹。

（9）拆卸前桥右半轴减振器（右侧）。将前桥半轴减振器从外侧万向节轴上拆下。

（10）拆卸前桥外侧万向节防尘套 2 号卡夹（左侧）。用螺丝刀松开防尘套卡夹的锁紧部件并拆下防尘套卡夹，如图 10-191 所示。

（11）拆卸前桥外侧万向节防尘套卡夹（左侧）。用螺丝刀松开防尘套卡夹的锁紧部件并拆下防尘套卡夹，如图 10-192 所示。

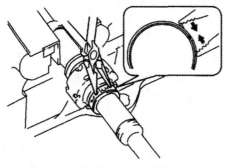

图 10-190　拆卸前桥右半轴减振器卡夹　　　　图 10-191　拆卸前桥外侧万向节防尘套 2 号卡夹

（12）拆卸左前桥外侧万向节防尘套（左侧）。

①从外侧万向节轴上拆下外侧万向节防尘套。

②清除外侧万向节上的所有旧润滑脂。

（13）拆卸前桥左半轴孔卡环。用螺丝刀拆下孔卡环，如图 10-193 所示。

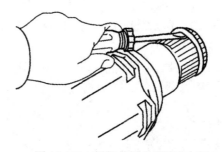

图 10-192　拆卸前桥外侧万向节防尘套卡夹　　　　图 10-193　拆卸前桥左半轴孔卡环

（14）拆卸前桥右半轴卡环。

提示： 执行与左侧相同的程序。

（15）拆卸前桥左半轴防尘罩。使用 SST 和压力机压出半轴防尘罩（使用 SST 09950-00020），如图 10-194 所示。

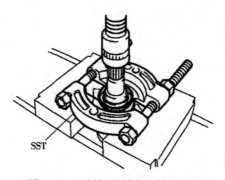

图 10-194　拆卸前桥左半轴防尘罩

注意：不要掉落内侧万向节。

（16）拆卸前桥右半轴防尘罩。

提示：执行与左侧相同的程序。

（17）外侧万向节的分解。

①旋转球笼与星形套，依次取下6个钢球（见图10-195）。

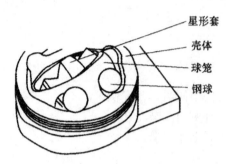

图 10-195　依次取出 6 个钢球

②用力转动球笼，直至球笼上的两个方孔与球壳垂直时，将球笼连同星形套一起从球壳中拆下（见图10-196）。

③如图10-197所示，把星形套的扇形齿旋入球笼的方孔，然后从球笼中取下星形套。

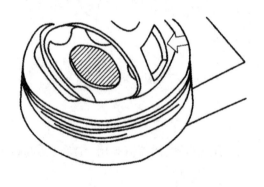

图 10-196　拆出球笼和星形套

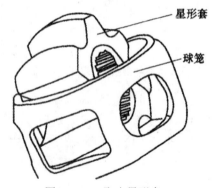

图 10-197　取出星形套

3. 等速万向节的检修

（1）检查球壳、球笼、星形套及钢球有无凹陷、磨损、裂纹、麻点等，如有则更换。

（2）检查防尘套是否有刺破、撕裂等损坏现象，如有则更换。

4. 万向节的装配

（1）安装前桥左半轴防尘罩。使用 SST 和压力机压进一个新的半轴防尘罩（使用 SST 09527-10011），如图 10-198 所示。

注意：防尘罩应完全安装到位，注意不要损坏防尘罩。

（2）安装前桥右半轴防尘罩。

提示：执行与左侧相同的程序。

（3）安装前桥左半轴孔卡环。安装一个新的孔卡环。

（4）安装前桥右半轴孔卡环。

提示：执行与左侧相同的程序。

（5）安装外侧等速万向节。

①将说明书规定的润滑脂总量的一半注入万向节内。

②将球笼连同星形套一起装入壳体，对角交替地压入钢球，必须保持球壳以及球笼壳体内的原有位置。

③将弹簧锁环装入星形套，并将剩余的润滑脂压入万向节。

（6）安装左前桥外侧万向节防尘套（左侧），如图 10-199 所示。

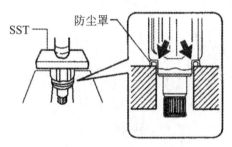
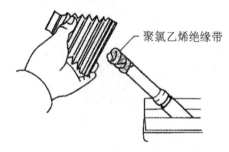

图 10-198　安装前桥左半轴防尘罩　　　　图 10-199　安装左前桥外侧万向节防尘套

①使用保护性胶带缠绕外侧万向节轴的花键。

提示：在安装防尘套之前，请用塑料带缠绕驱动轴的花键，以防止防尘套损坏。

②按以下顺序，将新零件安装到外侧万向节轴上。

a．外侧万向节防尘套 2 号卡夹。

b．外侧万向节防尘套。

c．外侧万向节防尘套卡夹。

③用防尘套维修组件中的润滑脂涂抹外侧万向节轴和防尘套。标准润滑脂容量为 135～145g。

④将外侧万向节防尘套安装在外侧万向节轴槽上。

提示：槽里不能有润滑脂。

（7）安装前桥外侧万向节防尘套 2 号卡夹（左侧）。

注意：佩戴保护手套以防伤手。

①将防尘套卡夹安装到外侧万向节防尘套上并暂时将杆折回，如图 10-200 所示。

注意：将杆正确地安装至导槽，将卡夹安装至车辆

图 10-200　安装外侧万向节防尘套
2 号卡夹（一）

内侧尽可能远处；将杆折回前，检查并确定箍带和杆没有变形。

②朝工作面按压外侧万向节，同时把身体重量倚靠到手上并向前转动外侧万向节。转动外侧万向节并折叠直至听到咔嗒声，如图 10-201 所示。

注意：不要损坏导流板，确保外侧万向节与工作面直接接触。

③调整杆和槽之间的间隙以使锁扣边缘和杆端之间的间隙均匀，同时用塑料锤敲击锁扣将其固定，如图 10-202 所示。

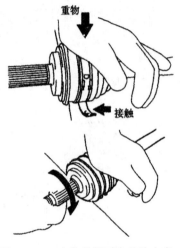
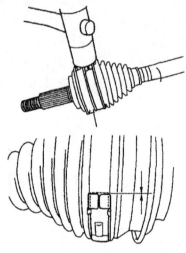

图 10-201　安装外侧万向节防尘套　　　　图 10-202　安装外侧万向节防尘套
　　　　　2 号卡夹（二）　　　　　　　　　　　　　2 号卡夹（三）

注意：不要损坏外侧万向节防尘套。

（8）安装前桥外侧万向节防尘套卡夹（左侧）。

注意：佩戴保护手套以防伤手。

①将防尘套卡夹安装到外侧万向节防尘套上并暂时将杆折回，如图 10-203 所示。

图 10-203　安装前桥外侧万向节防尘套卡夹（一）

注意：将杆正确地安装至导槽；将杆折回前，检查并确定箍带和杆没有变形。

②用水泵钳子捏住防尘套卡夹，暂时将其固定，如图 10-204 所示。

③调整杆和槽之间的间隙以使锁扣边缘和杆端之间的间隙均匀，同时用塑料锤敲击锁扣将其固定，如图 10-205 所示。

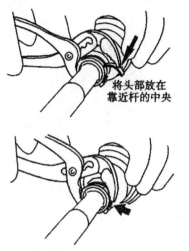

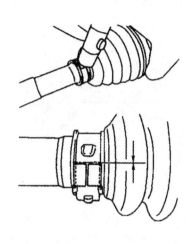

图 10-204　安装前桥外侧万向节防尘套卡夹（二）　图 10-205　安装前桥外侧万向节防尘套卡夹（三）

注意： 不要损坏外侧万向节防尘套。

（9）安装前桥右半轴减振器（右侧）。

①按以下顺序，将零件安装到外侧万向节轴上。

a. 驱动轴减振器卡夹。

b. 驱动轴减振器。

c. 驱动轴减振器卡夹。

②确保减振器在轴的凹槽上。

③按规定设置距离，如图 10-206 所示。标准距离为 458.0～462.0mm。

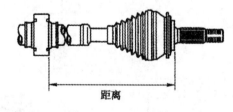

距离

图 10-206　设置距离

（10）安装前桥右半轴减振器卡夹（右侧）。

①在台虎钳上的两个铝板之间夹住前桥半轴。

②将驱动轴减振器卡夹安装至减振器。

注意： 确保将卡夹安装到正确的位置。

③如图 10-207 所示，用尖嘴钳安装 2 个驱动轴减振器卡夹。

（11）暂时安装前桥内侧万向节防尘套。

①用塑料带缠绕外侧万向节轴的花键，以防止防尘套损坏，如图 10-208 所示。

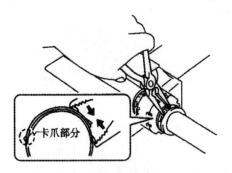

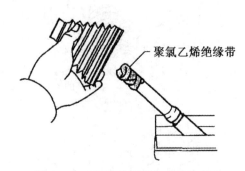

聚氯乙烯绝缘带

图 10-207　安装半轴减振器卡夹　　　　图 10-208　缠绕外侧万向节轴的花键

提示： 在安装防尘套之前，请用塑料带缠绕驱动轴的花键，以防止防尘套损坏。

②按以下顺序，将新零件安装到外侧万向节轴上。

a. 内侧万向节防尘套卡夹。

b. 内侧万向节防尘套。

c. 内侧万向节防尘套 2 号卡夹。

（12）安装前桥内侧万向节密封垫，如图 10-209 所示。将一个新的内侧万向节密封垫安装到内侧万向节槽上。

注意： 将内侧万向节密封垫上的凸出部分牢固地安装至内侧万向节槽。

（13）安装前桥左半轴内侧万向节总成。

①使三销架轴向花键的斜面朝向外侧万向节。

②在拆卸之前，对准做好的装配标记，如图 10-210 所示。

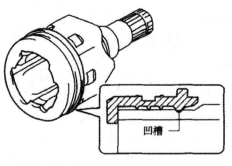

凹槽

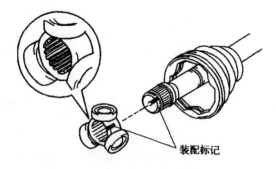

装配标记

图 10-209　安装前桥内侧万向节密封垫　　　图 10-210　对准装配标记

③用铜棒和锤子把三销式万向节敲进驱动轴。

注意： 不要敲击滚子，并确保以正确方向安装三销架。

④用防尘套维修组件中的润滑脂涂抹内侧万向节轴和防尘套。标准润滑脂容量为 175～185g。

⑤使用卡夹扩张器，安装一个新的半轴卡环。

⑥对准装配标记，将内侧万向节安装至外侧万向节轴。

（14）安装前桥右半轴内侧万向节总成。

提示：执行与左侧相同的程序。

（15）安装前桥内侧万向节防尘套。将内侧万向节防尘套安装至内侧万向节密封垫和外侧万向节轴的槽中。

注意：槽里不能有润滑脂。

（16）安装前桥内侧万向节防尘套卡夹。

注意：佩戴保护手套以防伤手。

①将防尘套卡夹安装到内侧万向节防尘套上并暂时将杠杆折回，如图 10-211 所示。

注意：将杠杆正确地安装至导槽；将杠杆折回前，检查并确定箍带和杠杆没有变形。

②用水泵钳子捏住防尘套卡夹，暂时将其固定，如图 10-212 所示。

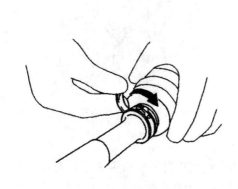
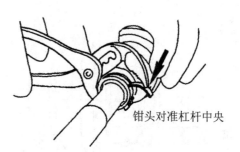
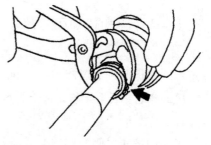

钳头对准杠杆中央

图 10-211　安装前桥内侧万向节防尘套卡夹（一）　　图 10-212　安装前桥内侧万向节防尘套卡夹（二）

③调整杠杆和槽口之间的间隙以使锁扣边缘和杆端之间的间隙均匀，同时用塑料锤敲击锁扣将其固定，如图 10-213 所示。

注意：不要损坏内侧万向节防尘套。

（17）安装前桥内侧万向节防尘套 2 号卡夹。

①将防尘套卡夹安装到内侧万向节防尘套上。

②保持尺寸（A）在规定长度内，同时将内侧万向节密封垫的凹陷部位拉出，使内侧万向节的内部暴露在大气压力下。

③如图 10-214 所示，将杠杆支点设置在任一 A 点处并暂时弯曲杠杆。

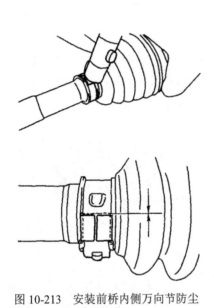

防尘套卡夹

支点

内侧万向节密封垫

凹口部分

A

A　　　*A*

图 10-213　安装前桥内侧万向节防尘
套卡夹（三）

图 10-214　安装前桥内侧万向节防尘套 2 号
卡夹（一）

注意：佩戴保护手套以防伤手。执行该操作时，内侧万向节的内部必须保持在大气压力下；将杠杆正确地安装至导槽，将卡夹尽可能靠近车辆内侧安装；将杠杆折回前，检查并确定箍带和杠杆没有变形。

④朝工作面按压内侧万向节，同时把身体重量集中到手上并向前转动内侧万向节。转动内侧万向节并折起杠杆直至听到咔嗒声，如图 10-215 所示。

注意：不要损坏导流板；确保内侧万向节与工作面直接接触。

⑤调整杆和槽之间的间隙以使锁扣边缘和杆端之间的间隙均匀，同时用塑料锤敲击锁扣将其固定，如图 10-216 所示。

注意：不要损坏内侧万向节防尘套。

（18）检查前桥半轴。

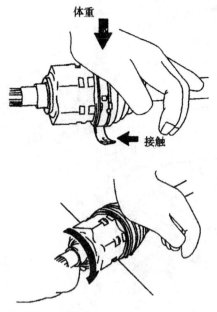

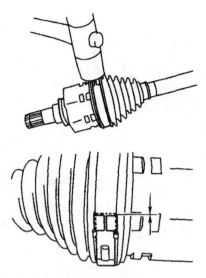

图 10-215　安装前桥内侧万向节防尘套 2 号
卡夹（二）

图 10-216　安装前桥内侧万向节防尘套 2 号
卡夹（三）

四、清洁整理

将实习场地所必要的物品留下，依照规定的合理位置放置，并明确标示，将不必要的物品清除掉；对垃圾进行分类处理；将实习场地清扫干净，并保持卫生；使每位成员养成良好习惯，遵守规则做事。

【知识拓展】

发动机前置后轮驱动汽车万向传动装置拆装与维修

发动机前置后轮驱动汽车在变速器与驱动桥之间多采用十字轴万向节、传动轴，有的还有中间支承的结构，下面以解放 CA1091 汽车为例说明其万向传动装置的拆装方法。

解放 CA1091 汽车传动轴为开式、管状传动轴，分前后两节，前节是带中间支承的中间传动轴，后节是凸缘带花键滑动叉的双万向传动轴，如图 10-217 所示。

一、实训的目的和要求

（1）学会正确使用常用工具和专用工具。
（2）掌握十字轴万向传动装置的正确拆装和维修方法。

二、实训的设备及工具

（1）设备：解放 CA1091 汽车。
（2）普通工具：组合工具、螺丝刀、锤子、铜棒、扭力扳手、维修手册等。
（3）其他：2 号锂基润滑脂、非残留性溶剂。

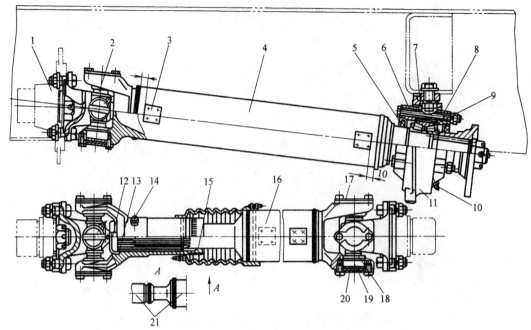

1—凸缘叉；2—万向节十字轴；3—平衡片；4—中间传动轴；5、15—中间支承油封；6—中间支承前盖；7—橡胶垫片；8—中间支承后盖；9—双列圆锥滚子轴承；10、14—油嘴；11—支架；12—堵盖；13—滑动叉；16—主动传动轴；17—锁片；18—滚针轴承油封；19—万向节滚针轴承；20—滚针轴承轴承盖；21—装配位置标记

图 10-217 解放 CA1091 汽车的万向传动装置

三、步骤及操作方法

1. 准备工作

（1）在汽车进入工位前，将工位清理干净，准备好相关的器材。

（2）将汽车停驻在举升机中央位置。

（3）拉紧驻车制动器操纵杆，并将变速杆置于空挡位置。

（4）套上转向盘护套、变速杆手柄套和座位套，铺设脚垫。

2. 万向传动装置的拆卸操作步骤

（1）应将汽车前后轮楔住。

（2）检查总成上的装配标记，必要时重做记号，如图 10-218 所示。

（3）用开口扳手或眼镜扳手卸下传动轴后端与后桥主动锥齿轮突缘的 4 个固定螺栓螺母，并使其分离。

（4）用扳手卸下与传动轴前端凸缘叉及中间传动轴凸缘相连接的 4 个螺栓。用手托住滑动叉，用锤轻轻向后敲打滑动叉，即可拆下传动轴。

（5）用扳手卸下传动轴与变速器输出轴突缘及驻车制动器的制动鼓的 4 个固定螺栓螺母。

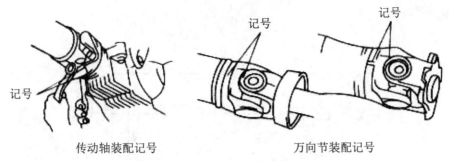

记号　　　　　　　　　记号

记号

传动轴装配记号　　　　　万向节装配记号

图 10-218　传动轴与万向节装配标记

（6）拆下中间轴支架与车架中横梁连接的两个螺栓，将中间传动轴连同中间支承一起拆下。对于滑动叉的分解，应做好标记。

（7）用卡钳取出凸缘叉孔内的卡环；手托传动轴一端，用手捶敲击凸缘叉外侧，将滚针轴承及轴承座振出，如图 10-219（a）所示；将传动轴转过 180°，用同样方法将凸缘叉上另一滚针轴承振出，并将凸缘叉取下；如图 10-219（b）所示，左手抓住十字轴，将传动轴一端抬起，右手用手锤敲击凸缘叉耳根部，将滚针轴承、轴承座及十字轴振出。

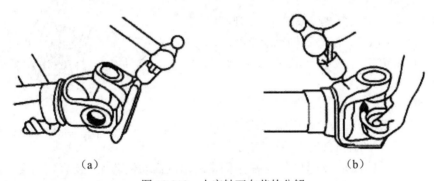

（a）　　　　　　　　　　　　　（b）

图 10-219　十字轴万向节的分解

3. 万向传动装置的检修

（1）传动轴的检修。

①传动轴不得有裂纹、凹陷，严重时要更换。

②传动轴弯曲程度的检查方法如图 10-220 所示。用 V 形架支起传动轴，用百分表在轴的中部测量径向圆跳动。传动轴轴长的径向全跳动公差应符合表 10-11 中的规定，轿车传动轴的径向全跳动公差相应减小 0.2mm。

③检查传动轴、花键轴与滑动叉的侧隙，轿车应不大于 0.15mm，其他类型的汽车不大于 0.30mm，装配后要滑动自如，否则应更换。

（2）十字轴万向节的检修。

①万向节叉和十字轴不得有裂纹，否则应更换。

项目 10

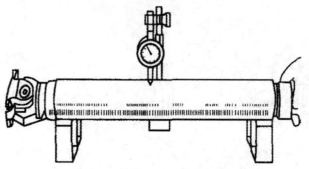

图 10-220　传动轴弯曲程度检查

表 10-11　不同传动轴轴长的径向全跳动公差

轴长/mm	<600	600～1000	>1000
径向全跳动公差/mm	0.6	0.8	1.0

②十字轴轴颈表面出现疲劳剥落、磨损沟槽或压痕深大于 0.1mm 以上时，应更换。

③检查十字轴轴承是否磨损或损坏，否则应更换。按图 10-221 所示的方法检查轴承配合间隙，轿车应小于 0.05mm，货车应小于 0.25mm，否则应更换轴承。

④若滚针轴承的油封老化、滚针断裂，应更换。

（3）中间支承的检修。检查中间支承轴承的旋转是否灵活，有无异响；油封和橡胶衬垫是否损

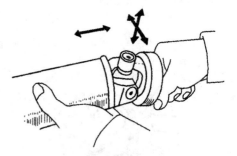

图 10-221　十字轴轴承配合间隙的检查

坏，否则应更换。拆下中间支承前，可以在中间支承附近摇动传动轴，检查中间支承轴承的松旷程度。

分解后，可进一步检查轴承的轴向和径向间隙，其轴向间隙应小于 0.5mm，径向间隙应小于 0.05mm。

4．万向传动装置的装配与注意事项

装配万向传动装置时，按与拆卸时的相反顺序进行，并要注意以下事项：

（1）清洗零件。待装零件应彻底清洗，特别是十字轴的油道、轴颈和滚针轴承，最好用清洁的煤油清洗后，再用压缩机吹干。装配时，应防止磕碰，并注意平衡片是否脱落。

（2）装复万向节时，十字轴上的润滑脂嘴必须朝向传动轴管一方，在十字轴轴颈、滚针轴承上涂抹少许 2 号锂基润滑脂。用锁片将螺栓锁住。3 个十字轴上的润滑脂嘴应在同一直线上。有润滑脂嘴的中间支承轴承油封盖应装在支架的后面且润滑脂嘴朝下。

（3）装复滑动叉时，必须对其标记。应注意使两端万向节叉位于同一平面内，同时应保

证与传动轴两端通过万向节相连的两轴与传动轴的夹角相等。

（4）传动装置应装配齐全可靠。传动轴上的防尘罩应配备齐全，并用卡箍紧固，两只卡箍的锁扣应错开 180°装配。

（5）传动轴总成装复后，应先做平衡试验。

（6）中间传动轴装配后应按规定力矩拧紧凸缘螺母，然后检查中间支承轴承的轴向间隙，并在确保轴承转动灵活的情况下，再插上开口销。

（7）所有润滑脂嘴应注入 2 号锂基润滑脂，直到润滑脂分别从十字轴轴颈、滑动叉堵盖孔和中间支承前轴承盖上的通气孔中挤出为止。

四、清洁整理

将实习场地所必要的物品留下，依照规定的合理位置放置，并明确标示，将不必要的物品清除掉；对垃圾进行分类处理；将实习场地清扫干净，并保持卫生；使每位成员养成良好习惯，遵守规则做事。

【练一练】

一、选择题

1．不等速万向节指的是（　　）。
　　A．球叉式万向节　　　　　　　　B．三销轴式万向节
　　C．十字轴刚性万向节　　　　　　D．球笼式万向节

2．对于十字轴式不等速万向节，当主动轴转过一周时，从动轴转过（　　）。
　　A．一周　　　　　B．小于一周　　　C．大于一周　　　D．不一定

3．等角速万向节的基本原理是从结构上保证万向节在工作过程中，其传力点永远位于两轴交角的（　　）。
　　A．平面上　　　　B．垂直平面上　　C．平分面上　　　D．平行面上

4．普通万向节又称十字轴式刚性万向节，它允许相邻两轴的最大交角为（　　）。
　　A．15°～20°　　　B．32°～38°　　　C．40°～45°　　　D．50°～55°

5．十字轴式万向节在其运动中具有（　　）特性。
　　A．不等速　　　　B．等速　　　　　C．变速

6．球笼式等速万向节在正向和反向转动时各有（　　）个钢球传力。
　　A．2 个和 2　　　B．3 个和 3　　　C．4 个和 4　　　D．6 个和 6

7．为适应传动轴工作时在长度方面的变化，通常在传动轴中采用（　　）布置。
　　A．伸缩花键　　　B．万向节叉　　　C．空心轴管　　　D．扭转减振器

8．十字轴式刚性万向节的十字轴轴颈一般都是（　　）。
　　A．中空的　　　　B．实心的　　　　C．无所谓　　　　D．A、B、C 均不正确

9．用两个万向节加一根传动轴实现等速传动，必须满足的条件是（　　）。

A．传动轴与输入/输出轴夹角不等，且两端万向节叉不在同一平面。

B．传动轴与输入/输出轴夹角不等，且两端万向节叉在同一平面。

C．传动轴与输入/输出轴夹角相等，且两端万向节叉不在同一平面。

D．传动轴与输入/输出轴夹角相等，且两端万向节叉在同一平面。

10．球笼式等速万向节允许相邻两轴的最大交角为（　　）。

A．15°　　　　　B．20°　　　　　C．30°　　　　　D．42°

二、判断题（对的打"√"，错的打"×"）

1．汽车行驶中，传动轴的长度可以自动变化。（　）

2．对于传动轴的安装，应注意使两端万向节叉位于同一平面内。（　）

3．万向传动装置功用是能在汽车上任何一对有轴间夹角和相对位置经常发生变化的转轴之间传递动力。（　）

4．变速器输出轴与驱动桥输入轴之间必须用万向传动装置连接。（　）

5．汽车转向驱动桥需满足转向和驱动功能，所以其半轴是分段的，转向时两段半轴轴线相交且夹角变化，因此要用万向传动装置。（　）

6．在断开式驱动桥中，主减速器壳在车架上是固定的，桥壳上下摆动，半轴是分段的，故需要万向传动装置。（　）

7．十字轴式万向节在其运动中具有不等速特性，即当十字轴式万向节主动叉不等角速转动时，从动叉是等角速转动的。（　）

8．十字轴式万向节在其运动中具有不等速特性，但主、从动轴的平均转速是相等的，即主动轴转一圈，从动轴也转一圈。（　）

9．万向传动装置中间支承除对传动轴起支承作用外，还应能补偿传动轴轴向和角度方向的安装误差，以及汽车行驶过程中由于发动机窜动或车架变形等引起的位移。（　）

10．在装配传动轴和万向节后，必须进行平衡试验。（　）

11．万向传动装置中润滑脂嘴较多，装配时应保证所有润滑脂嘴处于同一条直线上，且十字轴上的润滑脂嘴朝向传动轴。（　）

12．拆卸传动轴前，应在每个万向节叉的凸缘上做好标记，以确保作业后原位装复，否则极易破坏万向传动装置平衡性，造成运转噪声和强烈振动。（　）

13．刚性万向节是以零件的铰链式连接来传递动力的，而挠性万向节则是以弹性来传递动力的。（　）

14．对于十字轴式万向节来说，主、从动轴的交角越大，则传动效率越高。（　）

15．对于十字轴式万向节来说，主、从动轴之间只要存在交角，就存在摩擦损失。（　）

16．挠性万向节一般用于主、从动轴间夹角较大的万向传动。（　）

17．汽车行驶过程中，传动轴的长度可以自由变化。（　）

18．单个十字轴万向节在有夹角时传动的不等速性是指主、从动轴的平均转速不相等。

（　　）

三、填空题

1．刚性万向节可分为_____万向节和_____万向节。

2．万向传动装置主要由_____和_____组成，有的还加装_____，万向传动装置一般都安装在_____和_____之间。

3．单个普通十字轴万向节传动时，当_____等角速旋转时，_____是不等角速的，其不等角速的程度会随_____的加大而愈烈。

4．万向传动装置一般由_____和_____组成，有时还加装上_____。

5．万向传动装置用来传递轴线_____且相对位置_____的转轴之间的动力。

6．万向传动装置除用于汽车的传动系外，还可用于_____和_____。

7．目前，汽车传动系中广泛应用的是_____万向节。

8．如果双十字轴式万向节要实现等速传动，则第一万向节的_____必须与第二万向节的_____在同一平面内。

9．等速万向节的基本原理是从结构上保证万向节在工作过程中_____。

10．传动轴在高速旋转时，由于离心力的作用将产生剧烈振动。因此，当传动轴与万向节装配后，必须满足_____要求。

11．为了避免运动干涉，传动轴中设有由_____和_____组成的滑动花键。

12．单个万向节传动的缺点是具有_____，从而传动系受到扭转振动，使用寿命降低。

四、简答题

1．举例说明万向传动装置在汽车上的典型应用。

2．什么是十字轴万向节的不等速特性，如何才能实现等速传动？

3．万向传动装置的作用是什么？具体安装在哪个位置上？

4．万向传动装置由哪几部分组成？

5．在拆装万向传动装置时应注意哪些事项？

任务 6　驱动桥构造与维修

【任务描述】

驱动桥是传动系最后一个总成，将动力最终传到驱动车轮。本任务是让学生学会驱动桥的组成及其工作原理；学会驱动桥的结构、拆装和检修方法；根据环保要求，妥善处理辅料、废弃液体和损坏的零部件。

【相关知识】

驱动桥是传动系中最后一个总成，安装在万向传动装置后部（FR 布置形式）或变速器后部（FF 布置形式），用来传递动力。

一、驱动桥的组成

驱动桥是传动系的最后一个总成，一般由主减速器、差速器、半轴和桥壳等组成，如图10-222 所示。驱动桥的主要零部件都在装在驱动桥的桥壳中。

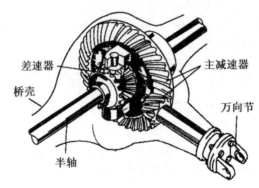

图 10-222　驱动桥的组成

二、驱动桥的功用

驱动桥的功用是将由万向传动装置传来的发动机转矩传给驱动车轮，并经降速增矩、改变动力传动方向，使汽车行驶，而且允许左右驱动车轮以不同的转速旋转。

三、驱动桥的分类

按照悬架结构的不同，驱动桥可以分为整体式驱动桥和断开式驱动桥。整体式驱动桥又称为非断开式驱动桥。

整体式驱动桥与非独立悬架配用。其驱动桥壳为一刚性的整体，驱动桥两端通过悬架与车架或车身连接，左右半轴始终在一条直线上，即左右驱动轮不能相互独立地跳动。

当某一侧车轮通过地面的凸出物或凹坑升高或下降时，整个驱动桥及车身都要随之发生倾斜，车身波动大。

断开式驱动桥与独立悬架配用。其主减速器固定在车架或车身上，驱动桥壳制成分段并用铰链连接，半轴也分段并用万向节连接。驱动桥两端分别用悬架与车架或车身连接。这样，两侧驱动车轮及桥壳可以彼此独立地相对于车架或车身上下跳动。

四、主减速器

1. 主减速器的功用

主减速器的功用有：将发动机转矩传给差速器；在动力的传动过程中将转矩增大并相应降低转速；对于纵置发动机，还可将转矩的旋转方向改变 90°。

2. 主减速器的类型

按参加传动的齿轮副数目，可分为单级式主减速器和双级式主减速器。有些重型汽车又将双级式主减速器的第二级圆柱齿轮传动装置设在两侧驱动车轮附近，这称为轮边减速。

按主减速器传动比个数，可分为单速式和双速式主减速器。单速式的传动比是固定的，而双速式则有两个传动比供驾驶员选择。

按齿轮副结构形式，可分为圆柱齿轮式（又可分为定轴轮系和行星轮系）主减速器和圆锥齿轮式（又可分为螺旋锥齿轮式和准双曲面锥齿轮式）主减速器。

3. 单级主减速器

单级主减速器结构简单、质量小、体积小、传动效率高。

对于发动机纵向布置的汽车，由于需要改变动力传递方向，单级主减速器都采用一对圆锥齿轮传动，如桑塔纳 2000、东风 EQ1090 等。图 10-223 为桑塔纳 2000 汽车主减速器和差速器图。由于发动机前置前轮驱动，整个传动系都集中布置在汽车前部，因此其主减速器装于变速器壳体内，没有专门的主减速器壳体。由于省去了变速器到主减速器之间的万向传动装置，所以变速器输出轴即为主减速器主动轴。

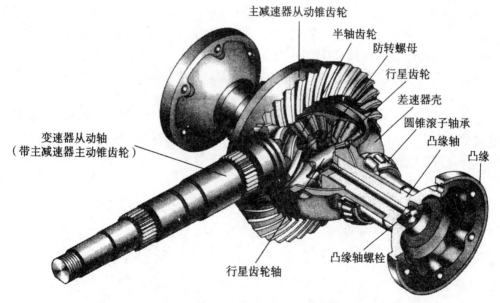

图 10-223　桑塔纳 2000 汽车主减速器和差速器

对于发动机横向布置的汽车，单级主减速器采用一对圆柱齿轮即可，如夏利 7130、宝来 1.8T、别克凯越、丰田卡罗拉等。图 10-224 为别克凯越汽车主减速器和差速器的零件。

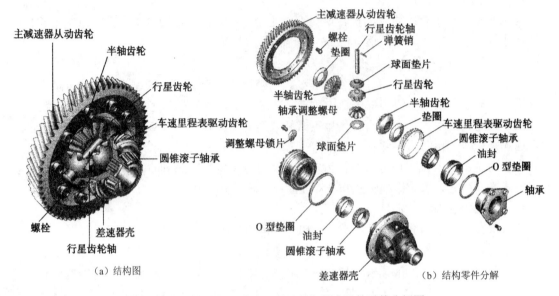

（a）结构图   （b）结构零件分解

图 10-224　别克凯越汽车主减速器和差速器的零件分解图

4. 双级主减速器

有些汽车需要较大的主减速器传动比，单级主减速器已不能满足足够的离地间隙，这就需要采用由两对齿轮降速的双级主减速器。图 10-225 所示为解放 CA1092 汽车的双级主减速器。

第一级传动装置为第一级主动锥齿轮和第一级从动锥齿轮，这是一对螺旋锥齿轮，而不是桑塔纳 2000 型汽车和东风 EQ1090 型汽车主减速器采用的准双曲面齿轮，其传动比为 25/13=1.923；第二级传动装置为第二级主动齿轮和第二级从动齿轮，这是一对斜齿圆柱齿轮，其传动比为 45/15=3。

第一级主动锥齿轮和第一级主动齿轮轴被制成一体，用两个圆锥滚子轴承（相距较远）支承在轴承座的座孔中，因主动锥齿轮悬伸在两轴承之后，故这种支承形式称为悬臂式支承。第一级从动锥齿轮用铆钉铆接在中间轴的凸缘上。第二级主动齿轮与中间轴被制成一体，用两个圆锥滚子轴承支承在两端轴承盖的座孔中，轴承盖用螺栓与主减速器壳固定连接。第二级从动齿轮夹在左右两半差速器壳之间，并用螺栓将其紧固在一起，其支承形式与东风 EQ1090 型汽车主减速器中差速器壳的支承形式相同。

五、差速器

1. 差速器的功用、类型

差速器的功用是将主减速器传来的动力传给左、右两半轴，并在必要时允许左、右半轴以不同转速旋转，使左、右驱动轮相对地面纯滚动而不是滑动。

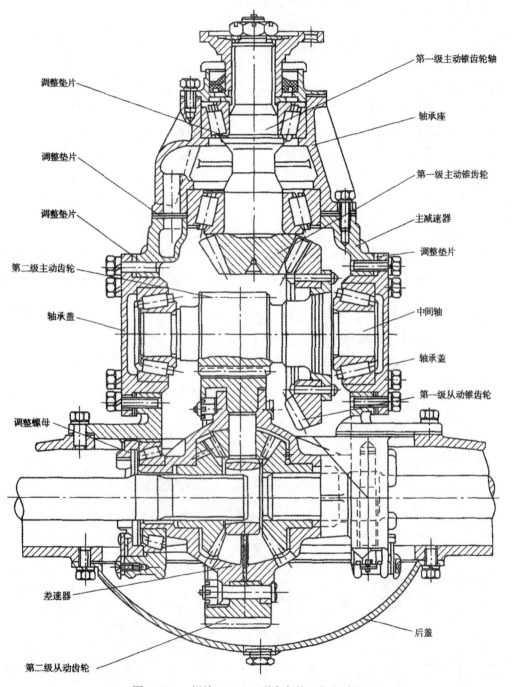

图 10-225　解放 CA1092 型汽车的双级主减速器

当汽车转弯行驶时，内、外两侧车轮中心在同一时间内移过的曲线距离显然不同，即外侧车轮移过的距离大于内侧车轮，如图 10-226 所示。若两侧车轮都固定在同一刚性转轴上，两轮角速度相等，则此时外轮必然是边滚动边滑移，内轮必然是边滚动边滑转。

同样，汽车在不平路面上直线行驶时，两侧车轮实际移过的曲线距离也不相等。因此在角速度相同的条件下，在波形较显著的路面上运动的一侧车轮是边滚动边滑移，另一侧车轮则是边滚动边滑转。即使路面非常平直，但由于轮胎存在制造尺寸

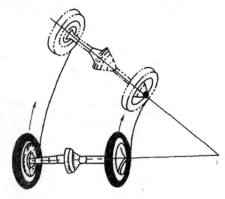

图 10-226　汽车转向时驱动轮的运动示意图

误差，磨损程度不同，承受的载荷不同或充气压力不等，各个轮胎的滚动半径实际上不可能相等，因此，只要各轮角速度相等，车轮对路面的滑动就必然存在。

车轮对路面的滑动不仅会加速轮胎磨损，增加汽车的动力消耗，而且可能导致转向和制动性能的恶化。所以，在正常行驶条件下，应使车轮尽可能不发生滑动，差速器的作用就在于此。

差速器按其工作特性可分为普通齿轮式差速器和防滑差速器两大类。

2．普通齿轮差速器的结构和工作原理

应用最广泛的普通齿轮差速器为锥齿轮差速器，图 10-227 所示为桑塔纳汽车差速器。

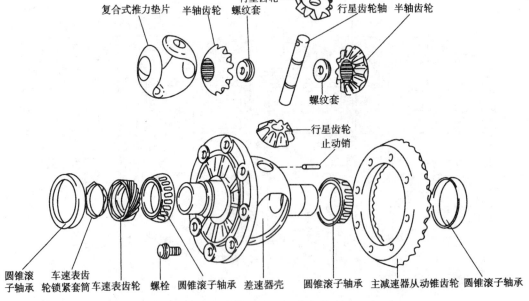

图 10-227　桑塔纳 2000 汽车差速器

（1）结构。差速器由差速器壳、行星齿轮轴、2 个行星齿轮、2 个半轴齿轮、球面垫片和垫圈等组成。行星齿轮轴装入差速器壳体后用弹簧销定位。行星齿轮和半轴齿轮的背面制成球面，与球面垫片和垫圈相配合，以减摩、耐磨。螺纹套用于紧固半轴齿轮。差速器通过一对圆锥滚子轴承支承在变速器壳体中。

（2）工作原理。差速器的工作原理如图 10-228、图 10-229 所示。主减速器传来的动力带动差速器壳（转速为 n_0）转动，经过行星齿轮轴、行星齿轮、半轴齿轮、半轴（转速分别为 n_1 和 n_2），最后传给两侧驱动车轮。

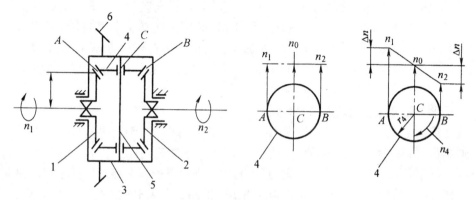

1、2—半轴齿轮；3—差速器壳；4—行星齿轮；5—行星齿轮轴；6—主减速器从动齿轮

图 10-228　差速器运动原理

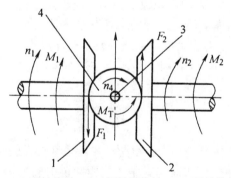

1、2—半轴齿轮；3—行星齿轮轴；4—行星齿轮

图 10-229　差速器转矩分配原理

①汽车直线行驶时。此时两侧驱动车轮所受到的地面阻力相同，并经半轴、半轴齿轮反作用于行星齿轮两啮合点 A 和 B（见图 10-228）。这时行星齿轮相当于等臂杠杆，即行星齿轮不自转，只随差速器壳和行星齿轮轴一起公转，两半轴无转速差，即 $n_1 = n_2 = n_0$，$n_1 + n_2 = 2n_0$。

同样，由于行星齿轮相当于等臂杠杆，主减速器传到差速器壳体上的转矩 M_0 等分给两半轴齿轮（半轴），即 $M_1 = M_2 = M_0/2$。

②汽车转向行驶时。此时两侧驱动车轮所受到的地面阻力不同。如果车辆右转，右侧（内侧）驱动车轮所受的阻力大，左侧（外侧）驱动车轮所受的阻力小。这两个阻力经半轴、半轴齿轮反作用于行星齿轮两啮合点 A 和 B（见图 10-228），使行星齿轮除了随差速器壳公转外还顺时针自转，设自转转速为 n_4，则左半轴齿轮的转速增加，右半轴齿轮的转速降低，且左半轴齿轮增加的转速等于右半轴齿轮降低的转速。设半轴齿轮的转速变化为 Δn，则 $n_1=n_0+\Delta n$。$n_2=n_0-\Delta n$，即汽车右转时，左侧（外侧）车轮转得快，右侧（内侧）车轮转得慢，实现纯滚动。此时依然有 $n_1+n_2=2n_0$。

由于行星齿轮的自转，行星齿轮孔与行星齿轮轴轴径间以及齿轮背部与差速器壳体之间都产生摩擦。如图 10-229 所示，行星齿轮所受的摩擦力矩 M_T 方向与其自转方向相反，并传到左、右半轴齿轮，使转的快的左半轴的转矩减小，转得慢的右半轴的转矩增加。所以当左、右驱动车轮存在转速差时，$M_1=(M_0-M_T)/2$，$M_2=(M_0+M_T)/2$。但由于有推力垫片的存在，实际中的 M_T 很小，可以忽略不计，$M_1=M_2=M_0/2$。

①普通锥齿轮差速器的运动特性：$n_1+n_2=2n_0$。

②普通锥齿轮差速器的转矩分配特性：$M_1=M_2=M_0/2$，即转矩等量分配特性。

普通锥齿轮式差速器转矩等量分配的特性对于汽车在好路面上行驶是有利的，但当汽车在坏路面上行驶时却会严重影响汽车通过能力。例如当汽车的一个驱动轮处于泥泞路面因附着力小而原地打滑时，即使另一驱动轮处于附着力大的路面上未滑转，汽车仍不能行驶。这是因为附着力小的路面只能对驱动车轮作用一个很小的反作用力矩，而驱动转矩也只能等于这一很小的反作用力矩。由于差速器等量分配转矩的特性，附着力好的驱动轮也只能分配到同样小的转矩，以至于总的驱动力不足以克服行驶阻力，汽车便不能前进。

为了提高汽车通过坏路面的能力，可采用防滑差速器。当汽车某一侧驱动轮发生滑转时，差速器的差速作用即被锁止，并将大部分或全部转矩分配给未滑转的驱动轮，充分利用未滑转车轮与地面之间的附着力，以产生足够的驱动力使汽车继续运行。

六、半轴与桥壳

1. 半轴

半轴的功用是将差速器传来的动力传给驱动轮。因其传递的转矩较大，常制成实心轴。

半轴的结构因驱动桥结构形式而异。整体式驱动桥中的半轴为一刚性整轴。而转向驱动桥和断开式驱动桥中的半轴则分段并用万向节连接。

现代汽车常采用的半轴支承形式分为全浮式和半浮式。

（1）全浮式半轴支承。全浮式半轴支承广泛应用于各型货车上，图 10-230 为全浮式半轴支承的示意图。半轴外端锻造有半轴凸缘，用螺栓紧固在轮毂上，轮毂用一对圆锥滚子轴承支承在半轴套管上，半轴套管与空心梁压配成一体，组成驱动桥壳。这种半轴支承形式，半轴与桥壳没有直接联系，半轴只在两端承受转矩，不承受其他任何反力和弯矩，所以称为全浮式半轴支承。

（2）半浮式半轴支承。图 10-231 为半浮式半轴支承的示意图。半轴用一个圆锥滚子轴承直接支承在桥壳凸缘的座孔内。车轮与桥壳之间无直接联系，而支承于悬伸出的半轴外端。因此，地面作用于车轮的各种反力都须经半轴外端的悬伸部分传给桥壳，使半轴外端不仅要承受转矩，还要承受各种反力及其形成的弯矩。半轴内端通过花键与半轴齿轮连接，不承受弯矩，故称这种支承形式为半浮式半轴支承。

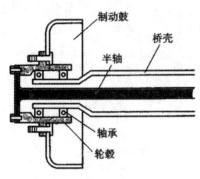
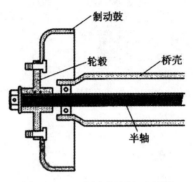

图 10-230　全浮式半轴示意图　　　　图 10-231　半浮式半轴示意图

2. 桥壳

驱动桥壳既是传动系的组成部分，也是行驶系的组成部分。作为传动系的组成部分，其功用是安装并保护主减速器、差速器和半轴。作为行驶系的组成部分，其功用是安装悬架或轮毂，和从动桥一起支承汽车悬架以上各部分质量，承受驱动轮传来的反力和力矩，并在驱动轮与悬架之间传力。

驱动桥壳可分为整体式桥壳和分段式桥壳两种类型。整体式桥壳一般是铸造成的，具有较大的强度和刚度，且便于主减速器的拆装和调整，适用于中型以上货车。分段式桥壳一般分为两段，由螺栓将其连成一体，现已很少应用。

【案例】

一辆丰田卡罗拉汽车，采用手动变速驱动桥，客户反映行驶过程中下部有异响。将车辆举升后检查，发现问题在驱动桥。经拆解检查后，发现半轴齿轮后的止推垫片厚度不正常，造成半轴齿轮轴向窜动，磨损异常，更换总成后，故障消失，汽车正常。

【任务实施】

差速器的拆装、检查与维修

丰田卡罗拉汽车差速器结构如图 10-232 所示。

一、实训的目的和要求

（1）学会正确使用常用工具和专用工具。

（2）掌握轿车变速器驱动桥的正确拆装和维修方法。

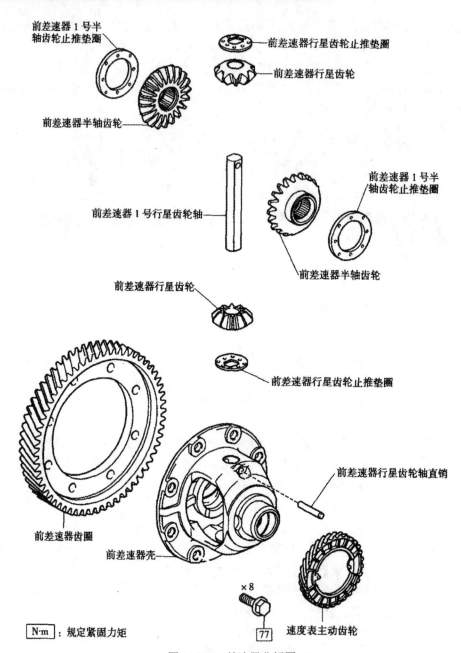

前差速器1号半
轴齿轮止推垫圈

前差速器行星齿轮止推垫圈

前差速器行星齿轮

前差速器半轴齿轮

前差速器1号行星齿轮轴

前差速器1号半
轴齿轮止推垫圈

前差速器半轴齿轮

前差速器行星齿轮

前差速器行星齿轮止推垫圈

前差速器行星齿轮轴直销

前差速器齿圈

前差速器壳

×8

N·m ：规定紧固力矩

77

速度表主动齿轮

图 10-232　差速器分解图

二、实训的设备及工具

（1）设备：丰田卡罗拉汽车。

（2）普通工具：组合工具、塑料锤、冲子、锤子、尖冲头（Φ3mm）、扭力扳手、百分表、螺旋测微器、维修手册。

（3）其他：齿轮油、加热器。

三、步骤及操作方法

1. 准备工作

（1）在汽车进入工位前，将工位清理干净，准备好相关的器材。

（2）将变速器驱动桥从车上拆下。

（3）将差速器总成放在工作台上。

2. 差速器的拆解操作步骤

（1）拆卸速度表主动齿轮。从前差速器壳上拆下速度表主动齿轮，如图 10-233 所示。

（2）拆卸前差速器齿圈。

①在前差速器齿圈和前差速器壳上做好装配标记，如图 10-234 所示。

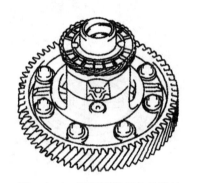

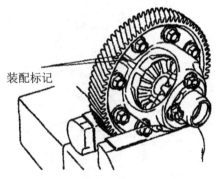

装配标记

图 10-233　拆下速度表主动齿轮　　　　图 10-234　做装配标记

②拆下 8 个螺栓。

③用塑料锤从前差速器壳上拆下前差速器齿圈，如图 10-235 所示。

（3）检查前差速器半轴齿轮齿隙。将前差速器行星齿轮装配至前差速器壳侧。用百分表测量前差速器半轴齿轮齿隙，如图 10-236 所示。标准齿隙为 0.05～0.20mm。如果齿隙超出规定范围，更换半轴齿轮止推垫圈。

（4）拆卸前差速器行星齿轮轴直销。

①用冲子和锤子松开前差速器壳的锁紧部件，如图 10-237 所示。

②用尖冲头（Φ3mm）和锤子从前差速器壳上拆下前差速器行星齿轮轴直销，如图 10-238 所示。

（5）拆卸前差速器 1 号行星齿轮轴。从前差速器壳上拆下前差速器 1 号行星齿轮轴，如图 10-239 所示。

（6）拆卸前差速器半轴齿轮。从前差速器壳上拆下 2 个前差速器行星齿轮、2 个前差速器行星齿轮止推垫圈、2 个前差速器 1 号半轴齿轮止推垫圈和 2 个前差速器半轴齿轮，如图 10-240 所示。

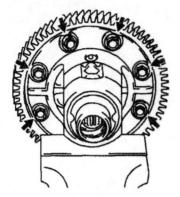

图 10-235　拆下前差速器齿圈

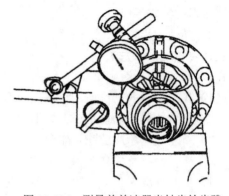

图 10-236　测量前差速器半轴齿轮齿隙

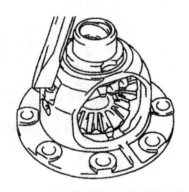

图 10-237　松开前差速器壳的锁紧部件

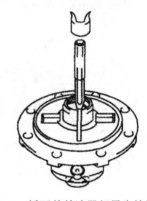

图 10-238　拆下前差速器行星齿轮轴直销

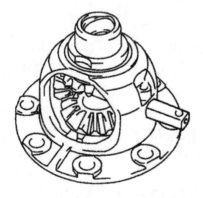

图 10-239　拆下前差速器 1 号行星齿轮轴

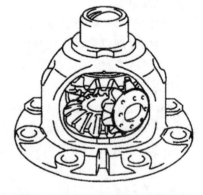

图 10-240　拆卸前差速器半轴齿轮

提示： 转动前差速器行星齿轮，拆下 2 个行星齿轮和 2 个半轴齿轮。

3. 差速器的检查

（1）检查前差速器行星齿轮止推垫圈。用螺旋测微器测量前差速器行星齿轮止推垫圈的厚度，如图 10-241 所示。最小厚度应为 0.92mm。如果厚度小于最小值，更换前差速器行星齿轮止推垫圈。

（2）检查前差速器 1 号行星齿轮轴。用螺旋测微器测量前差速器 1 号行星齿轮轴的外径，如图 10-242 所示。最小外径应为 16.982mm。如果外径小于最小值，更换前差速器 1 号行星齿轮轴。

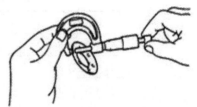

图 10-241　测量前差速器行星齿轮
止推垫圈的厚度

4. 差速器的装配

（1）安装前差速器半轴齿轮。

①在前差速器半轴齿轮滑动面和旋转面上涂抹齿轮油。

②将 2 个前差速器 1 号半轴齿轮止推垫圈安装至 2 个前差速器半轴齿轮。

③将 2 个前差速器半轴齿轮、2 个前差速器行星齿轮和 2 个前差速器行星齿轮止推垫圈安装至前差速器壳。

提示：转动 2 个前差速器半轴齿轮，安装 2 个前差速器行星齿轮和 2 个前差速器行星齿轮止推垫圈。

（2）安装前差速器 1 号行星齿轮轴。

①在前差速器 1 号行星齿轮轴上涂抹通用润滑脂。

②将前差速器 1 号行星齿轮轴安装至前差速器壳，使前差速器行星齿轮轴直销孔与前差速器壳上的孔对准。

（3）调节前差速器半轴齿轮齿隙。将前差速器行星齿轮安装至前差速器壳侧，用百分表测量前差速器半轴齿轮齿隙，如图 10-243 所示。标准齿隙为 0.05～0.20mm。如果齿隙超出规定范围，更换半轴齿轮止推垫圈，止推垫圈的厚度见表 10-12。

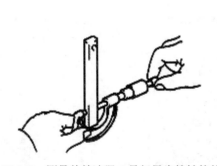

图 10-242　测量前差速器 1 号行星齿轮轴的外径

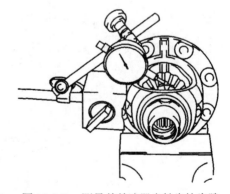

图 10-243　测量前差速器半轴齿轮齿隙

提示：由于止推垫圈没有任何可识别的标记，用螺旋测微器测量其厚度以选择合适的止推垫圈（参见表 10-12），为左右两侧选择厚度相同的垫圈。

表 10-12　止推垫圈的厚度（单位：mm）

零件号	厚度
41361-22140	0.95
41361-22020	1.00
41361-22150	1.05
41361-22030	1.10
41361-22160	1.15
41361-22040	1.20

（4）安装前差速器行星齿轮轴直销。

①用尖冲头（Φ3mm）和锤子将前差速器行星齿轮轴直销安装至前差速器壳，如图 10-244 所示。

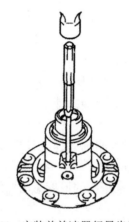

图 10-244　安装前差速器行星齿轮轴直销

②用冲子和锤子锁紧前差速器壳孔，如图 10-245 所示。

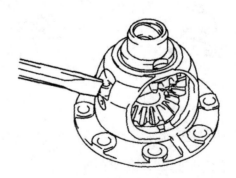

图 10-245　锁紧前差速器壳孔

（5）安装前差速器齿圈。

①清洁前差速器壳和齿圈的接触面。

②用加热器将前差速器齿圈加热到 90～110℃，如图 10-246 所示。

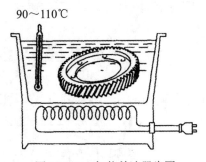

90～110℃

图 10-246　加热差速器齿圈

③待齿圈上的水分完全蒸发后，将齿圈迅速安装至差速器壳。

④对准 2 个装配标记，将前差速器齿圈迅速安装至前差速器壳。

⑤安装 8 个螺栓。力矩为 77N·m。

（6）安装速度表主动齿轮。将速度表主动齿轮安装至前差速器壳。

四、清洁整理

将实习场地所必要的物品留下，依照规定的合理位置放置，并明确标示，将不必要的物品清除掉；对垃圾进行分类处理；将实习场地清扫干净，并保持卫生；使每位成员养成良好习惯，遵守规则做事。

【知识拓展】

防滑差速器

普通齿轮差速器使汽车通过坏路面的行驶能力受到限制，为了提高汽车通过坏路面的能力，可采用防滑差速器。当汽车某一侧驱动轮发生滑转时，差速器的差速作用即被锁止，并将大部分或全部转矩分配给未滑转的驱动轮，充分利用未滑转车轮与地面之间的附着力，以产生足够的牵引力使汽车继续行驶。

一、强制锁止式差速器

图 10-247 所示为汽车强制锁止式差速器。牙嵌式接合器及其操纵机构两大部分构成差速锁。牙嵌式接合器的固定接合套用花键与差速器壳左端连接，并用弹性垫圈轴向限位。滑动接合套用花键与半轴连接，并可在轴上轴向滑动。操纵机构的拨叉装在拨叉轴上，并可沿导向轴轴向滑动，其叉形部分插入滑动接合套的环槽中。

当汽车在良好路面上行驶时，不需要锁止差速器，牙嵌式接合器的固定接合套与滑动接合套处于分离状态，此即为普通行星锥齿轮差速器。

当汽车通过不良路面需要锁止时，通过驾驶员的操纵，压缩空气由气管接头进入气动活

项目 10

塞左腔，推动活塞右移，并经调整螺钉和拨叉轴推动拨叉压缩弹簧右移，从而拨动滑动接合套左移与固定接合套嵌合，将左半轴与差速器壳连成一个整体，则左右两半轴转矩便可全部分配给不良路面上的车轮。与此同时，差速锁指示灯开关接通，驾驶室内指示灯亮，以提醒驾驶员差速器处于锁止状态，汽车驶出不良路面后应及时摘下差速锁。

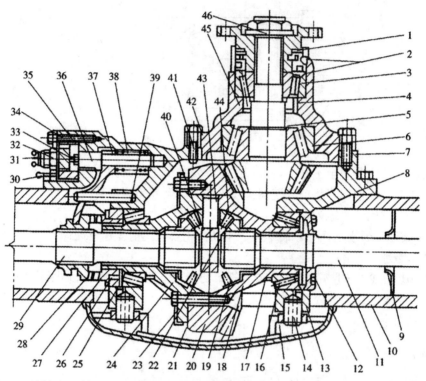

1—传动凸缘；2—油封；3—轴承；4—调整隔圈；5—主减速器主动锥齿轮；6—轴承；7—调整垫片；8—主减速器壳；9—挡油盘；10—桥壳；11—半轴；12—带挡油盘的调整垫片；13—轴承盖；14—定位销；15—集油槽；16—轴承；17—差速器壳；18—推力垫片；19—半轴齿轮；20—主减速器从动锥齿轮；21—锁板；22—衬套；23—螺栓；24—差速器壳；25—调整螺母；26—固定接合套；27—弹性垫圈；28—滑动接合套；29—半轴；30—气管接头；31—带密封圈的活塞；32—差速锁指示灯开关；33—调整螺钉及其锁紧螺母；34—缸盖；35—缸体；36—拨叉轴；37—拨叉；38—弹簧；39—导向轴；40—行星齿轮；41—密封圈；42—螺栓；43—十字轴；44—推力垫片；45—轴承座；46—螺母

图 10-247 强制锁止式差速器

当汽车通过不良路面后驶上良好路面时，需要解除差速器的锁止，可通过操纵机构放掉气缸内压缩空气，作用在活塞左端面的气压消失，拨叉及滑动接合套在弹簧作用下左移回位，接合器分离，差速器恢复差速作用，同时差速器指示灯熄灭。

二、自锁式差速器

自锁式差速器有摩擦片式、滑块凸轮式等多种结构形式。图 10-248 所示为摩擦片式自锁差速器。

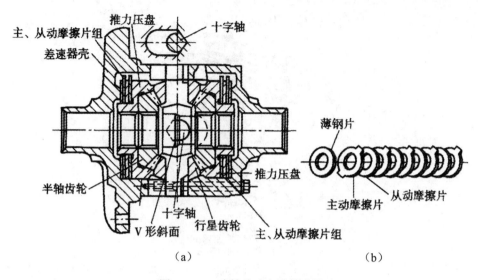

（a）   （b）

图 10-248   摩擦片式自锁差速器

两半轴齿轮背面与差速器壳之间各安装了一套摩擦式离合器，该离合器由推力压盘，主、从动摩擦片组成。推力压盘以内花键与半轴连接，外花键与从动摩擦片的内花键连接。主动摩擦片的外花键与差速器壳的内花键连接。主、从动摩擦片及推力压盘均可做微小的轴向移动。十字轴由两根互相垂直的行星齿轮轴组成，其轴颈端部均切有凸 V 形斜面，差速器壳上的配合孔较大，相应地也加工有凹 V 形斜面。两面行星齿轮轴的 V 形面是反向安装的。

当汽车直线行驶、两半轴无转速差时，转矩平均分配给两半轴。由于差速器壳通过 V 形斜面驱动行星齿轮轴，在传递转矩时，斜面上产生的平行于差速器轴线的轴向分力迫使两根行星齿轮轴分别向左右方向略微移动，通过行星齿轮推动推力压盘压紧摩擦片。此时转矩经两条路线传给半轴：一路经行星齿轮轴、行星齿轮和半轴齿轮将大部分转矩传给半轴；另一路则由差速器壳、主从动摩擦片、推力压盘传给半轴。

当汽车转弯或一侧车轮在不良路面上滑转时，行星齿轮自转，差速器起差速作用，使左、右半轴转速不相等。由于转速差及轴向力的存在，主、从动摩擦片间将产生摩擦力矩，且经从动摩擦片及推力压盘传给两半轴的摩擦力矩方向相反；该摩擦力矩与转速快的半轴的转向相反，而与转速慢的半轴的转向相同。转速慢的半轴所分配到的转矩大于转速快的半轴所分配到的转矩。摩擦作用越强，两半轴的转矩差越大，最大可达 5～7 倍。摩擦片式自锁差速器结构简单、工作平稳，多用于汽车或轻型货车。

三、托森差速器

图 10-249 所示为奥迪 A4 全轮驱动汽车前后驱动桥之间采用的新型托森差速器。"托森"表示"转矩—灵敏"，它是一种轴间自锁差速器，装在变速器后端。转矩由变速器输出轴传给托森差速器，再由差速器直接分配给前驱动桥和后驱动桥。

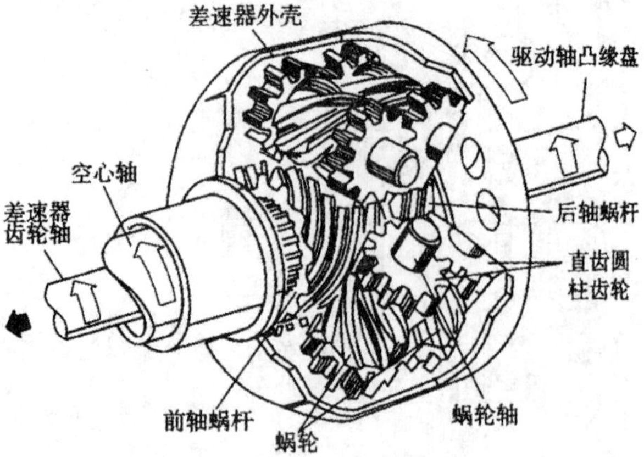

图 10-249　托森差速器的结构

托森差速器由差速器壳、蜗轮（6 个）、蜗轮轴（6 根）、直齿圆柱齿轮（12 个）及前后轴蜗杆组成。当前、后驱动桥无转速差时，蜗轮绕自身轴自转。各蜗轮、蜗杆与差速器壳一起等速转动，差速器不起差速作用。当前、后驱动桥需要有转速差时，例如，汽车转弯时，因前轮转弯半径大，差速器起差速作用。此时，蜗轮除公转传递动力外，还要自转。直齿圆柱齿轮的相互啮合，使前后蜗轮自转方向相反，从而使前轴蜗杆转速增加，后轴蜗杆转速减小，实现了差速。托森差速器起差速作用时，由于蜗杆、蜗轮啮合副之间的摩擦作用，转速较低的后驱动桥比转速较高的前驱动桥所分配到的转矩大。若后桥分配到的转矩大到一定程度而出现滑转，则后桥转速升高一点，转矩又立刻重新分配给前桥一些，所以驱动力的分配可根据转弯的要求自动调节，使汽车转弯时具有良好的驾驶性。当前、后驱动桥中某一桥因附着力小而出现滑转时，差速器起作用，将转矩的大部分分配给附着力好的另一驱动桥（两驱桥的转矩差最大可达3.5 倍），从而提高了汽车通过坏路面的能力。

【练一练】

一、选择题

1．汽车后桥主减速器的作用是（　　）。
　　A．增大功率　　　　　　　　　　B．增大扭矩
　　C．增大转速　　　　　　　　　　D．增大附着力

2．驱动桥主减速器是用来改变传动方向，降低转速和（　　）。
　　A．产生离地间隙　　　　　　　　B．产生减速比
　　C．增大扭矩　　　　　　　　　　D．减少扭矩

3．发动机前置前轮驱动的汽车，变速驱动桥是将（　　）合二为一，成为一个统一的整体。
　　A．驱动桥壳体和变速器壳体　　　B．变速器壳体和主减速器壳体

C．主减速器壳体和差速器壳体　　　　D．差速器壳体和驱动桥壳体

4．轿车差速器中的行星齿轮一般有（　　）。

A．一个　　　　　　B．三个　　　　C．两个　　　　D．四个

5．汽车转弯行驶时，差速器中的行星齿轮（　　）。

A．只有自转，没有公转　　　　　　B．只有公转，没有自转

C．既有公转，又有自转　　　　　　D．静止不动

二、判断题（对的打"√"，错的打"×"）

1．当差速器中行星齿轮没有自转时，总是将转矩平均分配给左、右两半轴齿轮。

（　　）

2．差速器的作用是保证两侧车轮以相同转速旋转。　　　　　　　　（　　）

3．对于发动机纵向布置的汽车，由于需要改变动力传递方向，单级主减速器都采用一对圆锥齿轮传动。　　　　　　　　　　　　　　　　　　　　　　　　　（　　）

4．差速器的主要作用是当汽车转向行驶时，防止左右两驱动轮以不同转速旋转。

（　　）

5．一般说来，当传动轴的叉形凸缘位于驱动桥壳中剖面的下部时，驱动桥内的主减速器是螺旋锥齿轮式主减速器。　　　　　　　　　　　　　　　　　　　　　（　　）

6．差速器功用是将主减速器传来的动力传给左、右两半轴，并在必要时允许左、右半轴以不同转速旋转，以满足两侧驱动轮差速的需要。　　　　　　　　　　　　（　　）

7．差速器无论差速与否，都具有两半轴齿轮转速之和始终等于差速器壳转速的两倍，而与行星齿轮自转速度无关的特性。　　　　　　　　　　　　　　　　　　（　　）

8．对于对称式锥齿轮差速器来说，当两侧驱动轮的转速不等时，行星齿轮仅自转，而不公转。　　　　　　　　　　　　　　　　　　　　　　　　　　　　　　（　　）

9．当行星齿轮没有自转时，对称式锥齿轮差速器总是将转矩 M 平均分配给左右两半轴齿轮。　　　　　　　　　　　　　　　　　　　　　　　　　　　　　　（　　）

10．当采用半浮式半轴支承时，半轴与桥壳没有联系。　　　　　　　（　　）

11．半浮式支承的半轴易于拆装，无需拆卸车轮就可将半轴拆下。　　（　　）

12．驱动桥功用是将万向传动装置（或变速器）传来的动力经减速增矩、改变动力传递方向后，分配到左、右驱动轮，使汽车行驶，并允许左、右驱动轮以不同的转速旋转。

（　　）

三、填空题

1．驱动桥由主_____、_____、_____、_____等组成。其功用是将万向传动装置传来的发动机转矩传递给驱动车轮，实现降速，以增大转矩。

2．驱动桥的类型有_____驱动桥和_____驱动桥两种。

3. 半轴的支承形式有_____和_____两种。

4. 两侧的输出转矩相等的差速器，称为_____。

5. 对称式差速器用作_____差速器或由平衡悬架联系的两驱动桥之间的_____差速器。

6. 强制锁止式差速器为了使全部转矩传给附着条件好的驱动车轮，在差速器中设置了_____，它由_____和操纵装置组成。

7. 半轴是在_____与_____之间传递动力的实心轴。

四、简答题

1. 驱动桥一般由哪些元件组成，它的功用是什么？

2. 主减速器的功用有哪些，常见的主减速器有哪些类型？

3. 简述差速器的结构及其工作原理。

4. 驱动桥的作用是什么？

【项目小结】

一、离合器

离合器安装在发动机与变速器之间，其功用是：保证汽车平稳起步，保证变速器换挡平顺，防止传动系过载。

摩擦或离合器按从动盘的数目不同可以分为单片离合器和双片离合器；按压紧弹簧的形式可以分为周布弹簧离合器、中央弹簧离合器和膜片弹簧离合器。

根据各元件的动力传递和作用不同，离合器可分为主动部分、从动部分、压紧机构、分离机构和操纵机构。

离合器膜片弹簧（或分离杠杆）内端与分离轴承之间预留一定的间隙，这个间隙称为离合器的自由间隙。离合器分离过程中，为消除离合器自由间隙和分离机构、操纵机构零件的弹性变形所需要踩下的踏板行程称为离合器踏板自由行程。

膜片弹簧式离合器以膜片弹簧取代螺旋弹簧及分离杠杆，构造简单，并免除了调整分离杠杆高度的麻烦，且膜片弹簧弹性极佳，操作省力，故膜片弹簧式离合器为目前使用最广的离合器。

离合器的从动盘主要由从动盘本体、摩擦片和从动盘毂等组成。为消除传动系的扭转振动，从动盘一般都带有扭转减振器。

离合器的操纵机构起始于离合器踏板，终止于分离杠杆，可分为机械式和液压式。机械式操纵机构有杠杆传动和钢索传动。

离合器的液压式操纵机构由离合器踏板、离合器主缸、离合器工作缸（或称为离合器分泵）、分离叉等组成。

离合器的拆解应注意在离合器盖与飞轮总成上做好标记，固定螺栓采用分次均匀拧松，同时应保证离合器从动盘不要跌落。

在安装离合器的过程中要注意专用工具的使用、标记的对正、涂抹润滑脂等，固定螺栓采用分次均匀拧紧。

二、变速器与分动器

变速器按传动比的级数可分为有级式、无级式和综合式；按操纵方式可分为手动变速器、自动变速器和手动自动一体变速器。

变速器的功用：实现变速、变矩，实现倒车，实现中断动力传动。

当小齿轮为主动齿轮，带动大齿轮转动时，输出转速降低，此时为减速传动，传动比大于1；当大齿轮驱动小齿轮时，输出转速升高，为增速传动，此时传动比小于1。

手动变速器包括变速传动机构和操纵机构两大部分。手动变速器按工作轴的数量（不包括倒挡轴）可分为二轴式手动变速器和三轴式手动变速器。

二轴式手动变速器用于发动机前置前轮驱动的汽车，一般与驱动桥（前桥）合称为手动变速驱动桥。前置发动机有纵向布置和横向布置两种形式，与其配用的二轴式手动变速器也有两种不同的结构形式：发动机纵置时，主减速器采用一对圆锥齿轮；发动机横置时，主减速器采用一对圆柱齿轮。

三轴式手动变速器用于发动机前置后轮驱动的汽车。该变速器有 3 根主要的传动轴：一轴、二轴和中间轴，另外还有倒挡轴。

同步器的功用是使接合套与待啮合的齿圈迅速同步，缩短换挡时间，且防止在同步前啮合而产生换挡冲击。目前采用较多的是锁环式惯性同步器。

变速器操纵机构按照变速操纵杆（变速杆）位置的不同，可分为直接操纵式和远距离操纵式。

变速器操纵机构一般都具有换挡锁装置，包括自锁装置、互锁装置和倒挡锁装置。

自锁装置用于防止变速器自动脱挡或换挡，并保证轮齿以全齿宽啮合；互锁装置用于防止同时换上两个挡位；倒挡锁装置用于防止误换倒挡。

分动器可将动力传输给所有的车轮，增大驱动力，具有分为全时驱动、兼时驱动、适时驱动三种形式。

三、自动变速器

自动变速装置按车辆驱动方式的不同，可以分为自动变速器和自动变速驱动桥。自动变速器按结构、控制方式的不同，可以分为液力式自动变速器、无级自动变速器和机械式自动变速器；按照选挡杆置于前进挡时的挡位数，可以分为四挡、五挡、六挡等。

汽车自动变速器的选挡杆通常有 6 或 7 个位置，如 P、R、N、D、3、2、L。只有当选挡杆置于 N 或 P 位时，才能起动发动机，此功能靠空挡起动开关来实现。

自动变速器主要由液力变矩器、齿轮变速机构、换挡执行元件、液压控制系统、电子控制系统等组成。自动变速器 ECU 根据各种传感器信号，按照设定的换挡规律，控制换挡执行元件的动作，实现自动换挡。

液力变矩器位于发动机和机械变速器之间，以自动变速器油（ATF）为工作介质。液力变矩器通常由泵轮、涡轮、导轮及锁止离合器等组成。

自动变速器的齿轮变速机构主要有行星齿轮变速机构和平行轴齿轮变速机构。齿轮变速机构与液力变矩器配合使用，执行机构根据自动变速器控制系统的命令来接合或分离、制动或放松齿轮机构的某个元件，通过改变动力传动路线得到不同的传动比。

行星齿轮变速器的换挡执行元件包括离合器、制动器和单向离合器。离合器和制动器以液压方式控制行星齿轮机构元件的旋转，单向离合器是以机械方式对行星齿轮机构的元件进行锁止。离合器的功用是连接轴和行星齿轮机构中的元件或是连接行星齿轮机构中的不同元件。制动器的功用是固定行星齿轮机构中的元件，防止其转动。

自动变速器液压控制系统的基本组成包括动力源、执行机构和控制机构。自动变速器的电子控制系统包括传感器、电子控制单元（ECU）和执行器。

对于丰田卡罗拉汽车配备的 U341E 型自动变速器，其齿轮变速机构采用了 CR-CR 式行星齿轮机构，即将两组单行星排的行星架 C（planet earrier）和齿圈 R（gearring）分别组配。桑塔纳 2000 汽车配备的自动变速器为 01N 型拉威挪行星齿轮自动变速器。广州本田雅阁轿车 MAXA 自动变速器采用了定轴式齿轮变速传动机构。

无级变速器的传动比可以在一定范围内连续变化，它采用传动带和工作直径可变的主、从动轮相配合来传递动力，以实现传动比的连续改变。双离合器自动变速器是基于手动变速器发展而来的，其工作原理是通过将变速器挡位按奇、偶数分开布置，使变速器分别与两个离合器连接，通过切换两个离合器的工作状态完成换挡动作。

四、万向传动装置

万向传动装置的功用是在轴线相交且相互位置经常发生变化的两转轴之间传递动力。万向传动装置主要包括万向节和传动轴。

万向传动装置在汽车上的应用主要有以下五方面：变速器与驱动桥之间，变速器与分动器、分动器与驱动桥之间（越野汽车），转向驱动桥的内、外半轴之间，断开式驱动桥的半轴之间，转向机构的转向轴和转向器之间。

在汽车上使用的万向节按其刚度大小可分为刚性万向节和柔性万向节。刚性万向节按其速度特性分为不等速万向节（常用的为十字轴式）、准等速万向节（双联式和三销轴式）和等速万向节（包括球叉式和球笼式等）。

十字轴式刚性万向节主要由十字轴、万向节叉等组成。在单个十字轴式刚性万向节的主动轴和从动轴之间有夹角的情况下，当主动叉等角速转动时，从动叉是不等角速的，这称为十字轴式刚性万向节的不等速特性。实现两轴间的等角速传动的具体条件是：第一万向节两轴间夹角 α_1 与第二万向节两轴间夹角 α_2 相等；第一万向节的从动叉与第二万向节的主动叉处于同一平面内。

等速万向节的工作原理是保证万向节在工作过程中，其传力点永远位于两轴交角的平分面上。

传动轴是万向传动装置中的主要传力部件，通常用来连接变速器（或分动器）和驱动桥，在转向驱动桥和断开式驱动桥中,则用来连接差速器和驱动车轮。传动轴分段时需加中间支承,中间支承通常装在车架横梁上,能补偿传动轴轴向和角度方向的安装误差,以及汽车行驶过程中因发动机窜动或车架变形等引起的位移。

五、驱动桥

驱动桥一般由主减速器、差速器、半轴和桥壳等组成。驱动桥的功用是将由万向传动装置传来的发动机转矩传给驱动轮,并经降速增矩、改变动力传动方向,使汽车行驶,而且允许左右驱动轮以不同的转速旋转。

按照悬架结构的不同,驱动桥可以分为整体式驱动桥和断开式驱动桥。整体式驱动桥又称为非断开式驱动桥。整体式驱动桥与非独立悬架配用;断开式驱动桥与独立悬架配用。

主减速器的功用有:将发动机转矩传给差速器;在动力的传动过程中将转矩增大并相应降低转速;对于纵置发动机,还可将转矩的旋转方向改变 90°。

主减速器按参加传动的齿轮副数目,可分为单级式主减速器和双级式主减速器;按主减速器传动比个数,可分为单速式和双速式主减速器;按齿轮副结构形式,可分为圆柱齿轮式(又可分为定轴轮系和行星轮系)主减速器和圆锥齿轮式(又可分为螺旋锥齿轮式和准双曲面锥齿轮式)主减速器。

差速器的功用是将主减速器传来的动力传给左、右两半轴,并在必要时允许左、右半轴以不同转速旋转,使左、右驱动车轮相对地面纯滚动而不是滑动。差速器按其工作特性可分为普通齿轮式差速器和防滑差速器两大类。

半轴的功用是将差速器传来的动力传给驱动轮。现代汽车常采用全浮式和半浮式两种半轴支承形式。

驱动桥壳既是传动系的组成部分,也是行驶系的组成部分。作为传动系的组成部分,其功用是安装并保护主减速器、差速器和半轴。作为行驶系的组成部分,其功用是安装悬架或轮毂,和从动桥一起支承汽车悬架以上各部分质量,承受驱动轮传来的反力和力矩,并在驱动轮与悬架之间传力。驱动桥壳可分为整体式桥壳和分段式桥壳两种类型。

普通齿轮差速器使汽车通过坏路面的行驶能力受到限制,为了提高汽车通过坏路面的能力,可采用防滑差速器,如强制锁止式差速器、自锁式差速器和托森差速器。

11

汽车行驶系构造与维修

【项目描述】

汽车底盘行驶系由汽车的车桥、悬架、车架和车轮等组成。汽车底盘行驶系的功能有：接受传动系的动力，通过驱动轮与路面的作用产生牵引力，使汽车正常行驶；承受汽车的总重量和地面的反力；缓和不平路面对车身造成的冲击，衰减汽车行驶中的振动，保持行驶的平顺性；与转向系配合，保证汽车操纵稳定性。

本项目主要讲解转向桥、转向驱动桥、悬架和车轮的结构、原理，让学生能够对汽车行驶系进行拆装、检查、调整与维修。

任务1　车桥构造与维修

【任务描述】

通过本任务的学习，让学生学会转向桥、转向驱动桥的组成及其工作原理；学会车轮定位的内容、作用和调整方法；根据环保要求，妥善处理辅料、废弃液体和损坏的零部件。

【相关知识】

一、车桥的功用和种类

车桥位于悬架与车轮之间，其两端安装车轮，通过悬架与车架（或车身）相连，其功用是传递车架（或车身）与车轮之间的各种载荷。

按悬架结构不同，车桥分为整体式和断开式。整体式车桥与非独立悬架配用；断开式车桥与独立悬架配用。

按车桥上车轮的作用不同，车桥分为转向桥、驱动桥、转向驱动桥和支持桥。其中转向桥和支持桥都属于从动桥。

在后轮驱动的汽车中，前桥不仅用于承载，而且兼起转向作用，称为转向桥；后桥不仅用于承载，而且兼起驱动的作用，称为驱动桥。

越野汽车和前轮驱动汽车的前桥，除了承载和转向的作用外，还兼起驱动作用，所以称为转向驱动桥。

只起支承作用的车桥称为支持桥。挂车的车桥就是支持桥。支持桥除不能转向外，其他功能和结构与转向桥相同。

二、转向桥

转向桥通常位于汽车前部，故也称为前桥。转向桥的作用是支承部分重量，安装前轮及制动器（前），连接车架，承受车架与车轮之间的作用力及其产生的弯矩和转矩，同时还要使前轮偏转以实现转向。转向桥基本结构由前轴、转向节、主销、轮毂等部分组成，如图 11-1 所示。前轴是转向桥的主体，根据断面形状分有"工"字梁式和管式两种。

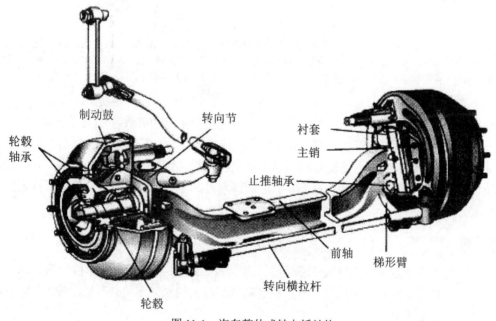

图 11-1　汽车整体式转向桥结构

三、转向驱动桥

转向驱动桥如图 11-2 所示，它同一般驱动桥一样，由主减速器、差速器、半轴和桥壳组成。但由于转向时转向车轮需要绕主销偏转一个角度，故与转向轮相连的半轴必须分成内外两段（内半轴和外半轴），其间用万向节（一般多用等角速万向节）连接，同时主销也因此而分制成两段（或用球头销代替）。转向节轴颈部分做成中空的，以便外半轴穿过其中。

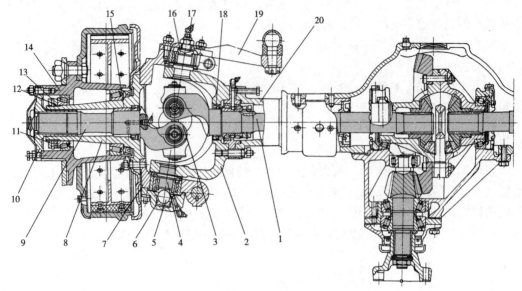

1—内半轴；2—转向节支座；3—等角速万向节；4—主销；5—钢球；6—下轴承盖；7—转向节外壳；
8—转向节轴颈；9—外半轴；10—凸缘盘；11—锁紧螺母；12—锁止垫圈；13—调整螺母；14—轮毂；
15—青铜衬套；16—球碗；17—止推螺钉；18—油封；19—转向节臂；20—半轴套管

图 11-2 转向驱动桥

图 11-3 所示为桑塔纳 2000 汽车的前桥总成，它采用的是断开式、独立悬架转向驱动桥。车桥上端通过左、右悬架与承载式车身相连接，下端通过左、右下摆臂与固定在车身上的副车架相连。悬架车轮轴承壳与下摆臂之间通过可移动球形接头连接，从而使前轮固定，并可通过下摆臂上的长孔调整车轮外倾角，为了减小车辆转向时的车身倾斜，副车架与下摆臂之间还装有横向稳定器。

四、支持桥

桑塔纳汽车后桥是纵向摆臂式非驱动桥，其结构如图 11-4 所示。该车桥轮毂、制动鼓以及车轮与车桥的连接方式与转向桥一样，通过轴承支承实现轴向定位。车桥只传递横、纵向推力或拉力，不传递转矩。

五、车轮定位

1. 转向轮定位

为了保证汽车直线行驶的稳定性和操纵的轻便性，减少轮胎和其他机件的磨损，转向轮、转向节和前轴三者与车架的安装应保持一定的相对位置关系，这种安装位置关系称为转向轮定位，也称前轮定位。

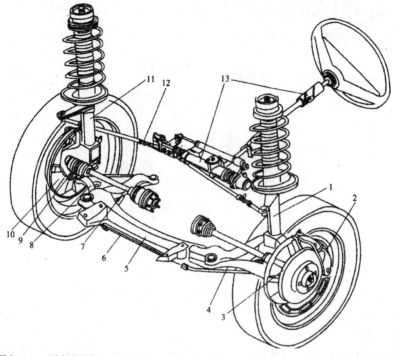

1、11—悬架；2—前轮制动器总成；3—制动盘；4、8—下摆臂；5—下横梁；6—横向稳定杆；
7—半轴总成；9—球形接头；10—车轮轴承壳；12—转向横拉杆；13—转向装置总成

图 11-3　桑塔纳 2000 轿车的转向驱动桥

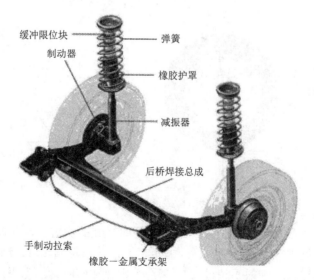

图 11-4　桑塔纳 2000GSi 汽车后桥结构示意图

对于两端装有主销的转向桥，汽车转向时，转向车轮会围绕主销轴线偏转，如图 11-5（a）

所示。但大多数断开式转向桥中没有主销，采用上、下球头销代替主销，上、下球头销球头中心的连心线相当于主销轴线，如图 11-5（b）所示。

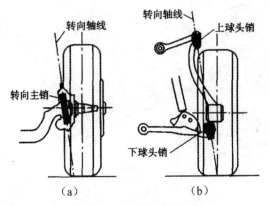

图 11-5　主销的不同形式

转向轮定位包括主销后倾、主销内倾、前轮外倾及前轮前束四个参数。现以有主销的转向桥为例说明转向轮定位。

（1）主销后倾。

主销安装在前轴上，其上端略向后倾斜，这种现象称为主销后倾。在垂直于汽车支承平面的纵向平面内，主销轴线与汽车支承平面垂线之间的夹角 γ 称为主销后倾角，如图 11-6 所示。

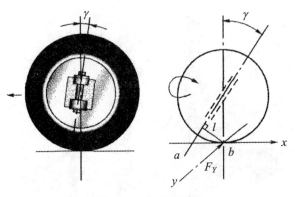

图 11-6　主销后倾

主销后倾的功用是形成回正力矩，保证汽车直线行驶的稳定性，并使汽车转向后回正操纵轻便。主销后倾角越大、车速越高，回正力矩越大，转向轮偏转后自动回正的能力也越强。但主销后倾角也不宜过大，一般不超过 2°～3°，否则在转向时为了克服此力矩，驾驶员需在转向盘上施加较大的力，使转向沉重。

主销后倾使主销轴线的延长线与地面的交点 a 位于车轮与路面的接触点 b 之前，a、b 两点之间的距离称为主销后倾移距。设 b 点到主销轴线延长线之间的距离为 l，汽车直线行驶时，若转向轮突然受到外力作用而偏转（图 11-6 所示为向右偏转），汽车将偏离行驶方向而右转弯。由于汽车本身离心力的作用，在轮胎与路面接触点 b 处将产生一个路面对车轮的侧向反作用力 F_Y，由于反作用力 F_Y 没有通过主销轴线，因而形成了一个使车轮绕主销轴线旋转的力矩 $F_Y \times l$，其方向正好与车轮偏转方向相反。在该力矩作用下，车轮具有了回正到原来中间位置的能力，从而保证了汽车直线行驶的稳定性。同理，在汽车转向后的回正过程中，此力矩具有帮助驾驶员使转向车轮回正的作用，使汽车转向后回正操纵轻便。

主销后倾角一般是将前轴连同悬架安装在车架上时，使前轴向后倾斜而形成的。

（2）主销内倾。

主销安装在前轴上，其上端略向内侧倾斜，这种现象称为主销内倾。在垂直于汽车支承平面的横向平面内，主销轴线与汽车支承平面垂线之间的夹角 β 称为主销内倾角，如图 11-7 所示。

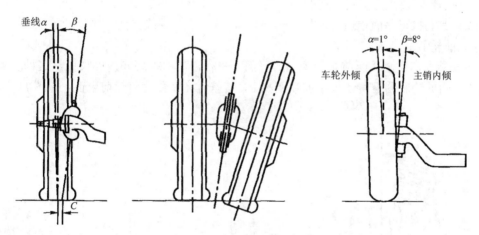

图 11-7 主销内倾及车轮外倾

主销内倾的功用是使转向轮自动回正，并使转向操纵轻便。

由于主销内倾，转向时，路面作用在转向轮上的阻力对主销轴线产生的力矩减小，从而可减少转向时驾驶员施加在转向盘上的力，使转向操纵轻便，同时还可以减小因路面不平而从转向轮传到转向盘上的冲击力。

当转向轮在外力作用下绕主销旋转而偏离中间位置时，由于主销内倾，车轮连同整个汽车前部被向上抬起。一旦外力消失，转向轮就会在汽车前部重力作用下力图自动回正到旋转前的中间位置。主销内倾角越大、转向轮偏转角越大，汽车前部就抬起得越高，转向轮自动回正的作用就越大。

主销内倾角既不宜过大，也不宜太小。主销内倾角过大，转向时，车轮在滚动的同时将与路面产生较大的滑动，增加轮胎与路面的摩擦阻力，这不仅使转向沉重，而且加速了轮胎的磨损。主销内倾角过小，汽车的行驶稳定性和制动稳定性将变差。在一些发动机前置前轮驱动的汽车上，为了使汽车具有良好的行驶稳定性，特别是制动稳定性，其主销内倾角均较大。

主销后倾和主销内倾都具有使车轮自动回正及保证汽车直线行驶稳定性的作用，但区别在于：主销后倾的回正作用随着车速的增大而增大，而主销内倾的回正作用几乎与车速无关。

（3）前轮外倾。

转向轮安装在转向节上时，其旋转平面上端向外倾斜，这种现象称为转向轮外倾。车轮旋转平面与垂直于车辆支承面的纵向平面之间的夹角 α 称为前轮外倾角，如图 11-8 所示。

前轮外倾角的功用是提高车轮工作的安全性和转向操纵的轻便性。

由于主销与衬套之间、轮毂与轴承等处都存在着装配间隙，若空车时车轮的安装正好垂直于路面，则满载时上述间隙将发生变化，车桥也因承载而变形，从而引起车轮向内倾斜。车轮内倾将使路面对车轮的垂直反作用力的轴向分力压向轮毂外端的小轴承，使该轴承及其锁紧螺母等零部件承受的载荷增大，降低它们的使用寿命，严重时会损坏锁紧螺母而使车轮脱落。为此，安装车轮时要预先留有一定的外倾角，以防止上述不良影响。此外，车轮有一定的外倾角也可以使其与拱形路面相适应，但车轮外倾角不宜过大，否则会使轮胎产生偏磨损。

（4）前轮前束。

车轮安装在车桥上，两前车轮的中心平面不平行，其前端略向内侧收束，这种现象称为前轮前束。两前轮后端距离 A 大于前端距离 B，其差值 $A-B$ 称为前轮前束值，如图 11-9 所示。

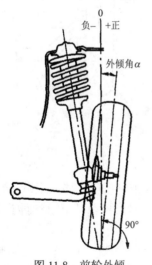

图 11-8　前轮外倾

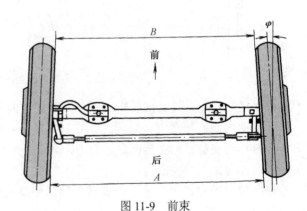

图 11-9　前束

前轮前束的功用是消除因车轮外倾而造成的不良后果，保证车轮不向外滚动，防止车轮侧滑并减轻轮胎的磨损。

由于车轮外倾，汽车行驶时，两个车轮的滚动类似于两个锥体的滚动，其轨迹不再是直线而是逐渐向各自的外侧滚开，如图 11-10 所示。但因受车桥和转向横拉杆的约束，两侧车轮不可能向外滚开，这样，车轮在路面上滚动行驶的同时又被强制地拉向内侧，产生向内的侧滑，从而加剧轮胎的磨损。有了前束，车轮滚动的轨迹向内侧偏斜，只要前束值与车轮外倾角配合适当，车轮向内、外侧滚动的偏斜量就会相互抵消，使车轮每一瞬间的滚动方向都朝着正前方，从而消除了侧滑，减轻了轮胎的磨损。

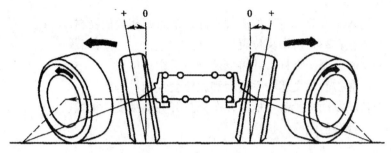

图 11-10　车轮外倾产生的车轮运动示意图

前轮前束值可以通过改变转向横拉杆的长度来调整，一般前束值为 0～12mm。

2．非转向轮定位

后轮与后轴之间的相对安装位置关系称为后轮定位。随着车速的不断提高，为了提高汽车高速行驶的稳定性，在结构设计上应确保汽车具有不足转向特性。为此，转向轮定位的内容已扩展到非转向轮（后轮）。汽车后轮具有一定程度的外倾角和前束。

后轮定位内容主要包括后轮外倾角和后轮前束。

（1）后轮外倾角。为了对载荷进行补偿，采用独立后悬架的大多数车辆常带有一个较小的正后轮外倾角。

（2）后轮前束。后轮前束的作用与前轮前束基本相同。对于一般前驱汽车，前驱动轮宜采用正前束，后从动轮宜采用负前束；对于后驱汽车，前从动轮宜采用负前束，后驱动轮宜采用正前束。

【案例】

一辆丰田卡罗拉事故汽车，经过整形修复后，前轮轮胎出现偏磨损的现象，初步判定是前轮前束调整不当，重新做四轮定位，故障排除。

【任务实施】

车轮定位的检测与调整

一、实训的目的和要求

（1）学会正确使用常用工具和专用工具。

（2）掌握四轮定位的正确测量和调整方法。

二、实训的设备及工具

（1）设备：丰田卡罗拉汽车、转向半径仪、前轮定位测定仪、前束检测仪、定位检测仪。

（2）普通工具：组合工具、扭力扳手、维修手册。

三、步骤及操作方法

1. 准备工作

（1）在汽车进入工位前，将工位清理干净，准备好相关的器材。

（2）将汽车停驻在举升机中央位置。

（3）拉紧驻车制动器操纵杆，并将变速杆置于空挡位置。

（4）套上转向盘护套、变速杆手柄套和座位套，铺设脚垫。

（5）在车内拉动发动机舱盖手柄，在车外打开并支撑发动机舱盖。

（6）粘贴翼子板和前脸磁力护裙。

2. 前轮定位检查与调整

对配备 VSC 的车辆，如果已调整前轮定位，且悬架或车身底部零部件已拆下/安装或更换，确保执行下列初始化程序以使系统正常运行：

①断开蓄电池负极端子超过 2s。

②重新连接蓄电池负极端子。

③执行横摆率和加速度传感器的零点校准，并进行测试模式检查。

（1）检查轮胎。

（2）测量车辆高度。

注意：检查前轮定位前，应将车辆高度调整至规定值；一定要在水平表面上进行测量；如果必须钻入车底进行测量，确认已施加驻车制动且车辆已用止动楔固定。

①下压车辆几次以稳定悬架。

②测量车辆高度，如图 11-11 所示。

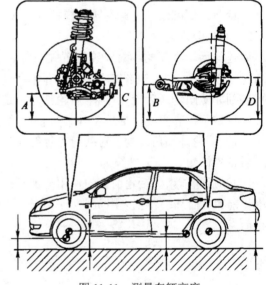

图 11-11　测量车辆高度

测量点：A—悬架 1 号下臂衬套固定螺栓中心的离地间隙；B—后牵引臂衬套固定螺栓中心的离地间隙；C—前轮中心的离地间隙；D—后轮中心的离地间隙。车辆高度的标准值见表 11-1。

表 11-1　车辆高度（空载车辆）（单位：mm）

发动机	前 C-A	后 D-B
1ZR-FE	83	3
2ZR-FE	84	3

（3）检查前轮转角。

①在转向半径仪的最后点上做胎面中心标记。

②将转向盘向左、向右转到完全锁止位置并测量其转角，如图 11-12 所示。前轮转角标准值见表 11-2。

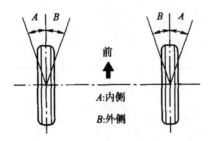

图 11-12　检查前轮转角

表 11-2　前轮转角（空载车辆）

发动机	前轮内倾	前轮外倾（参考）
1ZR-FE	39.72°±2°	33.45°
2ZR-FE	39.73°±2°	33.45°

如果角度不符合规定，检查并调整左右齿条接头长度。

（4）检查外倾角、后倾角和转向轴线倾角。

①安装前轮定位测定仪或将前轮放至车轮定位检测仪中央，如图 11-13 所示。

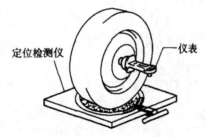

图 11-13　检查外倾角、后倾角和转向轴线倾角

②检查外倾角、后倾角和转向轴线倾角。

外倾角、后倾角和转向轴线倾角标准值见表 11-3、表 11-4 和表 11-5。

表 11-3　外倾角（空载车辆）

发动机	外倾角偏差	左右差值
1ZR-FE	-0.07°±0.75°	≤0.75°
2ZR-FE	-0.08°±0.75°	

表 11-4 后倾角（空载车辆）

后倾角偏差	左右差值
5.53°±0.75°	≤0.75°

表 11-5 转向轴线倾角（空载车辆）

转向轴线倾角（参考）
11.72°

（5）调整外倾角。

注意：调整外倾角后检查前束。

①拆下前轮。

②拆下前减振器下侧的 2 个螺母，如图 11-14 所示。

注意：保持螺栓插入。

③清洁前减振器和转向节的安装表面。

④暂时安装 2 个螺母（步骤 A）。

⑤按所需的调整方向将前桥轮毂推到底或拉到底（步骤 B），如图 11-15 所示。

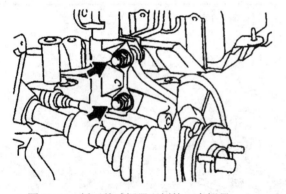

图 11-14 拆下前减振器下侧的 2 个螺母

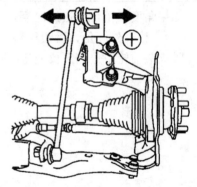

图 11-15 将前桥轮毂推到底或拉到底

⑥拧紧螺母。力矩为 240N·m。

注意：拧紧螺母时防止螺栓转动。

⑦安装前轮。力矩为 103N·m。

⑧检查外倾角。如果测量值不在规定范围内，用下面的公式计算所需的调整量。

外倾角调整量=规定值范围的中间值-测量值。

检查安装螺栓的组合，如图 11-16 所示。选择适当的螺栓将外倾角调整至规定值（参见丰田卡罗拉维修手册（悬架—前轮定位））。

提示：尽量将外倾角调整到规定值的中间值。

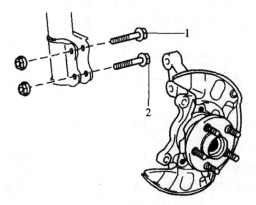

图 11-16　检查安装螺栓的组合

如果外倾角不能按上述螺栓组合正确调整，则可能损坏车身和悬架。

注意： 更换螺栓时换上新的螺母。

⑨重复上述步骤。在步骤 A 中更换 1 个或 2 个选定的螺栓。

提示： 更换 2 个螺栓时，一次更换一个螺栓。

（6）检查前束。

①从车辆各角使其上下弹跳几次以稳定悬架。

②松开驻车制动器并将换挡杆移至空挡位置。

③向正前方推动车辆约 5m。（步骤 C）

④在前轮最靠后的部位做好胎面中心标记，并测量标记间的距离（尺寸 B），如图 11-17 所示。

⑤以前轮胎气门为参考点，向正前方缓慢推动车辆使前轮旋转 180°。

提示： 不要使车轮旋转超过 180°。如果车轮旋转超过 180°，再从（步骤 C）开始执行本程序。

⑥测量车轮前侧胎面中心标记间的距离（尺寸 A），如图 11-18 所示。

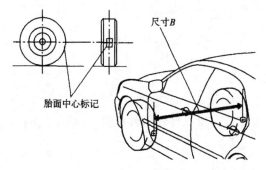

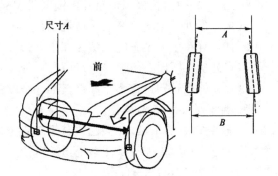

图 11-17　测量标记间的距离（尺寸 B）　　　图 11-18　测量标记间的距离（尺寸 A）

前束的标准值见表 11-6。如果前束不在规定范围内，则通过齿条接头进行调整。

表 11-6　前束（空载车辆）

项　目	规定状态
前束（总）	B-A：（2.0±2）mm

（7）调整前束。

①确保左右齿条接头的长度基本相同，如图 11-19 所示。标准差异应不大于 1.5mm。

②拆下 2 个防尘套卡子。

③松开横拉杆接头锁紧螺母。

④等量转动左、右齿条接头，以调整前束至中间值，如图 11-20 所示。

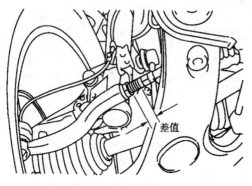
图 11-19　调整前束（一）

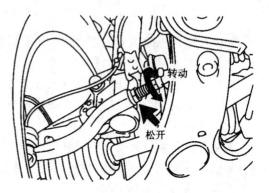
图 11-20　调整前束（二）

⑤拧紧横拉杆接头锁紧螺母。力矩为 74N·m。

⑥将防尘套放到座椅上并安装防尘套卡子。

提示：确保防尘套未发生扭曲。

（8）使前轮处于正前位置。

（9）从蓄电池负极端子断开电缆（带 VSC）。

注意：断开蓄电池负极端子超过 2s。

（10）连接电缆至蓄电池负极端子（带 VSC）。

（11）执行横摆率传感器零点校准（带 VSC）。

（12）检查转向角传感器零点校准（带 VSC）。

3. 后轮定位检查与调整

对配备 VSC 的车辆，如果已调整后轮定位，且悬架或车身底部零部件已拆下/安装或更换，确保执行下列初始化程序以使系统正常运行：

①断开蓄电池负极端子超过 2s。

②重新连接蓄电池负极端子。

③执行横摆率和加速度传感器的零点校准，并进行测试模式检查。

（1）检查轮胎。

（2）测量车辆高度（见前轮定位检查与调整步骤）。

（3）检查前束，如图 11-21 所示。前束的标准值见表 11-7。如果前束不在规定范围内，检查悬架零件并在必要时予以更换。

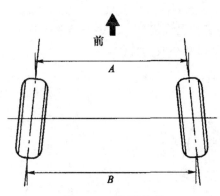

图 11-21　检查前束

表 11-7　前束（空载车辆）

项　　目	规定状态
前束（总）	B-A：（1.1±3）mm

（4）检查外倾角。

①安装前轮定位测定仪或将车辆放到车轮定位检测仪上。

②检查外倾角。外倾角标准值见表 11-8。

表 11-8　外倾角（空载车辆）

项　　目	规定状态
外倾角	1.38°±0.5°
右－左误差	≤0.5°

　　提示：不能调节外倾角。如果测量值不在规定范围内，检查悬架零件是否损坏和（或）磨损，并在必要时予以更换。

【知识拓展】

当前乘用车"四轮定位"的特点

随着道路交通条件的不断改善和汽车技术的不断改进，汽车已进入高速化、电控化、高档化的技术领域，先进的结构内容正在日新月异地变化，车轮的定位内容和相关参数发生了质的变化。其结构特点如下所示。

1. 主销后倾角（γ）小，有的为负值

（1）转向时车速愈高、离心力愈大，地面反作用力 Y 愈大（参见图11-22），附加力臂 ΔL 愈大，回正力矩 M 也愈大。

（2）回正力矩 M 不是愈大愈好，过大会使方向盘回正过猛而打手，加大了前轮摆振。

（3）前轮驱动化后，稳定性已经提高。又因低压胎弹性变化量大，附加力臂 ΔL 大，弹性稳定效应大，主销后倾角可以减小或为负值。

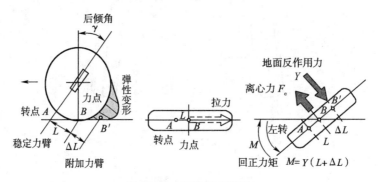

图 11-22 自动回正原理

（4）主销后倾角是依靠转向节正确的安装位置来保证的，一般不能调整，只能换件维修。

2. 主销内倾角（β）大，有的阻力臂 e 为负值

乘用车的主销内倾角（β）加大后，阻力矩的力臂 e 减小（参见图11-23），转向轮呈锥体转动，一般 e 为 30～40mm，转点 A 在垂线内为正值，在垂线外为负值。力臂 e 又叫"揉搓半径"（Scrub Radius），加大内倾角可使力臂 e 减小，此时为锥体转动，这样使汽车转向轻便。

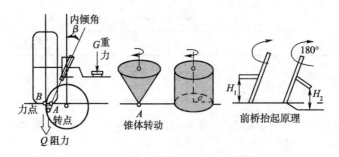

图 11-23 主销内倾角工作原理

（1）内倾角加大，转向轮的回正作用好，但会使前桥垂直位移量加大，在大转角转向时操纵沉重，这对于无转向助力的汽车是不利的。但"揉搓半径"的减小，有利于减小轮胎的磨损。

（2）当前乘用车多采用大内倾角（10°～15°），其力臂多为负值（-e），即转点在垂线之外，-e 多为-10mm。这是为了提高行驶安全性和制动效能，即保持前后桥制动力比值不变，提

高附着力的利用率。当前乘用车多采用双管路对角排列的制动管路系统，可防止一条制动管路损坏，制动汽车跑偏和一侧驱动轮滑转或爆胎，失去牵引能力而产生"行驶跑偏"等危险事故。制动跑偏时，完好车轮的一边产生抗偏力矩 $M=F_b\times(-e)$，或 $M=F_t\times(-e)$。而力臂为负值，方向盘不必转动，汽车自动保持直线行驶。可见，$-e$ 的存在挽救了不少的生命，国外又称它为"安全半径"（Relief Radius）。如果发生了上述危险事故，应把握好方向盘，缓慢减速停车，保证车辆安全（参见图 11-24）。

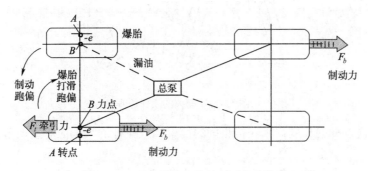

图 11-24　阻力臂为负值的制动安全原理

3. 车轮外倾角（α）小，有的为负值

图 11-25 所示为车轮外倾角的工作原理。

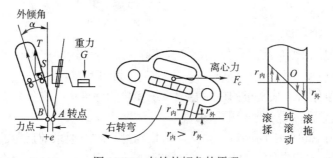

图 11-25　车轮外倾角的原理

（1）车轮外倾角是依靠转向节轴的倾斜来获得的，外倾角应在一定范围内，过大会产生锥体滚动，横向刮磨量加大（吃胎）；过小易产生负外倾，加大了锁紧螺帽的受力，车轮易脱离飞出。

（2）乘用车高速转向时离心力大，车身向外倾斜量大，使外侧悬架和车轮过度变形，车轮瞬时产生更大的正外倾，又因为低压偏平轮胎起到驱动加转向的作用，轮胎偏磨损量加大。同时瞬时半径 $r_内 > r_外$，车轮外侧连滚带拖，内侧连滚带揉，瞬时纯滚动的转向功能降低。当车轮外倾角为负值时，车轮在转向时瞬时半径 r 内外相等，减小了轮胎的偏磨损量，还使车身的倾斜量减小，提高了乘用车的横向稳定性。

应该说明，目前乘用车前轮多用密封式双排轮毂轴承，内外尺寸相同，受力均匀，可靠性好，可定期更换，维修方便。

4. 车轮前束值小，有的为负值

如图 11-26 所示，乘用车的车轮前束具有下列特点：

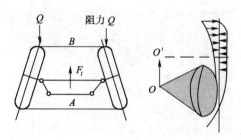

图 11-26 前束的工作原理

（1）调节横拉杆的长度，来获得正确的前束，双拉杆的汽车应等量调节，以保证方向盘居中。

（2）当前乘用车的前束值多为 0～5mm，前束值过大会加大车轮外侧的刮磨；前束值过小会加大车轮内侧的刮磨，并加大锁紧螺帽的负担，同时，使行驶阻力加大，油耗增大。

（3）车轮外倾角和前束值是相互对应的，属性应相同。外倾角为正值时，前束值应为正值；外倾角为负值时，前束值应为负值。这样可以减轻动态的横向刮磨量（侧滑量），侧滑量标准值每米应小于 5mm。

5. 乘用车的后轮定位

许多乘用车的后轮也有前束和外倾角，其工作原理与前轮的前束和外倾角相同，此处不再赘述。在乘用车后轮设置这两个参数时，主要考虑到如下因素：

（1）汽车高速化后，乘用车的后轮悬架系统和轮胎弹性大，在行驶中，有向外张开的趋势，为防止这种现象，应设计一定的前束值。

（2）应减小前后轮的横向相对滑移量，防止摇摆行驶，要求前后轮的重合性好，即车辙相符，提高车身的横向稳定性，为此后轮应设有外倾角。另外，设有这两个参数可使后轮的轮毂轴承锁紧螺母负荷减轻，减少轮胎的不正常磨损，整车的安全性得到提高。

【练一练】

一、选择题

1. 转向轮绕着（　　）摆动。

    A. 转向节　　　　　　B. 主销　　　　　　C. 前梁　　　　　　D. 车架

2. 对于车轮定位，（　　）可通过改变横拉杆的长度来调整。

    A. 主销后倾　　　　　B. 主销内倾　　　　C. 前轮外倾　　　　D. 前轮前束

3. 汽车车架的结构形式主要有中梁式车架、（　　）和边梁式车架等几种形式。

   A. 后梁式车架　　　　　　　　　　B. 下梁式车架

   C. 综合式车架　　　　　　　　　　D. 前梁式车架

4. 越野汽车的前桥属于（　　）。

   A. 转向桥　　　　　　　　　　　　B. D. 驱动桥

   C. 转向驱动桥　　　　　　　　　　D. 支承桥

5. 前轮定位中，转向操纵轻便主要是靠（　　）。

   A. 主销后倾　　　　B. 主销内倾　　　　C. 前轮外倾　　　　D. 前轮前束

6. 前轮定位指的是（　　）。

   A. 转向节与前轮之间安装时，二者保持一定的相对位置。

   B. 转向节与前轴之间安装时，二者保持一定的相对位置。

   C. 转向节、前轮、前轴与车架之间安装时，保持一定的相对位置。

   D. 前轮与车架之间保持一定的相对位置。

7. 主销后倾角是（　　）。

   A. 使前轴上的主销孔向后倾斜而获得的。

   B. 使前轴、钢板弹簧和车架三者在装配时，使前轴向后倾斜而获得的。

   C. 转向节叉上主销孔轴向后倾斜而获得的。

   D. 在转向节上直接加工出来的。

8. 前轮前束值的调整，是通过调整（　　）实现的。

   A. 转向节臂　　　　　　　　　　　B. 横拉杆

   C. 转向梯形臂　　　　　　　　　　D. 转向节

9. 主销内倾能使转向车轮自动回正的原因是（　　）。

   A. 有了稳定力矩　　　　　　　　　B. 减小了转臂

   C. 汽车前部重力的作用　　　　　　D. 汽车牵引力的作用

10. 前轮外倾角是由（　　）来确定的。

   A. 转向节轴向下倾斜　　　　　　　B. 主销孔轴线向外倾斜

   C. 前轴两侧向下倾斜　　　　　　　D. 主销安装后向外倾斜

二、判断题（对的打"√"，错的打"×"）

1. 转向轮偏转时，主销随之转动。　　　　　　　　　　　　　　　　　　（　　）

2. 主销后倾角和主销内倾角都起到使车轮自动回正，沿直线行驶的作用。　（　　）

3. 主销内倾角能使汽车转向系在转向后回复直线行驶的位置。　　　　　　（　　）

4. 车轮前束为两侧轮胎上缘间的距离与下缘间的距离之差。　　　　　　　（　　）

5. 汽车转向轮定位参数中的主销后倾角直接影响汽车的操纵稳定性，若倾角过大，汽车将因转向过于灵敏而行驶不稳，过小则转向沉重。　　　　　　　　　　　（　　）

6．一般载货汽车的前桥是转向桥，后桥是驱动桥。　　　　　　　（　　）

7．越野汽车的前桥通常是转向兼驱动。　　　　　　　　　　　　（　　）

8．主销内倾角导致轮胎形成圆锥滚动效应，为了避免这种效应带来的不良后果，将两前轮适当向内偏转，即形成前轮前束。　　　　　　　　　　　　　　　　　　（　　）

9．主销后倾角越大，汽车直线行驶稳定性越好，因此汽车上应用尽可能大的主销后倾角。

（　　）

10．主销后倾角是在加工前轴主销孔时形成的。　　　　　　　　（　　）

11．前轮外倾角可以提高前轮工作的安全性，所以前轮外倾角越大越好。　（　　）

12．转向驱动桥主销上下两段的轴线必须在同一轴线上，而且应通过等速万向节的中心。

（　　）

三、填空题

1．转向桥是利用_____使车轮可以偏转一定的角度，以实现_____。

2．转向桥由_____、_____、_____和_____等组成。

3．前轮定位包括_____、_____、_____和_____内容。

4．车桥通过_____和车架相连，两端安装_____。

5．车桥的功用是_____。

6．根据悬架结构的不同，车桥分为_____和_____两种，根据车轮作用的不同又分为_____、_____、_____和支持桥等四种。

7．主销后倾的作用是_____。主销内倾的作用是_____。

8．转向驱动桥广泛应用在_____和_____汽车的前桥。

四、简答题

1．车桥是如何进行分类的，都有哪些类型？

2．与转向桥相比，转向驱动桥有哪些不同？

3．转向轮定位包括哪些参数，各有什么功用？

任务2　独立悬架构造与维修

【任务描述】

悬架是安装在车身（车架）之间的弹性装置，有独立悬架与非独立悬架之分，本任务是让学生学会独立悬架的组成及其工作原理；学会悬架、减振器的构造、拆装和检修方法；根据环保要求，妥善处理辅料、废弃液体和损坏的零部件。

【相关知识】

一、悬架的功用、种类及结构

1. 悬架的功用

悬架是车架（或车身）与车桥（或车轮）之间一切传力连接装置的总称。悬架具有以下功用：

（1）连接车架（或车身）和车轮，把路面作用到车轮的各种力传给车架（或车身）。

（2）缓和冲击、衰减振动，使乘坐舒适，并使汽车具有良好的平顺性。

（3）保证汽车具有良好的操纵稳定性。

2. 悬架的种类

汽车悬架可分为两大类：非独立悬架和独立悬架（见图 11-27）。

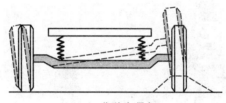

（a）非独立悬架

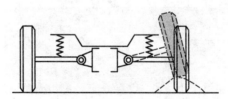

（b）独立悬架

图 11-27　非独立悬架与独立悬架的示意图

非独立悬架的特点是左右车轮安装在一根整体式车桥两端，车桥则通过悬架与车架相连。一侧车轮发生位置变化后会导致另一侧车轮的位置也发生变化。

独立悬架的结构特点是车桥做成断开的，每一侧车轮单独通过悬架与车架（或车身）连接。与非独立悬架相比较，汽车采用独立悬架有以下优点：

（1）两侧车轮可以单独运动而互不影响，这样在不平道路上可减少车架和车身的振动，而且有助于消除转向轮不断偏摆的不良现象。

（2）减少了汽车的非簧载质量（即不由弹簧支承的质量）。在道路条件和车速相同时，非簧载质量越小，悬架受到的冲击载荷也就越小，因而采用独立悬架可以提高汽车的平均行驶速度。

（3）由于采用断开式车桥，发动机总成的位置可以降低和前移，使汽车重心下降，因而可提高汽车的行驶稳定性；同时由于为了给车轮较大的上下运动的空间，可以将悬架刚度设计得较小，以降低车身振动频率，改善行驶平顺性。

（4）越野汽车全部车轮采用独立悬架还可保证汽车在不平道路上行驶时，所有车轮和路面有良好的接触，从而可增大牵引力；此外，可增大汽车的离地间隙，使汽车的通过性能大大提高。

由于具有以上优点，独立悬架被现代汽车广泛采用。但是，独立悬架结构复杂，制造成本高，保养维修不便，在一般情况下，车轮跳动时，由于车轮外倾角与轮距变化较大，轮胎磨损较严重。

3. 悬架的结构

现代汽车的悬架虽有不同的结构形式，但一般都由弹性元件、减振器、导向机构等组成，汽车一般还有横向稳定杆。悬架的组成如图 11-28 所示。

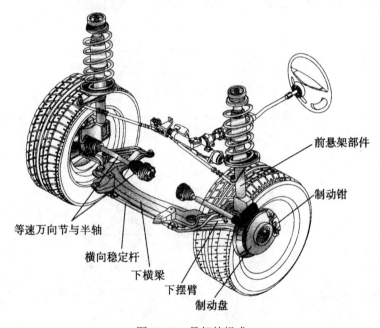

图 11-28　悬架的组成

弹性元件使车架（或车身）与车桥（或车轮）之间做弹性连接，可以缓和由于不平路面带来的冲击，并承受和传递垂直载荷。减振器可以衰减由于路面冲击产生的振动，使振动的振幅迅速减小。

导向机构包括纵向推力杆和横向推力杆，用于传递纵向载荷和横向载荷，并保证车轮相对于车架（或车身）的运动关系。

横向稳定杆可以防止车身在转向等情况下发生过大的横向倾斜。

二、弹性元件

汽车上常用的弹性元件包括钢板弹簧、螺旋弹簧、扭杆弹簧和气体弹簧等。

1. 钢板弹簧

钢板弹簧也称叶片弹簧，其结构如图 11-29 所示，在车桥靠近车架或车身时靠钢板弹簧的弹性形变来起缓冲作用，在车桥靠近和离开车架或车身的整个过程中，各片相互之间的滑动摩擦可衰减路面的部分冲击作用。

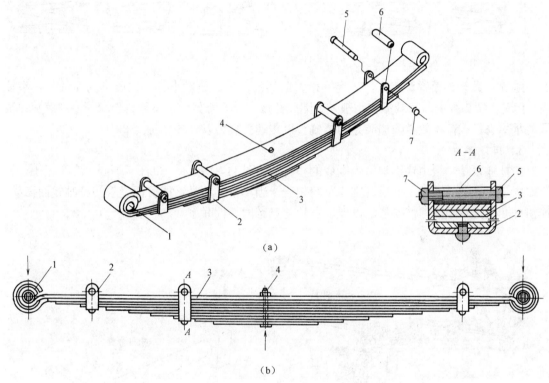

（a）

（b）

1—卷耳；2—弹簧夹；3—钢板弹簧；4—中心螺栓；5—螺栓；6—套管；7—螺母
图 11-29　钢板弹簧

一副钢板弹簧通常由很多曲率半径不同、长度不等、宽度一样、厚度相等的弹簧钢板片叠成，在整体上近似等强度的弹性梁。第一片最长的弹簧钢板片称为主片，其两端或一端弯成卷耳状。钢板弹簧全长内装有 2～4 个钢板夹。钢板弹簧的中部通过 U 型螺栓和压板与车桥刚性固定，两端用销子铰接在车架的支架和吊耳上。

2. 螺旋弹簧

螺旋弹簧广泛应用于独立悬架，有些轿车的后轮非独立悬架也采用螺旋弹簧作弹性元件。螺旋弹簧如图 11-30 所示，由特殊的弹簧钢棒卷制而成，可以制成圆柱形或圆锥形，也可以制成等螺距或不等螺距。圆柱形等螺距螺旋弹簧的刚度是不变的，圆锥形或不等螺距螺旋弹簧的刚度是可变的。

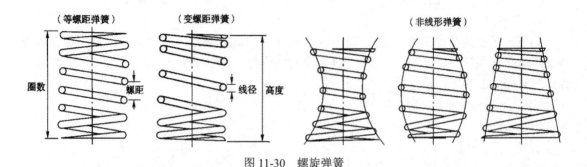

图 11-30　螺旋弹簧

螺旋弹簧与钢板弹簧相比，无需润滑，防污能力强，质量小，单位质量的能量吸收率较高。但是，螺旋弹簧本身减振作用很差，因此在螺旋弹簧悬架中，必须另装减振器；螺旋弹簧只能承受垂直载荷，故必须加装导向装置，以传递垂直力以外的各种力和力矩。

3．扭杆弹簧

扭杆弹簧是一根由铬钒弹簧钢制成的扭杆，如图 11-31 所示。扭杆一端固定在车架上，另一端固定在悬架的摆臂上，摆臂则与车轮相连。当车轮跳动时，摆臂便绕着扭杆轴线而摆动，使扭杆产生扭转导致弹性变形，以保证车轮与车架的弹性联系。

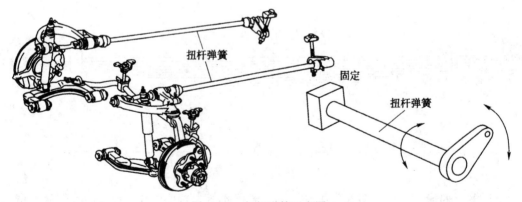

图 11-31　扭杆弹簧示意图

扭杆弹簧在制造时，经热处理后预先施加一定的扭转力矩，使之产生一个永久的扭转变形，从而使其具有一定的预应力。左、右扭杆的预加扭转的方向都与扭杆安装在车上后承受工作载荷时扭转的方向相同，目的是减少工作时的实际应力，以延长使用寿命。

如果左、右扭杆换位安装，则将导致扭杆弹簧的实际工作应力加大，使用寿命缩短。因此，左、右扭杆弹簧刻有不同的标记，不可互换。

4. 气体弹簧

气体弹簧主要有空气弹簧和油气弹簧。

空气弹簧以空气作弹性介质，即在一个密闭的容器内装入压缩空气（气压为 0.5～1MPa），利用气体的可压缩性实现弹簧的作用。

空气弹簧有囊式（见图 11-32（a））和膜式（见图 11-32（b））两种形式。空气弹簧常用在汽车上，尤其是在主动悬架中使用较多。

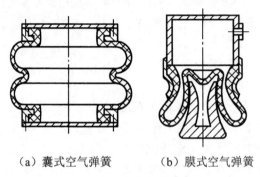

（a）囊式空气弹簧 （b）膜式空气弹簧

图 11-32 空气弹簧

油气弹簧以氮气（惰性气体）作为弹性介质，用油液作为传力介质。图 11-33 所示为单气室式油气弹簧。油气弹簧的球形室固定在工作缸上，室的内腔用橡胶油气隔膜隔开，充入高压氮气的一侧为气室，与工作缸相通并充满油液的一侧为油室。工作缸内装有活塞、阻尼阀及其阀座。

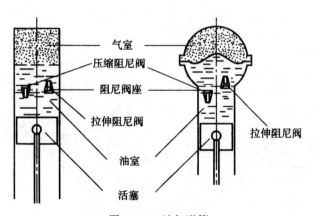

图 11-33 油气弹簧

当载荷增加且车架与车桥相互靠近时，活塞上移，使工作缸内容积减小，油压升高，油液顶开阻尼阀进入球形室，推动隔膜向气室方向移动，使气室容积减少，氮气压力升高，油气弹簧的刚度增大。当载荷减小时，在高压氮气的作用下隔膜向油室方向移动，室内油液经阻尼阀流回工作缸，推动活塞下移。这时气室容积增大，氮气压力下降，弹簧刚度减小。当氮气通过油液传递作用在活塞上的力与载荷平衡时，活塞便停止移动。随着载荷的变化，气室内氮气也随之变化，相应地活塞处于工作缸中不同位置。可见，油气弹簧具有变刚度的特性。

5. 橡胶弹簧

橡胶弹簧是利用橡胶本身的弹性来起作用的弹性元件，它可以承受压缩载荷和扭转载荷。当橡胶弹簧在外力作用下变形时，其内部产生摩擦，以吸收振动。橡胶弹簧的优点是可以制成任何形状，使用时无噪声，不需要润滑，但橡胶弹簧不适用支承重载荷。所以，橡胶弹簧主要用作辅助弹簧，或用作悬架部件的衬套、垫片、垫块、挡块及其他支承件。

三、减振器

1. 减振器的功用及原理

减振器在汽车中的作用是迅速衰减由车轮通过悬架弹簧传给车身的冲击和振动，提高汽车行驶的平顺性能。减振器在汽车悬架中是与弹性元件并联安装的（见图 11-34）。

目前，汽车悬架系统中广泛采用液压减振器，其基本原理如图 11-35 所示。当车架与车桥做往复的相对运动而使活塞在缸筒内往复移动时，减振器壳体内的油液便反复地从内腔通过一些窄小的孔隙流入另一内腔，此时孔壁与油液间的摩擦及液体分子内的摩擦便形成对振动的阻尼力，使车身和车架的振动能量转化为热能被油液和减振器壳体所吸收，然后扩散到大气中。减振器阻尼力的大小随车架与车桥（或车轮）间相对速度的变化而增减，并且与油液的黏度有关。

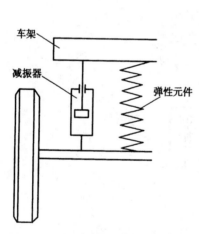

图 11-34 减振器和弹性元件的安装示意图

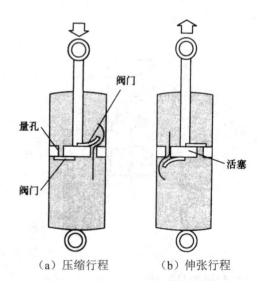

（a）压缩行程　　　（b）伸张行程

图 11-35 液压减振器的基本原理

阀门越大，阻尼力越小，反之亦然。相对运动速度越大，阻尼力越大，反之亦然。

阻尼力越大，振动的衰减越快，但悬架弹性元件的缓冲效果不能发挥，乘坐也不舒适，因此弹性元件的刚度与减振器的阻尼力要合理搭配，才能保证乘坐舒适性和操纵稳定性。

2. 双向作用筒式减振器

液力减振器按作用方式可分为双向作用式减振器和单向作用式减振器。双向作用式减振器在伸张行程和压缩行程都具有阻尼减振作用，目前在汽车上应用最广泛。

双向作用筒式减振器如图 11-36 所示。双向作用筒式减振器在内筒和外筒之间设计了补偿腔，它可以调整油液量以适应活塞杆的移动体积。

结构形式一：如图 11-36（a）所示，节流孔①上设有阀门，节流孔②没有阀门。压缩时，阀门①打开，下腔的油液通过节流孔①和②流到上腔，使活塞容易下行。伸张时，阀门①关闭，上腔的油液只能通过节流孔②流回下腔，使活塞上行阻尼增大。这样就实现了减振效果，它可以很快地吸收路面冲击，但汽车在坏路上行驶时的行驶平顺性较差。

结构形式二：如图 11-36（b）所示，节流孔②上设有阀门②，压缩时油液通过节流孔①，伸张时油液通过节流孔②，因此在压缩和伸张时活塞都受到阻尼力。对于激烈的车身振动，下腔的油液在伸张时通过补偿阀上的节流孔流入补偿腔，产生阻尼力；压缩时补偿阀打开，油液无阻尼地通过补偿阀。补偿腔的上部有氮气，可以被油液压缩。

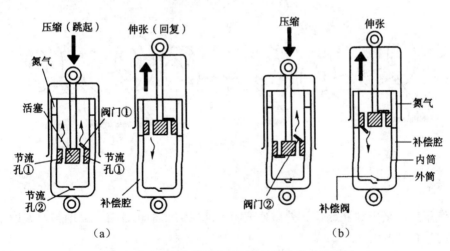

图 11-36　双向作用筒式减振器的结构及工作原理

四、横向稳定杆

横向稳定杆如图 11-37 和图 11-38 所示。横向稳定杆利用扭杆弹簧原理，将左右车轮通过其连接起来。在车身倾斜时，稳定杆两边的纵向部分向不同方向偏转，于是横向稳定杆便被扭转。弹性的稳定杆产生扭转内力矩就阻碍了悬架弹簧的变形，从而减轻车身的横向倾斜。

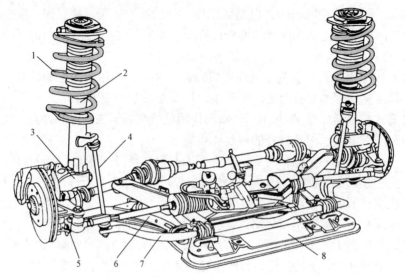

1—螺旋弹簧；2—筒式减振器；3—转向节；4—连接杆；5—球头销；6—下摆臂；
7—横向稳定杆；8—前托架

图 11-37　乘用车前悬架

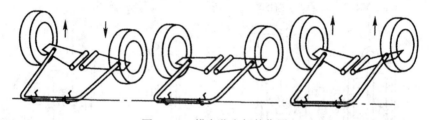

图 11-38　横向稳定杆的作用

五、独立悬架

现代汽车广泛采用独立悬架。独立悬架由于能使两侧车轮各自独立地与车架或车身弹性连接，因此具有以下优点：

（1）左、右车轮的运动相对独立、互不影响，减少了行驶时车架或车身的振动，减弱了转向轮的偏摆。

（2）独立悬架的非簧载质量小，可以减小来自路面的冲击和振动，提高行驶的平顺性。簧载质量是指汽车上由弹性元件支承的质量；而非簧载质量是指弹性元件下吊挂的质量。对于非独立悬架，整个车桥和车轮都属于非簧载质量，而对于独立悬架，只有部分车桥是非簧载质量，而主减速器、差速器、壳体等都装在车架或车身上，成了簧载质量，所以独立悬架的非簧载质量要比非独立悬架小。

（3）独立悬架与断开式车桥配用，可以降低汽车的重心，提高汽车行驶的平顺性。

独立悬架的结构类型很多，一般可按车轮的运动方式分为三类，如图 11-39 所示。

（1）横臂式独立悬架：车轮在汽车横向平面内摆动的悬架，如图 11-39（a）所示。

（2）纵臂式独立悬架：车轮在汽车纵向平面内摆动的悬架，如图 11-39（b）所示。

（3）车轮沿主销移动的独立悬架，包括烛式悬架和麦弗逊式悬架，分别如图 11-39（c）、图 11-39（d）所示。

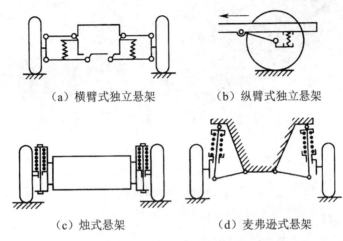

（a）横臂式独立悬架　　　　　（b）纵臂式独立悬架

（c）烛式悬架　　　　　（d）麦弗逊式悬架

图 11-39　独立悬架的类型示意图

1. 横臂式独立悬架

横臂式独立悬架分为单横臂式和双横臂式，目前单横臂式独立悬架应用较少。

双横臂式独立悬架的两个横摆臂有等长的和不等长的，如图 11-40 所示。摆臂等长的独立悬架当车轮上下跳动时，虽然车轮平面不倾斜、主销轴线的方向也不发生变化，但轮距发生较大的变化，这将引起车轮的侧滑和轮胎的磨损。而摆臂不等长的独立悬架当车轮上下跳动时，虽然车轮平面、主销轴线、轮距都发生变化，但如果摆臂长度比例合适，可使车轮和主销的角度及轮距变化不大，这种独立悬架被广泛用在汽车前轮上。图 11-41 所示为奥迪汽车不等长双横臂式螺旋弹簧独立悬架。

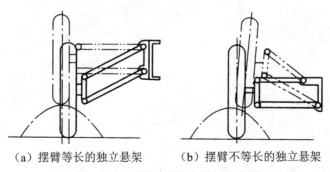

（a）摆臂等长的独立悬架　　　　　（b）摆臂不等长的独立悬架

图 11-40　双横臂式独立悬架示意图

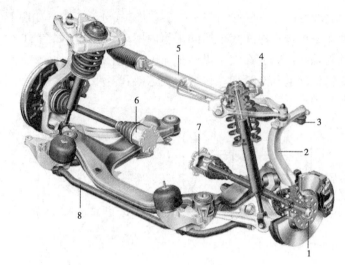

1—轮毂；2—转向节；3—转向横拉杆；4—上摆臂；5—转向器；
6、7—等速万向节；8—横向稳定杆

图 11-41　不等长双横臂式独立悬架

2. 纵臂式独立悬架

纵臂式独立悬架也分为单纵臂式和双纵臂式。

单纵臂式独立悬架如果用于前轮，车轮上下跳动时会使主销后倾角变化很大，所以单纵臂式独立悬架都用于后轮。

双纵臂式独立悬架的两纵摆臂一般长度相等，形成平行四连杆机构，如图 11-42 所示。这种悬架在车轮上下跳动时，车轮外倾角、轮距和主销后倾角都不发生变化，所以适用于前轮。

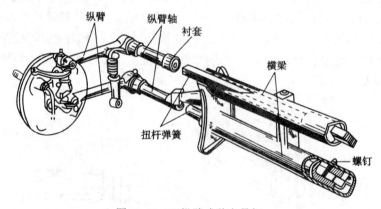

图 11-42　双纵臂式独立悬架

3. 烛式独立悬架

图 11-43 所示为烛式独立悬架，主销的上下两端刚性地固定在车架上。套在主销上的套管

固定在转向节上。套管的中部固定装着螺旋弹簧的下支座。筒式减振器的下端与转向节相连，上端与车架相连。悬架的摩擦部分套着防尘罩。通气管与防尘罩内腔相通，以免罩中空气被密封而影响悬架的弹性。

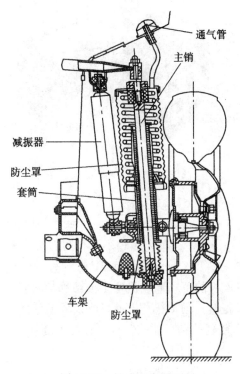

图 11-43　烛式独立悬架

　　烛式独立悬架的优点是当悬架变形时，主销的定位角不会发生变化，仅轮距、轴距稍有改变，有利于汽车的转向操纵性和行驶稳定性。缺点是侧向力全部由套筒和主销承受，二者间的摩擦阻力大，磨损严重。因此，这种结构形式目前很少采用。

　　4. 麦弗逊式独立悬架

　　麦弗逊式独立悬架是目前发动机前置前轮驱动汽车和某些轻型客车应用比较普遍的悬架结构形式。如图 11-44 所示，筒式减振器为滑动立柱，横摆臂的内端通过铰链与车身相连，外端通过球铰链与转向节相连。减振器的上端与车身相连，减振器的下端与转向节相连，车轮所受的侧向力大部分由横摆臂承受，其余部分由减振器活塞和活塞杆承受。筒式减振器上铰链中心与横摆臂外端球铰链中心的连线为主销轴线，此结构也为无主销结构。当车轮上下跳动时，减振器下支点随前悬架摇臂摆动，故主销轴线角度是变化的，这说明车轮是沿着摆动的主销轴线而运动。

　　烛式独立悬架和麦弗逊式独立悬架都属于车轮沿主销轴线移动的独立悬架，烛式独立悬架的车轮沿固定不动的主销轴线移动，麦弗逊式独立悬架的车轮沿摆动的主销轴线移动。

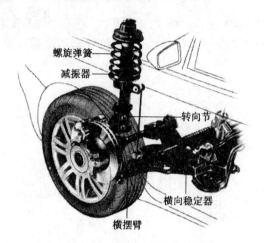

图 11-44　麦弗逊式独立悬架

5. 多连杆式独立悬架

独立悬架中多采用螺旋弹簧，因而对于侧向力、垂直力以及纵向力需增设导向装置，即采用杆件来承受和传递这些力，一些汽车为减轻车重和简化结构采用多连杆式悬架，如图 11-45 所示。上连杆用上连杆支架与车身（或车架）相连，上连杆外端与第三连杆相连。上连杆的两端都装有橡胶隔振套。第三连杆的下端通过重型止推轴承与转向节连接。下连杆与普通的下摆臂相同，其内端通过橡胶隔振套与前横梁相连接，球铰将下连杆的外端与转向节相连。多杆前悬架系统的主销轴线从下球铰延伸到上面的轴承，它与上连杆和第三连杆无关。

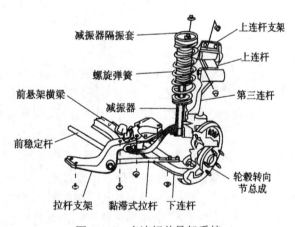

图 11-45　多连杆前悬架系统

【案例】

一辆丰田卡罗拉汽车，车头左前侧偏低，车辆升起检查后发现左前减振器漏油，拆解左前悬架，更换减振器。

【任务实施】

轿车前减振器的拆装、检查与维修

丰田卡罗拉汽车前悬架装置如图 11-46 和图 11-47 所示。

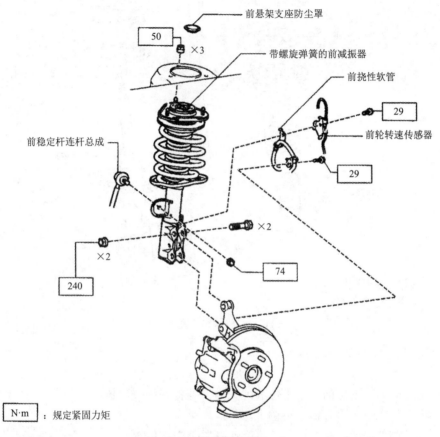

图 11-46　前悬架装置（一）

一、实训的目的和要求

（1）学会正确使用常用工具和专用工具。

（2）掌握独立悬架的结构、原理及正确拆装和维修方法。

二、实训的设备及工具

（1）设备：丰田卡罗拉汽车。

（2）普通工具：组合工具、千斤顶、木块、台虎钳、扭力扳手、维修手册等。

（3）专用工具：SST 09727-30021 螺旋弹簧压缩工具（09727-00010 螺栓组件，09727-00021 臂组件，09727-00031 压缩机）。

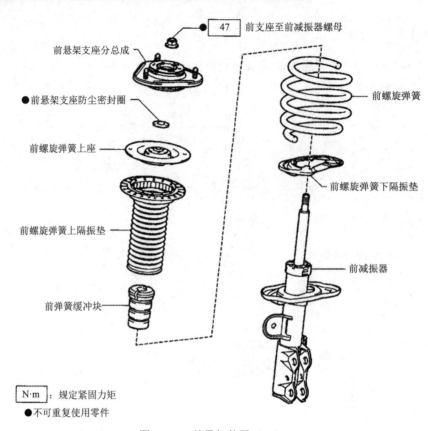

前支座至前减振器螺母

前悬架支座分总成

● 前悬架支座防尘密封圈

前螺旋弹簧上座

前螺旋弹簧上隔振垫

前弹簧缓冲块

前螺旋弹簧

前螺旋弹簧下隔振垫

前减振器

N·m ：规定紧固力矩

● 不可重复使用零件

图 11-47　前悬架装置（二）

三、步骤及操作方法

1. 准备工作

（1）在汽车进入工位前，将工位清理干净，准备好相关的器材。

（2）将汽车停驻在举升机中央位置。

（3）拉紧驻车制动器操纵杆，并将变速杆置于空挡位置。

（4）套上转向盘护套、变速杆手柄套和座位套，铺设脚垫。

（5）在车内拉动发动机舱盖手柄，在车外打开并支撑发动机舱盖。

（6）粘贴翼子板和前脸磁力护裙。

2. 前悬架的拆解

（1）拆卸前刮水器臂端盖。

（2）拆卸左侧挡风玻璃、刮水器臂和刮水片总成。

（3）拆卸右侧挡风玻璃、刮水器臂和刮水片总成。

（4）拆卸发动机盖至前围上板密封。

（5）拆卸右前围板上通风栅板。

（6）拆卸左前围板上通风栅板。

（7）拆卸挡风玻璃、刮水器、电动机及连杆。

（8）拆卸前围上外板。

（9）拆卸前轮。

（10）拆卸前悬架支座防尘罩，如图 11-48 所示。

（11）分离前稳定杆连杆总成。从带螺旋弹簧的前减振器上拆下螺母并分离稳定杆连杆总成，如图 11-49 所示。

图 11-48　拆卸前悬架支座防尘罩

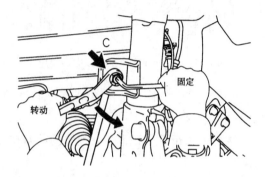

图 11-49　分离前稳定杆连杆总成

提示：如果球节随螺母一起转动，则使用六角扳手（6mm）固定双头螺栓。

（12）分离前轮转速传感器。拆下螺栓和卡夹，并分离前轮转速传感器，如图 11-50 所示。

注意：确保将前轮转速传感器从带螺旋弹簧的前减振器上完全分离。

（13）分离前挠性软管。拆下螺栓并分离前挠性软管，如图 11-51 所示。

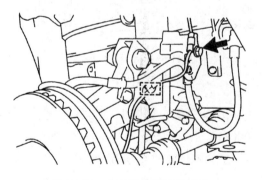

图 11-50　分离前轮转速传感器

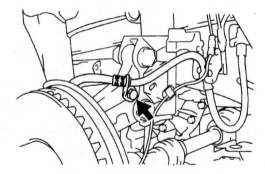

图 11-51　分离前挠性软管

（14）拆卸带螺旋弹簧的前减振器。

①松开前减振器的前支座至前减振器螺母，如图 11-52 所示。

注意：不要拆下前支座至前减振器螺母；当带螺旋弹簧的前减振器需要拆解时，仅松开螺母。

②用千斤顶和木块来支撑前桥，如图 11-53 所示。

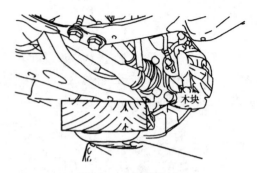

图 11-52　松开前支座至前减振器螺母　　　　　　图 11-53　支撑前桥

③拆下 2 个螺栓和 2 个螺母，并从转向节上分离带螺旋弹簧的前减振器（下部），如图 11-54 所示。

④拆下 3 个螺母和带螺旋弹簧的前减振器，如图 11-55 所示。

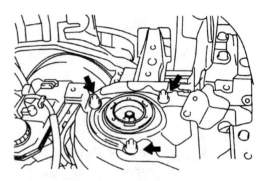

图 11-54　拆下螺栓和螺母　　　　　　图 11-55　拆下前减振器

3. 螺旋弹簧与减振器的拆解

（1）固定带螺旋弹簧的前减振器。用 SST 压缩前螺旋弹簧，如图 11-56 所示。使用 SST 09727-30021（09727-00010，09727-00021，09727-00031）工具。

提示：如果以一定角度压缩前螺旋弹簧，用 2 个 SST 可使操作更容易。

（2）拆卸前支座至前减振器螺母。

①将螺栓和螺母安装至减振器下支座，并用台钳固定带螺旋弹簧的前减振器。

②检查并确保前螺旋弹簧被完全压缩。

注意：不要使用冲击扳手。这会损坏 SST。

③拆下前支座至前减振器螺母，如图 11-57 所示。

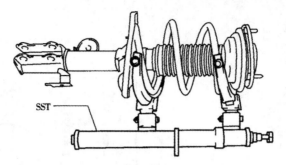

图 11-56　固定带螺旋弹簧的前减振器

（3）拆卸前悬架支座分总成。

（4）拆卸前悬架支座防尘密封圈。

（5）拆卸前螺旋弹簧上座，见图 11-58。

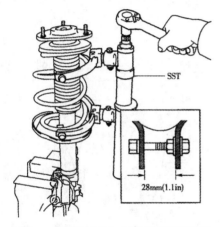

图 11-57　拆卸前支座至前减振器螺母

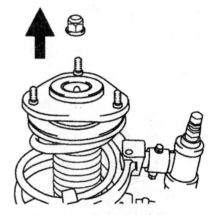

图 11-58　拆卸前螺旋弹簧上座

（6）拆卸前螺旋弹簧上隔振垫。

（7）拆卸前螺旋弹簧。

（8）拆卸前弹簧缓冲块。

（9）拆卸前螺旋弹簧下隔振垫。

4．检查

检查前减振器。压缩并伸长减振器杆四次或更多次，如图 11-59 所示。

标准：减振器压缩阻力小，伸张阻力大，无漏油现象。

提示：如果有任何异常，换上新的前减振器。

5．装配

（1）固定前减振器。如图 11-60 所示，将螺栓和螺母安装至前减振器，并用台虎钳固定前减振器。

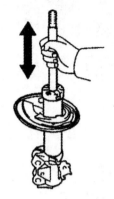

图 11-59 检查前减振器

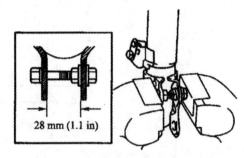

图 11-60 固定前减振器

（2）安装前螺旋弹簧下隔振垫，如图 11-61 所示。

注意：确保前螺旋弹簧下隔振垫的定位销插入前减振器的孔中。

（3）安装前弹簧缓冲块。

（4）安装前螺旋弹簧。

①用 SST 压缩前螺旋弹簧，如图 11-62 所示。使用 SST 09727-30021（09727-00010，09727-00021，09727-00031）工具。

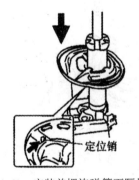

图 11-61 安装前螺旋弹簧下隔振垫

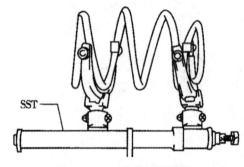

图 11-62 压缩前螺旋弹簧

注意：不要使用冲击扳手。这会损坏 SST。

②安装前螺旋弹簧。

注意：确保前螺旋弹簧的底端安装在弹簧座内；确保油漆标记面朝下安装螺旋弹簧，如图 11-63 所示。

（5）安装前螺旋弹簧上隔振垫。

（6）安装前螺旋弹簧上座。

（7）安装前悬架支座防尘密封圈。

（8）安装前悬架支座分总成。

（9）暂时拧紧新的前支座至前减振器螺母，如图 11-64 所示。

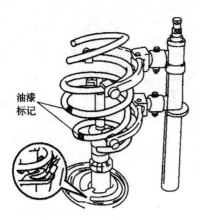

油漆标记

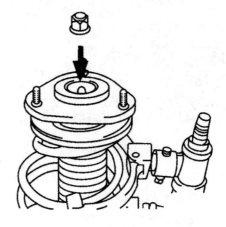

图 11-63　安装前螺旋弹簧　　　　图 11-64　暂时拧紧前支座至前减振器螺母

6.　安装

（1）安装带螺旋弹簧的前减振器。

①用三个螺母安装带螺旋弹簧的前减振器（上部）。力矩为 50N·m。

②将带螺旋弹簧的前减振器（下部）安装至转向节，并插入两个螺栓和两个螺母。力矩为 240N·m。

③完全紧固前支座至前减振器螺母。力矩为 47N·m。

（2）安装前挠性软管。用螺栓将前挠性软管安装至转向节。力矩为 29N·m。

（3）安装前轮转速传感器。用螺栓和卡夹将前轮转速传感器和前挠性软管安装至前减振器。力矩为 29N·m。

注意：安装时不要扭曲前轮转速传感器。

提示：先安装前挠性软管，然后安装转速传感器线束支架。

（4）安装前稳定杆连杆总成。用螺母将前稳定杆连杆总成安装至带螺旋弹簧的前减振器，如图 11-65 所示。力矩为 74N·m。

注意：如果球节随螺母一起转动，则使用六角扳手（6mm）固定双头螺栓。

（5）安装前悬架支座防尘罩，如图 11-66 所示。

（6）安装前轮。力矩为 103N·m。

（7）安装前围上外板。

（8）安装挡风玻璃、刮水器、电动机及连杆。

（9）安装左前围板上通风栅板。

（10）安装右前围板上通风栅板。

（11）安装发动机盖至前围上板密封。

（12）安装左侧挡风玻璃、刮水器臂和刮水片总成。

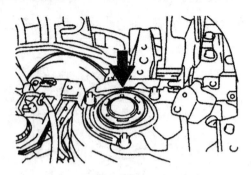

图 11-65　安装前稳定杆连杆总成　　　　图 11-66　安装前悬架支座防尘罩

（13）安装右侧挡风玻璃、刮水器臂和刮水片总成。

（14）安装前刮水器臂端盖。

（15）检查并调整前轮定位。

四、清洁整理

将实习场地所必要的物品留下，依照规定的合理位置放置，并明确标示，将不必要的物品清除掉；对垃圾进行分类处理；将实习场地清扫干净，并保持卫生；使每位成员养成良好习惯，遵守规则做事。

【知识拓展】

电子控制悬架系统

传统的悬架系统一般具有固定的弹簧刚度和减振器阻尼力，不能同时满足汽车行驶平顺性和操纵稳定性的要求。降低弹簧刚度，平顺性会更好，使乘坐舒适，但由于悬架偏软，操纵稳定性会变差；而增加弹簧刚度会提高操纵稳定性，但较硬的弹簧又使车辆对路面的不平度很敏感，使平顺性降低。因此，理想的悬架系统应在不同的使用条件下具有不同的弹簧刚度和减振器阻尼力，这样既能满足平顺性的要求又能满足操纵稳定性的要求。电子控制悬架系统就是这种理想的悬架系统。

电子控制悬架系统主要有半主动悬架和主动悬架。半主动悬架是指悬架元件中的弹簧刚度和减振器阻尼力之一可以根据需要进行调节。而主动悬架能根据需要自动调节弹簧刚度和减振器的阻尼力，从而能够同时满足汽车行驶平顺性和操纵稳定性等各方面的要求。主动悬架按照弹簧的类型，又可以分为空气弹簧主动悬架和油气弹簧主动悬架。

一、电子控制悬架系统的组成和工作原理

电子控制悬架系统由传感器、开关、电子控制单元和执行机构等组成。传感器一般有车高传感器、车速传感器、加速度传感器、转向盘转角传感器、节气门位置传感器等。开关有模式选择开关、制动灯开关、停车开关和车门开关等。执行机构有可调阻尼的减振器，可调节弹簧高度和弹性大小的弹性元件等。图 11-67 所示为雷克萨斯 LS400 型汽车电子控制悬架系统的元件在车上的位置。

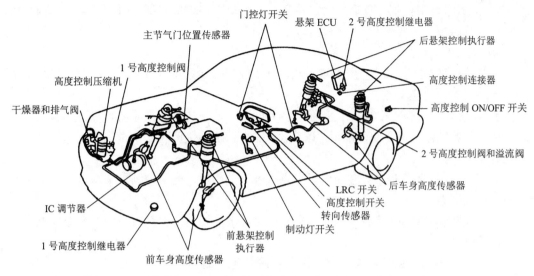

图 11-67   雷克萨斯 LS400 型汽车电子控制悬架系统的元件在车上的位置

电子控制悬架系统的一般工作原理是利用传感器（包括开关）对汽车行驶时路面的状况和车身的状态进行检测，将检测信号输入 ECU 进行处理，ECU 通过驱动电路控制悬架系统的执行器动作，完成悬架特性参数的调整，其工作原理如图 11-68 所示。

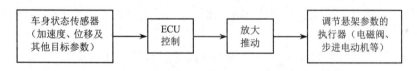

图 11-68   电子控制悬架系统的工作原理

电子控制悬架系统主要对车速及路面感应、车身姿态和车身高度进行控制。

1. **车速与路面感应控制**

（1）当车速高时，电子控制悬架系统可提高弹簧刚度和减振器阻尼力，以提高汽车高速行驶时的操纵稳定性。

（2）当前轮遇到突起时，电子控制悬架系统可减小后轮悬架弹簧刚度和减振器阻尼力，以减小车身的振动和冲击。

（3）当路面差时，电子控制悬架系统可提高弹簧刚度和减振器阻尼力，以抑制车身的振动。

2. **车身姿态控制**

（1）转向时侧倾控制：急转向时，电子控制悬架系统可提高弹簧刚度和减振器阻尼力，以抑制车身的侧倾。

（2）制动时点头控制：紧急制动时，电子控制悬架系统可提高弹簧刚度和减振器阻尼力，以抑制车身的点头。

（3）加速时后坐控制：急加速时，电子控制悬架系统可提高弹簧刚度和减振器阻尼力，以抑制车身的后坐。

3. 车身高度控制

（1）高速感应控制：车速超过 90km/h，电子控制悬架系统可降低车身高度，以减少空气阻力，提高汽车行的稳定性。

（2）连续差路面行驶控制：车速为 40～90km/h，电子控制悬架系统可提高车身高度，以提高汽车的通过性；车速在 90km/h 以上，电子控制悬架系统可降低车身高度，以提高汽车行驶的稳定性。

（3）点火开关 OFF 控制：驻车时，当点火开关关闭后，电子控制悬架系统可降低车身高度，便于乘客的乘降。

（4）自动高度控制：当乘客和载质量变化时，电子控制悬架系统可保持车身高度恒定。

二、传感器

转向盘转角传感器装在转向器上，用于检测转向盘的中间位置、转动方向、转动角度和转动速度。在电子控制悬架中，电子控制单元根据车速传感器信号和转角传感器信号，判断汽车转向时侧向力的大小和方向，提高操纵稳定性，防止侧倾。

光电式车身高度传感器固定在车架上，通过它可监测车身与悬架下臂之间的距离变化来检测汽车高度和因道路不平而引起的悬架位移量。

车速传感器安装在车轮上，检测出转速信号，ECU 利用此信号，计算出车身的侧倾程度。

节气门位置传感器可以间接检测汽车加速信号，ECU 将此信号作为防下坐控制的一个工作状态参数。

车门传感器可防止行驶过程中车门未关闭。高度控制开关用来选择汽车高度，ECU 检测高度控制开关的状态并相应地使汽车高度上升和下降。

有的汽车还有高度控制 ON/OFF 开关，用于停止车高控制。模式选择开关用来选择悬架的"软""中"或"硬"状态，ECU 检测到开关状态后，操纵悬架控制执行器，从而改变减振器的弹簧刚度和阻尼系数。当踩下制动踏板时，制动灯开关接通，ECU 接收这个信号作为防点头控制的一个起始状态。

三、电子控制单元

电子控制单元（ECU）接收各传感器、开关输入的信号，通过运算处理，控制执行器进行适应性调节，保持车辆的行驶平顺性和操纵稳定性。悬架 ECU 一般由输入电路、微处理器、输出电路和电源电路等组成。它具有提供稳压电源、传感器信号放大、输入信号计算、驱动执行机构和故障检测等功能。

四、执行机构

1. 空气弹簧

空气弹簧由主气室、副气室、弹性刚度执行机构、阻尼转换执行机构和液压减振器等组成，如图 11-69 所示。弹簧刚度执行机构在主气室与副气室之间，减振器的上部装有阻尼转换执行机构，减振器的内部有阻尼旋转阀，因此弹簧刚度是通过主气室与副气室进行调节的，阻尼数是通过减振器进行调节的。

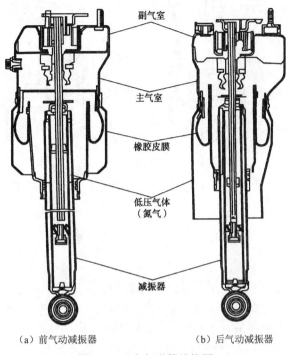

（a）前气动减振器　　　（b）后气动减振器

图 11-69　空气弹簧结构图

（1）弹簧刚度调节。弹簧刚度调节是通过弹簧刚度执行机构开闭主气室与副气室的隔板，改变气室的容积而实现的。增大容积使刚度变小，减小容积使刚度增加。ECU 根据车辆状态信号及时调节弹簧刚度：高速行驶转换为大刚度，低速行驶转换为小刚度；在制动时使前弹簧刚度增加，在加速时使后弹簧刚度增加；而转弯时使左右弹簧刚度改变以减少侧倾。一般减小空气弹簧刚度会使汽车增大侧倾、下坐或点头，因此弹簧刚度的控制多数情况下是和汽车高度、阻尼系数的调节相结合使用，以便于从总体上改善平顺性。

（2）车高控制。车高控制是指根据乘员人数、装载质量和汽车的状态自动调节汽车高度。当乘员人数和装载质量增加或减少时，汽车高度自动保持一定，使汽车行驶平稳；当在高低不平的路面上行驶时，为防止发生车架与车身之间的撞击，ECU 控制悬架弹簧的行程在一定的范围内；当高速行驶时，为减少空气阻力而降低车高；而当汽车停车后，乘员下车或装载质量减少后车高会增加，ECU 会控制空气弹簧在几秒钟内将空气少量排出，降低车高。车高控制主要是利用空气弹簧中主气室空气量的多少来进行调节的。ECU 将接收到的车身高度传感器、车速传感器、车门开关等信号，经过处理判断，若是增加车高，则控制执行机构向空气弹簧主气室充气，增加空气量，使汽车高度增加；若是降低车高，则控制执行机构打开排气装置，向外排气，使空气弹簧主气室的空气量减少而降低汽车高度。车身高度控制原理如图 11-70 所示。

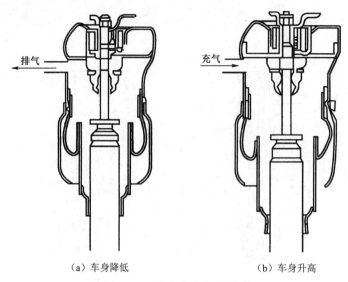

（a）车身降低　　　　　　　　　　（b）车身升高

图 11-70　车身高度控制原理

2. 减振器

　　可调阻尼式减振器主要由缸筒、活塞及活塞控制杆、回转阀等组成，如图 11-71 所示。活塞杆是一空心杆，其中心装有控制杆，控制杆的上端与执行器相连。控制杆的下端装有回转阀，回转阀上有 3 个油孔，活塞杆上有 2 个通孔。缸筒中的油液一部分经活塞上的阻尼孔在缸筒的上、下两腔流动，另一部分经回转阀与活塞杆上连通的孔在缸筒的上、下两腔流动。

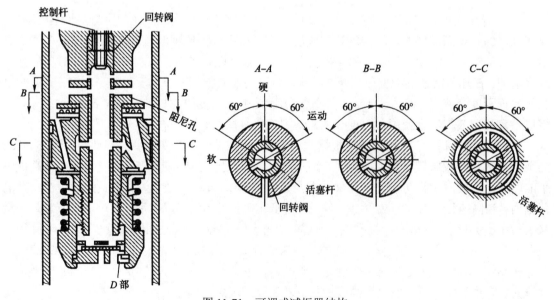

图 11-71　可调式减振器结构

ECU 促使执行器工作时，通过控制杆带动回转阀相对活塞杆转动，使回转阀与活塞杆上的油孔连通或切断，从而增加或减少油液的流通面积，使油液的流动阻力改变，达到调节减振器阻尼力的目的。如图 11-71 所示，*A-A*、*B-B*、*C-C* 3 个截面的阻尼孔全部被回转阀封住，此时只有减振器下面的主阻尼孔仍在工作，所以这时阻尼力为最大，减振器被调节到"硬"状态。当回转阀从"硬"状态位置顺时针转动 60°时，*B-B* 截面的阻尼孔打开，*A-A*、*C-C* 两截面的阻尼孔仍关闭，因为多了一个阻尼孔参与工作，所以减振器处于"运动"状态。当回转阀从"硬"状态位置逆时针转动 60°时，*A-A*、*B-B*、*C-C* 3 个截面的阻尼孔全部打开，这时减振器的阻尼力最小，减振器处于"软"状态。

3. 阻尼转换执行机构

阻尼转换执行机构装在减振器的上部，由直流电动机、减速齿轮、控制杆、电磁铁和挡块等组成，如图 11-72 所示。电子控制单元 ECU 根据接收到的信号，使直流电动机驱动扇形的减速齿轮左、右制动，通过控制杆带动减振器中的回转阀旋转，有级地改变阻尼孔的开闭，从而改变阻尼系数（即减振阻力）。

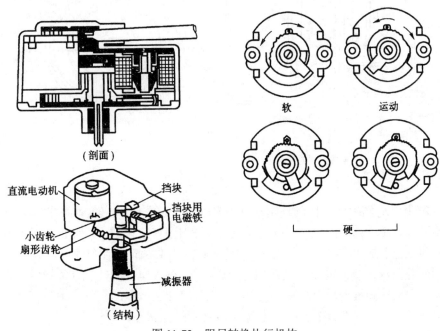

图 11-72　阻尼转换执行机构

4. 弹簧刚度执行机构

弹簧刚度执行机构由刚度控制阀和执行机构等组成，如图 11-73 所示。执行机构位于减振器的顶部，与阻尼系数控制机构组装在一起。刚度控制阀装在空气弹簧副气室的中部，由空气阀、阀体和空气阀控制杆组成，如图 11-74 所示。空气阀在截面上有一个空气孔，外部的阀体在截面上有不同大小的空气孔。

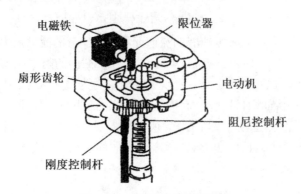

图 11-73 弹簧刚度执行机构

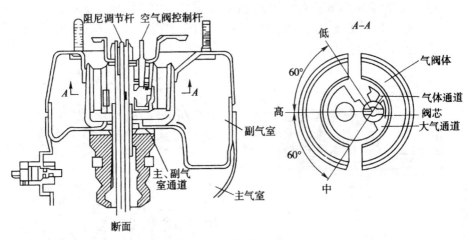

图 11-74 刚度控制阀

当空气阀由电动机驱动的控制杆带动旋转到"软"位置时，空气弹簧主气室的气体经过空气阀的中间孔，阀体侧面的大空气孔（大流通孔）与副气室相通，此时参与工作的气体容积最大，悬架刚度处于最小状态。当空气阀被旋转到"中"位置时，主气室与副气室的气体经过空气阀的中间孔与阀体侧面的小空气孔相互流通，主、副气室之间的气体流量较小，悬架刚度处于中等状态。当气阀被旋转到"硬"位置时，主气室与副气室的空气通道被空气阀挡住，此时仅靠主气室中的气体承担缓冲任务，悬架刚度处于最大状态。

5. 车高控制执行机构

车身高度控制系统由压缩机、干燥器、排气阀、1 号高度控制继电器、2 号高度控制继电器、1 号高度控制阀、2 号高度控制阀，及前、后、左、右 4 个空气弹簧，4 个车身高度传感器和悬架 ECU 等组成，如图 11-75 所示。

当点火开关接通时，ECU 使 2 号高度控制继电器线圈通电，2 号高度控制继电器触点闭合，使前、后、左、右 4 个高度传感器接通蓄电池电源。当车身高度需要上升时，1 号高度控制继电器接通，1 号高度控制继电器触点闭合，压缩机控制电路接通，产生压缩空气。高度控制电磁阀线圈通电后，电磁线圈将高度控制阀打开，并将压缩空气引向空气弹簧，从而使车身高度上升。

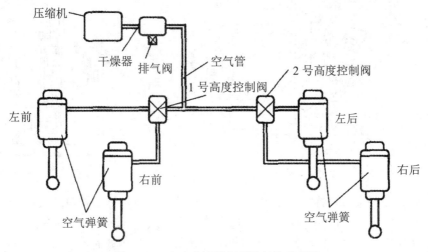

图 11-75　车身高度控制系统结构示意图

当车身高度需要下降时，ECU 不仅使高度控制阀电磁线圈通电，而且还使排气阀电磁线圈通电，排气阀电磁线圈使排气阀打开，将空气弹簧中的压缩空气排到大气中。

1 号高度控制阀用于前悬架控制，它有两个电磁阀分别控制左、右两个空气弹簧。2 号高度控制阀用于后悬架控制，它与 1 号高度控制阀一样，也采用两个电磁阀。为了防止空气管路中产生不正常的压力，2 号高度控制阀中采用了一个溢流阀。

车高控制执行机构主要由空气阀、空气压缩机和设置在悬架之上的主气室组成。

空气压缩机由驱动电动机、排气阀、干燥器等组成，其结构如图 11-76 所示。它由电动机驱动，根据悬架 ECU 的信号向干燥器输送提高车高所必需的压缩空气。干燥器可将空气中的水分过滤掉。排气阀从系统中放出压缩空气，同时排掉干燥器滤出的空气水分。

高度控制阀是一个二位二通电磁阀，如图 11-77 所示，它通过向空气弹簧的主气室内充气和排气，来控制汽车的高度。

五、电子控制悬架的控制逻辑

电子控制悬架在控制悬架刚度和阻尼系数方面均有 2 种或 3 种控制模式，即"标准、运动、高"模式，而每一种模式又可以根据悬架高度和阻尼系数的大小依次有"软（低）、中、硬（高）"三种状态。模式的选择一般根据路面情况通过模式选择开关由驾驶员用手来操纵。当选择"标准"模式时，悬架处于低刚度和阻尼系数的"软"状态；当选择"运动"模式时，悬架处于中等刚度和阻尼系数的"中"状态。而在某些模式下，状态之间的转换由 ECU 根据接收的信号自动地调节，从而使汽车维持最佳状态，提高平顺性和操纵稳定性。

图 11-76　空气压缩机

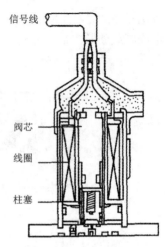

图 11-77　高度控制阀

　　同样，车高控制也有"标准、运动、高"三种模式，而且每一种模式又可根据汽车高低分为"低、中（标准）、高"三种状态。当选择"标准"或"运动"模式时，汽车高度由 ECU 根据车速在"低"与"中（标准）"之间转换；当选择"高"模式时，汽车的高度会根据车速和路况在"高"与"中（标准）"之间转换。另外，在一般的情况下，车身高度不受乘员人数和装载质量增加、减少的影响，由 ECU 控制在所选模式的正常状态下。

【练一练】

一、选择题

1. 横向稳定杆的作用是防止（　　）。
   A. 车身的上下跳动　　　　　　　　B. 汽车转弯时倾斜
   C. 制动时点头　　　　　　　　　　D. 加速前进时后仰

2. 汽车麦弗逊式悬架为（　　）。
   A. 非独立悬架　　　B. 组合式　　　C. 独立悬架　　　D. 刚性式

3. 关于汽车减振器，以下正确的说法是（　　）。
   A. 减振器承担一部分车身质量
   B. 减振器的阻尼力减弱后车身高度降低
   C. 减振器将汽车振动的机械能转变为热能
   D. 以上都不正确

4. 汽车减振器广泛采用的是（　　）。
   A. 单向作用筒式　　　　　　　　　B. 双向作用筒式
   C. 阻力可调式　　　　　　　　　　D. 摆臂式

5．在电控悬架中，弹性元件一般采用（　　）。

    A．钢板弹簧　　　　　B．螺旋弹簧　　　C．空气弹簧　　　D．扭杆弹簧

二、判断题（对的打"√"，错的打"×"）

1．对于平顺性要求较高的轿车，其悬架常采用的是平衡悬架。　　　　　　　　（　　）

2．采用独立悬架时，车桥都做成断开式。　　　　　　　　　　　　　　　　　（　　）

3．螺旋弹簧只能承受汽车的垂直载荷，所以必须装有导向装置。　　　　　　　（　　）

4．采用独立悬架的车桥通常为断开式。　　　　　　　　　　　　　　　　　　（　　）

5．钢板弹簧各片在汽车行驶过程中会出现滑移。　　　　　　　　　　　　　　（　　）

6．扭杆弹簧本身的扭转刚度是可变的，所以采用扭杆弹簧的悬架刚度也是可变的。

                                                        （　　）

7．减振器与弹性元件是串联安装的。　　　　　　　　　　　　　　　　　　　（　　）

8．减振器在汽车行驶中变热是不正常的。　　　　　　　　　　　　　　　　　（　　）

9．减振器在伸张行程中，阻尼力应尽可能小，以充分发挥弹性元件的缓冲作用。（　　）

10．汽车悬架的作用是弹性地连接车桥和车架（或车身），缓和行驶中车辆受到的冲击力。

                                                        （　　）

三、填空题

1．悬架一般由_____、_____和_____三部分组成。

2．独立悬架一般与_____式车桥配用，非独立悬架与_____式车桥配用。

3．液力减振器的工作原理是利用液体_____来消耗振动的能量，使振动迅速衰减。

4．汽车悬架可分为_____和_____两大类。

5．悬架所用的弹性元件类型有_____、_____、_____和_____等形式。

6．独立悬架按车轮的运动形式分成_____、_____和_____等三类。

7．横向稳定器的作用是_____，_____。

8．减振器安装在_____与_____之间。

四、简答题

1．车架的功用有哪些？常见的车架有哪些类型？各有什么特点？

2．说明悬架的功用和种类，为什么现在的汽车广泛采用独立悬架？

3．悬架由哪几部分组成？各有什么功用？

4．双向作用筒式减振器的工作原理是什么？

5．横向稳定器的作用是什么？它是如何工作的？

任务3　非独立悬架构造与维修

【任务描述】

非独立悬架广泛应用在载货汽车上。本任务是让学生学会车架、非独立悬架的组成及其工作原理；学会钢板弹簧悬架的拆装维修操作方法；根据环保要求，妥善处理辅料、废弃液体和损坏的零部件。

【相关知识】

一、车架

车架俗称大梁，它是跨接在前后车轮上的桥梁式结构，是构成整个汽车的骨架，是整个汽车的装配基体，汽车绝大多数的零部件、总成（如发动机、变速器、传动机构、操纵机构、车桥、车身等）都要安装在车架上。

汽车上采用的车架有四种类型：边梁式车架、中梁式车架、综合式车架和无梁式车架。目前汽车上多采用边梁式车架和无梁式车架。

1. 边梁式车架

边梁式车架由两根位于两边的纵梁和若干横梁组成，用铆接法或焊接法将纵梁与横梁连接成坚固的刚性构架，如图 11-78 所示。

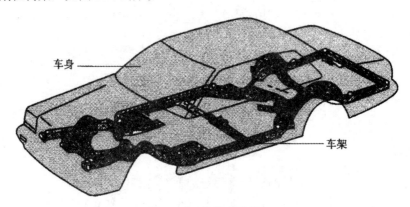

图 11-78　边梁式车架

边梁式车架结构简单，便于整车的布置，在各种类型的汽车上都广泛应用。

2. 中梁式车架

中梁式车架又称脊梁式车架，由一根贯穿汽车纵向的中梁和若干根横向悬伸托架所组成（见图 11-79）。中梁的断面一般是管形或箱形，其前端做成伸出支架，用以固定发动机。传动轴在中梁内穿过。主减速器壳通常固定在中梁的尾端，形成断开式后驱动桥，中梁上的悬伸托架用以支承汽车车身和安装其他机件。

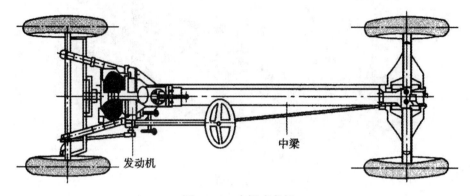

图 11-79　中梁式车架

3. 综合式车架

综合式车架是由边梁式和中梁式车架结合而成的，如图 11-80 所示。车架前段或后段近似边梁式结构，便于分别安装发动机或驱动桥。传动轴从中梁中间穿过。这种结构制造工艺复杂，目前应用也不多。

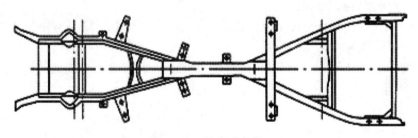

图 11-80　综合式车架

4. 无梁式车架

部分汽车和客车为减小自身质量，以车身代替车架，这种车身又称为承载式车身或无梁式车架，图 11-81 所示为桑塔纳 2000 型汽车的车身组成部件。采用承载式车身的特点是没有车架（大梁），车身就作为发动机和底盘各总成的安装基础，各种载荷全部由车身承受。

汽车车身总成结构主要包括车身壳体、车门、车窗、车前后钣金件、车身内外装饰件、车身附件、座椅以及通风装置等。车身壳体是一切车身部件和零件的安装基础，是由纵、横梁支柱等主要承力元件，以及与它们相连接的钣金件经焊接而共同组成的刚性空间结构。车前后钣金件包括散热器框架前后围板、发动机罩、前后翼子板、挡泥板等。这些钣金件形成了容纳发动机、车轮等部件的空间。

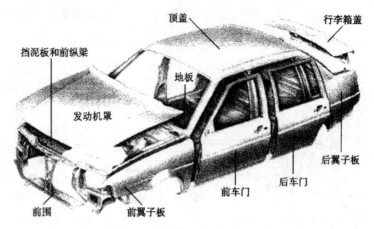

图 11-81　桑塔纳 2000 车身组成件

二、非独立悬架

非独立悬架结构简单，工作可靠，一些汽车的后悬架中采用这一结构类型。

按照所采用的弹性元件的不同，非独立悬架可以分为钢板弹簧式非独立悬架和螺旋弹簧式非独立悬架。

1. 钢板弹簧式非独立悬架

图 11-82 所示为钢板弹簧式非独立悬架。钢板弹簧中部通过 U 型螺栓（骑马螺栓）固定在前桥上。钢板弹簧的前端卷耳用弹簧销与前支架相连，形成固定式铰链支点，起传力和导向作用；而后端卷耳则用吊耳销与可在车架上摆动的吊耳相连，形成摆动式铰链支点，从而保证了弹簧变形时两卷耳中心线间的距离有改变的可能。

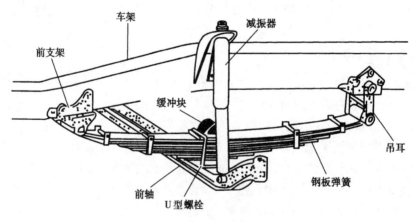

图 11-82　钢板弹簧式非独立悬架

减振器的上、下两个吊环通过橡胶衬套和连接销分别与车架的上支架和车桥上的下支架相连接。盖板上装有橡胶缓冲块，以限制弹簧的最大变形，并防止弹簧直接碰撞车架。

2. 螺旋弹簧式非独立悬架

螺旋弹簧式非独立悬架由螺旋弹簧、减振器、纵向推力杆和横向推力杆组成。一般只用于汽车的后悬架，如图 11-83 所示。

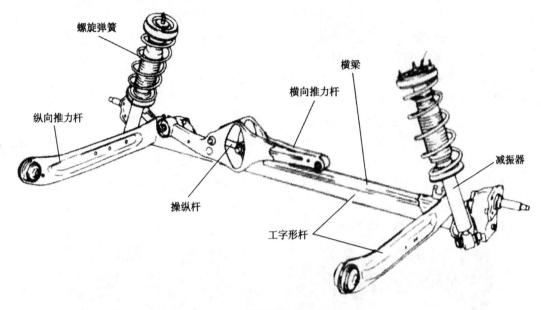

图 11-83　螺旋弹簧式非独立悬架

【案例】

一辆微型货车超载，在颠簸路面行驶过程中，出现后钢板弹簧断裂现象，拆卸后，更换为新钢板弹簧，故障解决。

【任务实施】

钢板弹簧拆装、检查与维修

一、实训的目的和要求

（1）学会正确使用常用工具和专用工具。

（2）掌握钢板弹簧的结构、拆装和维修方法。

二、实训的设备及工具

（1）设备：微型货车一辆。

（2）普通工具：组合工具、扭力扳手、维修手册。

（3）专用工具：扭力扳手（定扭矩扳手）、后桥支撑设备等。

三、步骤及操作方法

1. 准备工作

（1）在汽车进入工位前，将工位清理干净，准备好相关的器材。

（2）将汽车停驻在举升机中央位置。

（3）拉紧驻车制动器操纵杆，并将变速杆置于空挡位置。

（4）套上转向盘护套、变速杆手柄套和座位套，铺设脚垫。

（5）在车内拉动发动机舱盖手柄，在车外打开并支撑发动机舱盖。

（6）粘贴翼子板和前脸磁力护裙。

2. 后钢板弹簧的检查

（1）钢板弹簧吊耳内侧板焊合件的检查。

①检查钢板弹簧吊耳内侧板焊合件、衬套有无松动、破裂、脱焊现象。

②车辆满载时，行驶在路况不好的路面会造成轮胎与后装饰板摩擦异响。可采用扩孔的方法改变轴距来解决，使后桥与轮胎整体前移，改变轴距，解决摩擦问题。

（2）钢板弹簧 U 型螺栓的检查（见图 11-84）。目视检查 U 型螺栓外形有无缺损，用 45～60N·m 的力矩紧固 U 型螺栓。

（3）后钢板弹簧的检查（见图 11-85）。

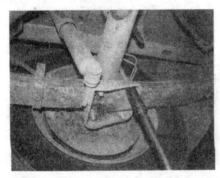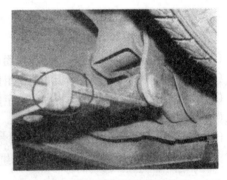

图 11-84　钢板弹簧 U 型螺栓的检查　　　　图 11-85　后钢板弹簧的检查

①检查橡胶衬套有无裂纹、磨损，如有则须更换。

②检查钢板弹簧限位卡铆钉是否松动。若松动，汽车在颠簸路面行驶时会产生异响。

③钢板弹簧在一些重型车辆空载时会发出声响，重载时无声响，这属产品特性。

④如果钢板弹簧叶片有裂纹，则应立即更换该弹簧片。

⑤在装配时，每片钢板弹簧叶片间应涂抹石墨锂基润滑脂。

3. 拆卸钢板弹簧总成

图 11-86 所示为微型客车左后悬架分解图，图 11-87 所示为后悬架钢板弹簧总成分解图。

（1）举升并适当支承车辆。

（2）适当支撑后桥总成。

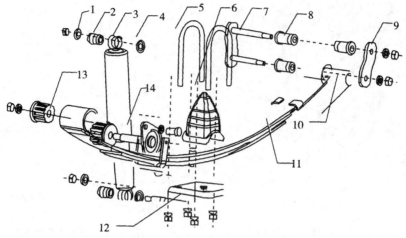

1—外支承垫盘（左）；2—橡胶衬套（一）；3—后减振器总成；4—内支承垫盘（右）；
5—U 型螺栓；6—缓冲橡胶总成；7—吊耳内侧板焊合件；8—橡胶衬套（二）；9—吊耳
外侧板；10—橡胶衬套（三）；11—钢板弹簧总成；12—左板簧夹板焊合件；13—花键
橡胶衬套；14—支承板和前销组件

图 11-86　左后悬架分解图

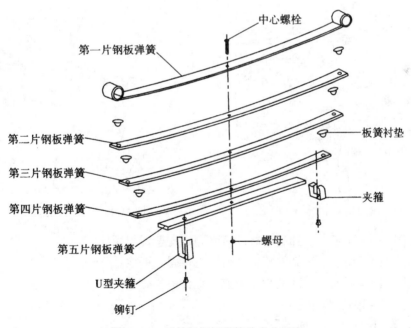

图 11-87　后悬架钢板弹簧总成分解图

（3）如图 11-88 所示，拆卸 U 型螺栓。

（4）如图 11-89 所示，取下缓冲橡胶总成。

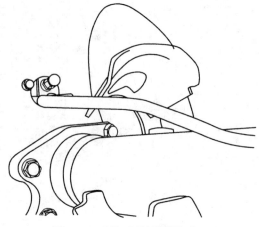

图 11-88　拆卸钢板弹簧总成（1）

图 11-89　拆卸钢板弹簧总成（2）

（5）如图 11-90 所示，升高后桥支承设备，使钢板弹簧与后桥总成分离。

（6）如图 11-91 所示，拆卸吊耳外侧板固定螺母。

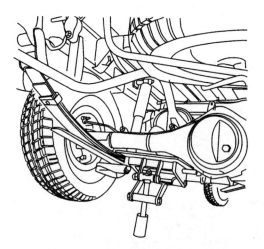

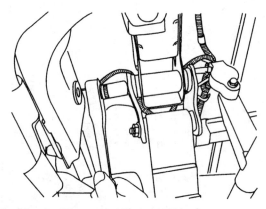

图 11-90　拆卸钢板弹簧总成（3）

图 11-91　拆卸钢板弹簧（4）

（7）如图 11-92 所示，拆卸驻车制动拉索固定支架紧固螺栓。

（8）如图 11-93 所示，拆卸支承板和前销组件固定螺栓。

（9）如图 11-94 所示，拆卸支承板和前销组件锁紧螺母。

（10）适当支撑钢板弹簧总成。

（11）如图 11-95 所示，抽出吊耳内侧板焊合件。

（12）如图 11-96 所示，抽出支承板和前销组件，拿出花键橡胶衬套。

（13）如图 11-97 所示，将与后减振器下端头连接的托板向旁转开。

（14）取下钢板弹簧总成。

项目 11

图 11-92　拆卸钢板弹簧总成（5）

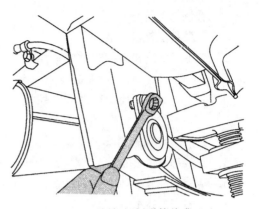

图 11-93　拆卸钢板弹簧总成（6）

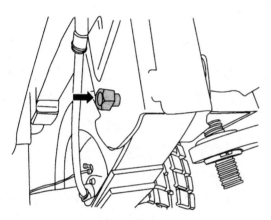

图 11-94　拆卸钢板弹簧总成（7）

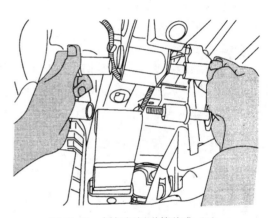

图 11-95　拆卸钢板弹簧总成（8）

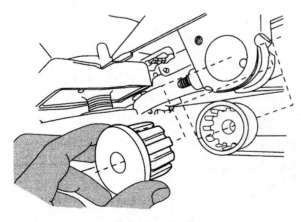

图 11-96　拆卸钢板弹簧总成（9）

图 11-97　拆卸钢板弹簧总成（10）

4. 安装钢板弹簧总成

（1）更换花键橡胶衬套。

（2）安装支承板和前销组件锁紧螺母。用 50～70N·m 的力矩紧固支承板和前销组件固定螺栓。

（3）安装支承板和前销组件固定螺栓。用 15～25N·m 的力矩紧固支承板和前销组件固定螺栓。

（4）更换吊耳橡胶衬套。

（5）安装吊耳外侧板固定螺母。用 15～25N·m 的力矩紧固吊耳外侧板固定螺母。

（6）安装制动软管固定支架紧固螺栓。

（7）安装缓冲橡胶总成。

（8）安装 U 型螺栓。用 45～60N·m 的力矩紧固 U 型螺栓。

（9）移走支承设备。

（10）降下车辆。

四、清洁整理

将实习场地所必要的物品留下，依照规定的合理位置放置，并明确标示，将不必要的物品清除掉；对垃圾进行分类处理；将实习场地清扫干净，并保持卫生；使每位成员养成良好习惯，遵守规则做事。

【知识拓展】

可变刚度钢板弹簧悬架

为了提高汽车的平顺性，有些载货汽车后悬架在主簧上加装副簧，制成两级刚度钢板弹簧。如图 11-98 所示，在小载荷状况时，只有主簧起作用，当载荷增到一定值时，主簧与副簧共同发挥作用，悬架刚度得到提高，满足汽车使用性能要求。

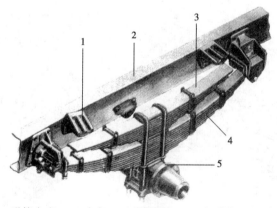

1—弹簧支座；2—车架；3—副弹簧；4—主弹簧；5—车桥

图 11-98 主、副弹簧的安装示意图

　　有的汽车后悬架在主簧下方加装副簧，制成渐变刚度钢板弹簧（见图11-99）。在小载荷状况时，仅主簧起作用，而当载荷增到一定值时，主簧与副簧接触，共同发挥作用，悬架刚度得到提高，弹簧特性变为非线性的，当副簧全部参加工作后，弹簧特性又变成线性的。这类悬架特点是副簧逐渐随载荷增加而参加工作，这样悬架刚度的变化平稳，改善了汽车行驶平顺性能。

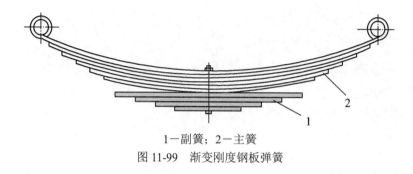

1—副簧；2—主簧

图 11-99　渐变刚度钢板弹簧

【练一练】

一、选择题

1. 汽车安装的基体是（　　）。

　　A. 车架　　　　　　　B. 车桥　　　　　C. 悬架　　　　　D. 发动机

2. 现代轿车一般采用（　　）。

　　A. 中梁式车架　　　　　　　　　　B. 承载式车身

　　C. 边梁式车架　　　　　　　　　　D. 综合式车架

3. 采用钢板弹簧式非独立悬架，钢板弹簧起到（　　）作用。

　　A. 弹性元件　　　　　　　　　　　B. 导向装置

　　C. 弹性元件和导向装置　　　　　　D. 减振器

4. 采用钢板弹簧式非独立悬架，钢板弹簧与车架之间的连接（　　）。

　　A. 前端固定铰链，后端摆动铰链　　B. 前端摆动铰链，后端固定铰链

　　C. 前端固定铰链，后端固定铰链　　D. 前端摆动铰链，后端摆动铰链

5. 多数载货汽车采用钢板弹簧式非独立悬架，钢板弹簧的布置形式是（　　）。

　　A. 纵向布置　　　　　　　　　　　B. 横向布置

　　C. 既有纵向布置又有横向布置　　　D. 都不正确

二、判断题（对的打"√"，错的打"×"）

1. 车架的功用是安装汽车总成或部件。　　　　　　　　　　　　　　　　（　　）

2．为节约材料，可将长钢板弹簧截短使用。 （　　）

3．一般载货汽车的悬架未设导向装置。 （　　）

4．当悬架刚度一定时，簧载质量越大，则悬架的垂直变形越大，固有频率越高。
（　　）

5．在悬架所受的垂直载荷一定时，悬架刚度越小，则悬架的垂直变形越小，汽车的固有频率越低。 （　　）

三、填空题

1．钢板弹簧的第一片（最长的一片）称为_____；第二片两端弯成半卷耳，包在第一片卷耳的外面，称为_____。

2．按车架的结构形式不同，可分为_____、_____、_____和_____四种。

3．边梁式车架由两根位于两边的_____和若干根_____组成。

4．轮式汽车行驶系一般由_____、_____、_____和_____组成。

5．车架是整个汽车的_____，汽车的绝大多数部件和总成都是通过_____来固定其位置的。

四、简答题

1．什么是非独立悬架？其特点是什么？

2．什么是渐变刚度钢板弹簧悬架？有哪些形式？

任务4　车轮与轮胎构造与维修

【任务描述】

车轮承担着车辆的重量，承受各种力与力矩的作用。本任务是让学生学会车轮与轮胎的组成及其工作原理；学会车轮的拆装、检修方法；根据环保要求，妥善处理辅料、废弃液体和损坏的零部件。

【相关知识】

汽车车轮总成如图11-100所示，由车轮和轮胎两大部分组成，是汽车行驶系中极其重要的部件之一，它处于车轴和地面之间，具有以下基本功用：

（1）支撑整车质量，包括在汽车质量上下运动时产生的惯性动载荷。

（2）缓和由路面传递来的冲击载荷。

（3）通过轮胎和路面之间的附着作用，产生驱动和阻止汽车运动的外力，即为汽车提供驱动力和制动力。

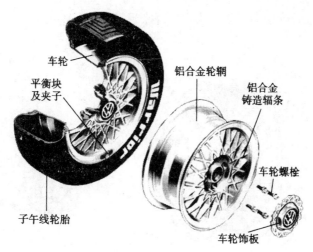

图 11-100　车轮总成

（4）产生平衡汽车转向离心力的侧向力，以便顺利转向，并通过轮胎产生的自动回正力矩，使车轮具有保持直线行驶的能力。

（5）承担跨越障碍的作用，保证汽车的通过性。

针对车轮和轮胎的使用特点，要求它们：

（1）具有足够的强度和刚度。

（2）质量小，散热能力强。

（3）轮胎具有良好的弹性特性和摩擦特性。

（4）具有足够的使用寿命。

一、车轮

车轮是介于轮胎和车桥之间承受负荷的旋转组件，其功用是安装轮胎，承受轮胎与车桥之间各种载荷的作用。

车轮一般是由轮毂、轮辋和轮辐等组成，如图 11-101 所示。轮毂通过圆锥滚子轴承装在车桥或转向节轴径上，用于连接车轮与车桥。轮辋用于安装和固定轮胎。轮辐用于将轮毂和轮辋连接起来，并通过螺栓与轮毂连接起来。

1. 轮辐

按轮辐结构的不同，车轮可以分为两种形式：辐板式车轮和辐条式车轮。

普通汽车和轻、中型载货汽车普遍采用辐板式车轮，如图 11-101 所示，它由挡圈、轮辋、辐板和气门嘴伸出口等组成。车轮中用以连接轮毂和轮辋的钢质圆盘称为辐板，辐板大多是冲压制成的，少数是与轮毂铸成一体，后者主要用于重型汽车。

轿车的辐板所用板料较薄，常冲压成起伏多变的形状，以提高其刚度，目前广泛采用的汽车车轮为铝合金车轮，如图 11-102 所示，且多为整体式的，即轮辋和轮辐铸成一体。它质量小，尺寸精度高，生产工艺好，美观大方，可以明显改善车轮的空气动力学特性，降低汽车油耗。

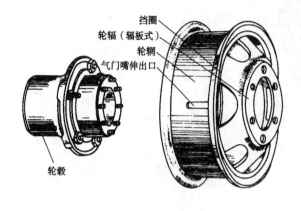

图 11-101　车轮的组成

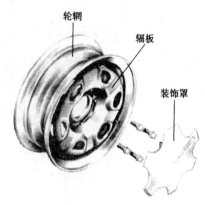

图 11-102　轿车铝合金车轮

辐条式车轮按辐条结构的不同分为钢丝辐条式车轮和铸造辐条式车轮，如图 11-103 所示。

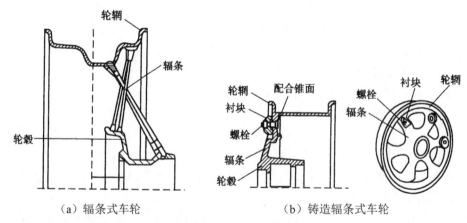

（a）辐条式车轮　　　　　　　　　（b）铸造辐条式车轮

图 11-103　辐条式车轮

2. 轮辋

轮辋用于安装和固定轮胎。按其结构不同，轮辋的常见结构形式有深槽轮辋、平底轮辋和对开式轮辋，如图 11-104 所示。此外，还有半深槽轮辋、深槽宽轮辋、平底宽轮辋、全斜底轮辋等。

二、轮胎的功用和类型

1. 轮胎的功用

现代汽车都采用充气式轮胎，轮胎安装在轮辋上，直接与路面接触，其功用如下：

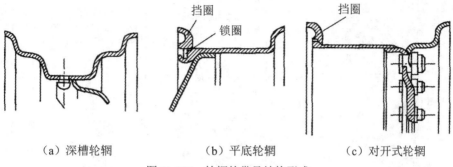

（a）深槽轮辋　　　　（b）平底轮辋　　　　（c）对开式轮辋

图 11-104　轮辋的常见结构形式

（1）支撑汽车的质量，承受路面传来的各种载荷的作用。

（2）和汽车悬架共同来缓和汽车行驶中所受到的冲击，并衰减由此而产生的振动，以保证汽车有良好的乘坐舒适性和行驶平顺性。

（3）保证车轮和路面有良好的附着性，以提高汽车的动力性、制动性和通过性。

2．轮胎的类型

（1）按轮胎内空气压力的大小，轮胎分为高压胎（0.5～0.7MPa）、低压胎（0.2～0.5MPa）和超低压胎（0.2MPa 以下）三种。低压胎弹性好、减振性能强、壁薄散热性好、与地面接触面积大、附着性好，因而广泛用于汽车。超低压胎在松软路面上具有良好的通过能力，多用于越野汽车及部分高档汽车。

（2）按轮胎有无内胎，轮胎分为有内胎轮胎和无内胎轮胎（俗称真空胎）。目前汽车上普遍采用无内胎轮胎。

（3）按胎体帘布层结构的不同，轮胎分为斜交轮胎和子午线轮胎。目前，子午线胎在汽车上广泛应用。

（4）根据花纹不同，轮胎分为普通花纹轮胎、组合花纹轮胎、越野花纹轮胎。

（5）根据帘线材料不同，轮胎分为人造丝（R）轮胎、棉帘线（M）轮胎、尼龙（N）轮胎、钢丝（C）轮胎。

目前汽车上应用的轮胎主要是低压（超低压）、无内胎的子午线轮胎。

3．轮胎的结构

充气轮胎按结构不同，可分为有内胎轮胎和无内胎轮胎，如图 11-105 所示。

有内胎轮胎由外胎、内胎和垫带等组成，使用时安装在汽车车轮的轮辋上。无内胎轮胎俗称真空胎，在外观上与普通轮胎相似，但是没有内胎及垫带。它的气门嘴用橡胶垫圈和螺母直接固定在轮辋上，空气直接充入外胎中，其密封性由外胎和轮辋来保证。

外胎是轮胎的主要组成部分，它是用耐磨橡胶以及帘线制成的强度较高而又有弹性的外壳，直接与地面接触来保护内胎，使其不受损伤，主要由胎面、胎圈和胎体等组成。

（1）胎面。

胎面是轮胎的外表面，可分为胎冠、胎肩和胎侧三部分。

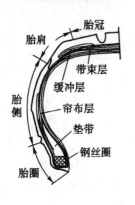 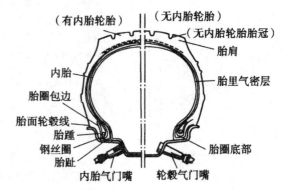

图 11-105　轮胎的结构

胎冠也称行驶面，它与路面直接接触，直接承受冲击与摩擦，并保护胎体免受机械损伤。为使轮胎与地面有良好的附着性能，防止纵、横向滑移，胎面上制有各种形状的花纹，如图 11-106 所示，主要有普通花纹、组合花纹、越野花纹等。

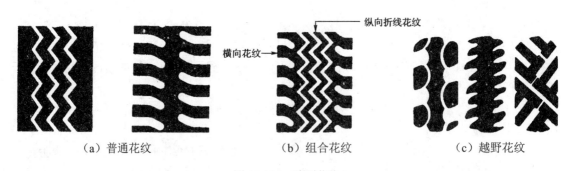

（a）普通花纹　　　　　　　　　（b）组合花纹　　　　　　　　　（c）越野花纹

图 11-106　胎面花纹

胎肩是较厚的胎冠和较薄的胎侧间的过渡部分，一般也制有各种花纹，以提高该部位的散热性能。

胎侧又称胎壁，它由数层橡胶构成，覆盖轮胎两侧，保护内胎免受外部损坏。胎侧可承受较大的挠曲变形，在行驶过程中，不断地在载荷作用下挠曲变形。胎侧上标有厂家名称、轮胎尺寸及其他资料。

胎冠部分磨损到磨损标记以下后将非常危险。如图 11-107 所示，胎面磨损标记位于胎面花纹沟底部，当胎面磨损到此处时，花纹沟断开，表明轮胎必须停止使用并送去翻修或报废。为便于用户找到磨损标记，通常在磨损标记对应的胎肩处标出"△"符号。这种磨损标记按国家标准的规定，每只轮胎应沿圆周等距离设置，不少于 4 个。

（2）胎圈。

胎圈是帘布层的根基，由钢丝圈、帘布层包边和胎圈包布组成，具有很大的刚度强度，可以使外胎牢固地安装在轮辋上。

图 11-107　轮胎磨损标记

（3）胎体。

胎体由帘布层和缓冲层组成。

①帘布层。

帘布层是外胎的骨架，主要用于承受载荷，保持外胎的形状和尺寸，并使其具有足的强度。为使载荷均匀分布，帘布层通常由成偶数的多层帘布用橡胶贴合而成，相邻层的线交叉排列。帘布层数越多，轮胎的强度越大，但弹性下降。外胎表面上标有帘布层数。

图 11-108 所示为斜交轮胎和子午线轮胎的结构。

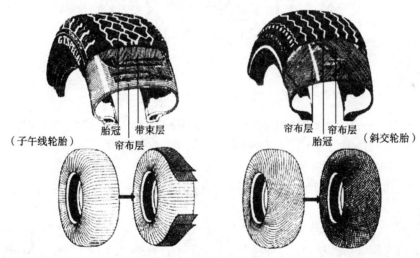

图 11-108　轮胎的结构形式

斜交轮胎帘布层的帘线按一定角度交叉排列，帘线与轮胎横断面的交角通常为50°。

子午线轮胎帘布层帘线排列的方向与轮胎横断面一致，即垂直于轮胎胎面中心线，类似于地球仪上的子午线。子午线轮胎胎侧比斜交轮胎软，在径向上容易变形，可以增加轮胎的接地面积，即使在充足气后，两侧壁上也有一个特殊的凸起部。

子午线轮胎与斜交轮胎相比具有行驶里程长、滚动阻力小、节约燃料、承载能力大、减振性能好、附着性能好、不易爆胎等优势，目前在汽车上应用广泛。

②缓冲层。

缓冲层夹在胎面和帘布层之间，质软而弹性大，一般由两层或数层较稀疏的帘布和橡胶制成，其相邻两层的帘线也是交叉排列的。其作用是加强胎面与帘布层之间的结合，防止汽车紧急制动时胎面与帘布层脱离，并缓和汽车行驶时所受到的路面冲击。

4. 无内胎轮胎

无内胎轮胎俗称真空胎，它在外观上与普通轮胎相似，但是没有内胎及垫带。它的气门嘴用橡胶垫圈和螺母直接固定在轮辋上，空气直接充入外胎中，其密封性由外胎和轮辋来保证，如图 11-109 所示。

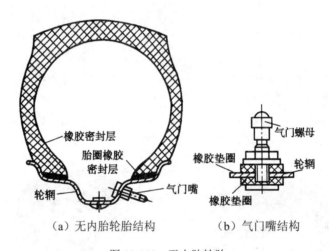

（a）无内胎轮胎结构　　（b）气门嘴结构

图 11-109　无内胎轮胎

无内胎轮胎的内壁有一层橡胶密封层，有的轮胎在该层下面还有一层自黏层，能自行将刺穿的孔黏合，这些措施是为了提高胎壁的气密性。胎圈外侧也有一层橡胶密封层，用以加强胎圈与轮辋之间的气密性。

轮辋底部是倾斜的，并涂有均匀的漆层。气门嘴固定在轮辋一侧，用橡胶垫圈和螺母拧紧密封。

无内胎轮胎一旦被刺破，穿孔不会扩大，故漏气缓慢，胎压不会急剧下降，仍能继续行驶一定距离，可消除爆胎的危险。这种轮胎因无内胎，摩擦生热少、散热快，适用于高速行驶，此外，其结构简单，质量较小，维修也方便，但密封层和自黏层易漏气，途中修理也较困难。无内胎轮胎必须配用深槽轮辋，目前在汽车上应用较多。

5. 轮胎规格的表示方法

轮胎的尺寸标注如图 11-110 所示。

（1）斜交轮胎的规格。

普通斜交轮胎的规格用 B-d 表示，载货汽车斜交轮胎和汽车斜交轮胎的尺寸 B 和 d 均以英寸（inch）为单位。示例如下：

9.00-20 表示轮辋直径为 20in，轮胎断面宽度为 9.00in。

（2）子午线轮胎的规格。

子午线轮胎的规格如图 11-111 所示。

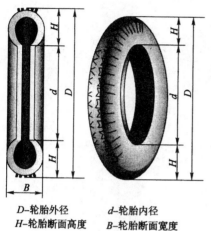

D—轮胎外径   d—轮胎内径
H—轮胎断面高度   B—轮胎断面宽度

图 11-110   轮胎的尺寸标注

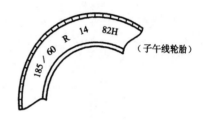

（子午线轮胎）

图 11-111   子午线轮胎的规格

①185——轮胎名义断面宽度代号，表示轮胎宽度为 185mm。

②60——轮胎名义扁平比代号，表示扁平比为 60%。扁平比为轮胎高度 H 与宽度 B 之比，有 60、65、70、75、80 五个级别。

③R——子午线轮胎结构代号，即 "Radial" 的第一个字母。

④14——轮胎名义直径代号，表示轮胎内径为 14 英寸（inch）。

⑤82——荷重等级，即最大载荷质量。荷重等级为 82 的轮胎的最大载荷质量为 475kg。

⑥H——速度等级代号，表明轮胎能行驶的最高车速。常见的速度等级及对应的最高车速见表 11-9。

表 11-9   速度等级及对应的最高车速（单位：km/h）

速度等级	最高车速	速度等级	最高车速
L	120	T	190
M	130	U	200
N	140	H	210
P	150	V	240
Q	160	Z	>240
R	170	W	<270
S	180	Y	<300

（3）轮胎侧面标记。

轮胎侧面标记如图 11-112 所示。在轮胎规格前加 P 表示轿车轮胎；在胎侧标有 REINFORCED 表示经强化处理，RADIAL 表示子午线胎，TUBELESS（或 TL）表示无内胎（真空胎），M+S（Mud and Snow）表示适于泥地和雪地，"→"表示轮胎旋向，不可装反。

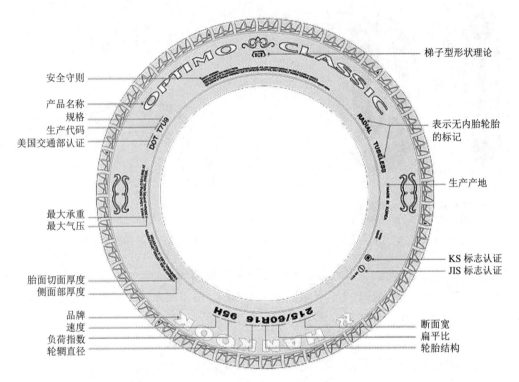

图 11-112　轮胎侧面标记

【案例】

一辆桑塔纳 3000 轿车，行驶时加速无力，油耗增加。观察轮胎表面，轮胎宽度方向两侧磨损较为严重；检查轮胎气压，发现气压低于标准值。因此问题是汽车车轮轮胎气压过低造成的。充气后不久，又出现类似情况。进一步检查发现轮胎侧面被刮伤，帘布层只剩下一层，更换为新外胎后解决问题。

【任务实施】

轮胎的拆装、检查与维修

目前汽车几乎都是采用无内胎的子午线轮胎，最常见的拆装轮胎的专用设备是轮胎拆装机，如图 11-113 所示。

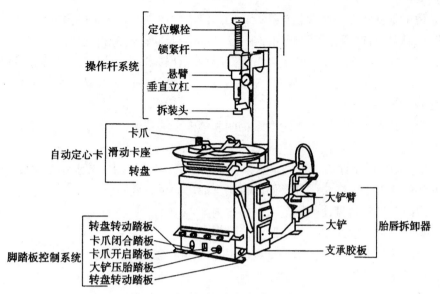

图 11-113　轮胎拆装机的使用说明

一、实训的目的和要求

（1）学会正确使用常用工具和专用工具。

（2）掌握轮胎的正确拆装与平衡方法。

二、实训的设备及工具

（1）设备：桑塔纳 3000 轿车、轮胎拆装机、轮胎平衡机。

（2）普通工具：撬杠、组合工具、维修手册。

（3）专用工具与量具：轮胎气压表、动平衡机专用卡尺、配重。

三、轮胎拆装步骤及操作方法

1. 准备工作

（1）在汽车进入工位前，将工位清理干净，准备好相关的器材。

（2）将轮胎内空气放尽，去掉车轮上的平衡块，以免发生危险。

2. 轮胎拆卸

把车轮竖起放在地上，靠近支撑胶板，压好后，踩下踏板，慢慢转动车轮，重复上述动作，直到把胎唇全部撬开。

3. 轮胎分解

（1）扳动锁紧杆，松开垂直立杆。

（2）将轮胎锁紧在转盘上，锁紧方式有两种：

①外夹：将轮胎放于旋转工作台上，踩踏开启踏板，使卡爪将轮胎锁紧。

②里夹：先将卡爪外张开，将轮胎放在转盘上，踩踏锁紧踏板，卡爪锁紧轮辋外缘。

对胎口较紧的轮胎推荐里夹。

（3）按下垂直立杆，使拆装头靠近轮胎边缘，并用锁紧杆锁紧垂直立杆。调整悬臂定位螺栓，使机头滚轮与钢圈外缘隔离间隙为 5～7mm，上下提升 3mm 左右。

（4）用撬杠将胎缘撬在拆装头上，点踩踏板，让转盘顺时针旋转，直到胎缘脱落为止。

注意：如拆胎受阻，应立即停车，点踩踏板，让转盘逆时针转动，消除障碍。

4．轮胎装配

（1）用除锈机或钢丝刷除去轮辋、挡圈和锁圈上的锈迹。

（2）将轮辋在转盘上锁定。

（3）先给胎唇涂上润滑膏或肥皂水，然后把轮胎套在钢套上，把拆装头固定到工作位置。

（4）将胎缘置于拆装头尾部上面，机头下部，同时压低胎肚。

（5）顺时针旋转转盘让胎缘落入钢圈槽内。

（6）重复以上步骤，装上另一胎缘。

（7）调整轮胎位置，使轮胎平衡点位置与气门嘴成180°安装。

（8）松开钳住钢圈的卡爪，给轮胎充气。

5．轮胎充气

（1）轮胎充气应按照该型汽车使用说明书上规定的标准气压执行，并在冷态时用气压表测量，若在热态时测量，应略高于标准气压，取适当的修正值。气压表应定期校准，以保证读数准确。

（2）轮胎装好后，先充入少量空气，待内胎充气伸展后再继续充至要求气压。

（3）充气前应检查气门芯与气门嘴是否配合平整，并擦净灰尘。充气后应检查是否漏气，并将气门帽装紧。

（4）充入的空气不得含有水分和油雾。

（5）充气时应注意安全防护，充气开始时用手锤轻击锁圈，使其平稳嵌入轮辋圈槽内，以防锁圈跳出。

四、车轮动平衡的检测

车轮的动平衡试验有离车式和就车式两种方法。常见的为离车式车轮的动平衡试验。

利用离车式车轮动平衡机对车轮进行动平衡检测时，需将车轮从车上拆下。图 11-114 所示为常见的车轮动平衡机。该动平衡机主要由驱动装置、转轴与支承装置、显示与控制装置、制动装置及防护罩组成。为了使显示的不平衡量恰是轮辋边缘所加平衡块的质量，必须将测得的轮辋直径、轮辋宽度和轮辋边缘至平衡机机箱的距离（轮辋外悬尺寸），通过键盘或选择器旋钮输入机器内。

1．准备工作

（1）在汽车进入工位前，将工位清理干净，准备好相关的器材。

（2）清除被测车轮上的泥土、石子和旧平衡块。

（3）检查轮胎气压，视必要充至汽车制造厂的规定值。

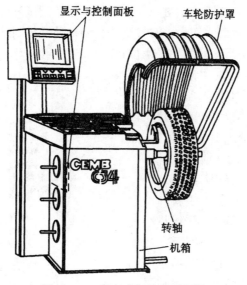

图 11-114　离车式车轮动平衡机

2. 操作步骤

（1）根据轮辋中心孔的大小选择锥体，仔细地装上车轮，用大螺距螺母上紧。

（2）打开电源开关，检查指示与控制装置的面板是否指示正确。

（3）用卡尺测量轮辋宽度、轮辋直径（也可由胎侧读出），用平衡机上的标尺测量轮辋边缘至平衡机机箱距离，再用键盘或选择器旋钮对准测量值的方法，将轮辋边缘至平衡机的距离、轮辋宽度、轮辋直径值输入到指示与控制装置中去。离车式车轮动平衡机的专用卡尺如图 11-115 所示，轮辋边缘至平衡机的距离、轮辋宽度、轮辋直径三尺寸如图 11-116 所示。为了适应不同计量制，平衡机上的所有标尺一般都同时标有英制和米制刻度。

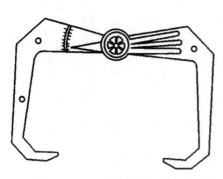

图 11-115　动平衡机专用卡尺

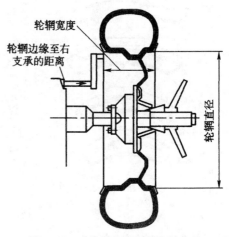

图 11-116　车轮在平衡机上的安装

（4）放下车轮防护罩，按下启动键，车轮旋转，平衡测试开始，机器自动采集数据。

（5）车轮自动停转或听到"笛"声时按下停止键，并操纵制动装置使车轮停转，从指示装置读取车轮内、外两侧不平衡量和不平衡位置。

（6）抬起车轮防护罩，用手慢慢转动车轮。当指示装置发出指示（音响、指示灯亮、制动、显示点阵或显示检测数据等）时停止转动。在轮辋的内侧或外侧的上部（时钟 12 点位置）加装指示装置显示该侧平衡块质量。内、外侧要分别进行，平衡块要装得牢固。

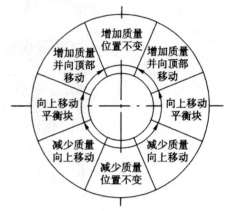

图 11-117　复查时平衡块质量和位置的调整方法

（7）安装平衡块后有可能产生新的不平衡，应重新进行平衡试验，直至不平衡量小于 5g，指示装置显示 00 或 OK 时才能满意。当不平衡量相差 10g 左右时，按图 11-117 所示沿轮辋边缘左右移动平衡块一定角度，将可获得满意的效果。平衡过程中，实践经验越丰富，平衡速度越快。

（8）测试结束，关闭电源开关。

车轮动平衡机的平衡重也称配重，通常有卡夹式和粘贴式，如图 11-118 所示。卡夹式配重适用于轮辋有卷边的车轮。对于铝镁合金轮辋，因无卷边可夹，可使用粘贴式配重。

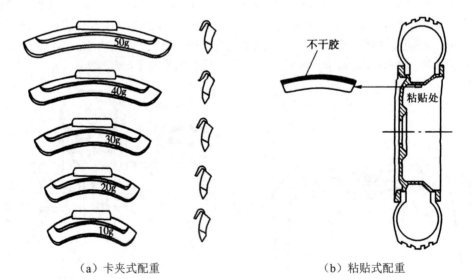

（a）卡夹式配重　　　　　　　　　（b）粘贴式配重

图 11-118　配重的类型

粘贴式配重的外弯面有不干胶，可将其粘贴于轮辋内表面。

五、清洁整理

将实习场地所必要的物品留下，依照规定的合理位置放置，并明确标示，将不必要的物品清除掉；对垃圾进行分类处理；将实习场地清扫干净，并保持卫生；使每位成员养成良好习惯，遵守规则做事。

【知识拓展】

特殊轮胎

1. 超宽轮胎

如图 11-119 所示，超宽轮胎的断面宽度是普通轮胎的 1.5～2 倍，大、中型汽车使用超宽轮胎，可以代替传统的双轮胎结构，减轻了整车重量，安装和维护方便，可靠性高，安全性好。该轮胎应用在越野汽车上，能够提高汽车在路况条件较差情况下的行驶性能。

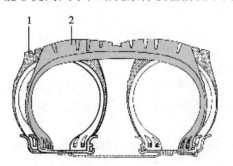

1—普通轮胎；2—超宽轮胎

图 11-119　超宽轮胎与普通轮胎的对比

2. 汽车轮胎防爆装置

防爆轮胎是在轮胎漏气后仍然能够安全行驶较长距离的新型轮胎。汽车高速行驶时的爆胎，对汽车的安全行驶危害最大，汽车轮胎保险装置正是适应交通安全的需求应运而生。该装置可以极大地减少乃至杜绝因爆胎引发的恶性交通事故。

（1）保险环式的防爆装置。

图 11-120　保险环式防爆装置

如图 11-120 所示，保险环安装在车轮的轮辋上，汽车在行驶中一旦发生突然爆胎，保险环装置就会自动接触地面，由于保险装置的内、外环有差速作用，只要驾驶员用力把稳方向盘就可操纵汽车平稳直线行驶，并可继续行驶一定的距离。这样就避免了由于轮胎爆胎后汽车瞬间失去重心、方向失控、侧滑、跑偏等造成的车毁人亡事故以及爆胎后无法正常行驶到安全地带等情况，从而使汽车在行驶途中更加安全、可靠。

保险环式防爆装置的特点：①采用特种材料制成，体积小，重量轻；②采用内外环设计结构，可多次拆装，反复使用，寿命长；③安装在轮辋上，既不影响轮胎外观和加重转向盘转向力，也不影响轮胎的正常寿命和避震性能。

（2）胎侧强化型防爆装置。

如图 11-121 所示，胎侧强化型轮胎与普通轮胎的结构区别就是在胎侧附加了胎侧加强橡胶。当轮胎泄气时，加强橡胶使轮胎断面高度下降幅度较小，汽车仍能安全行驶一定距离。

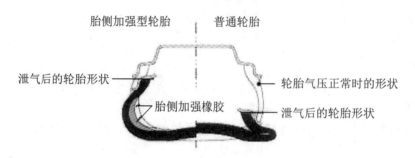

图 11-121　胎侧强化型轮胎与普通轮胎的结构对比示意图

汽车轮胎安装防爆装置的优点是：

①保障汽车在任何情况突然爆胎，都不会引发翻车事故，并能继续正常高速行驶。

②能保障汽车当一个或多个轮胎意外泄了气，也能正常行驶几十公里再补、换胎，不会损坏轮胎。

③在雨天、夜间等特殊天气不便更换轮胎的情况下或是高速公路等停车危险地带，不必更换轮胎也可继续行驶。

④由于可以省去备用胎，因此能减轻车身重量，节省空间。

【项目小结】

一、车桥

车桥位于悬架与车轮之间，其两端安装车轮，通过悬架与车架（或车身）相连，其功用是传递车架（或车身）与车轮之间各种载荷的作用。

按悬架结构不同，车桥分为整体式和断开式两种。整体式车桥与非独立悬架配用；断开式车桥与独立悬架配用。按车桥上车轮的作用不同，车桥分为转向桥、驱动桥、转向驱动桥和支持桥四种类型。

转向轮、转向节和前轴三者与车架的安装保持一定的相对位置关系，称为转向轮定位，也称前轮定位。转向轮定位包括前轮外倾、主销后倾、主销内倾及前束四个参数。

主销安装在前轴上，其上端略向后倾斜，这种现象称为主销后倾。在垂直于汽车支承平面的纵向平面内，主销轴线与汽车支承平面垂线之间的夹角 γ 称为主销后倾角。主销后倾的功用是形成回正力矩，保证汽车直线行驶的稳定性，并使汽车转向后回正操纵轻便。

主销安装在前轴上，其上端略向内侧倾斜，这种现象称为主销内倾。在垂直于汽车支承平面的横向平面内，主销轴线与汽车支承平面垂线之间的夹角 β 称为主销内倾角。主销内倾的功用是使转向轮自动回正，并使转向操纵轻便。

转向轮安装在转向节上时，其旋转平面上端向外倾斜，这种现象称为转向轮外倾。车轮旋转平面与垂直于车辆支承面的纵向平面之间的夹角称为车轮外倾角。车轮外倾角的功用是提高车轮工作的安全性和转向操纵的轻便性。

车轮安装在车桥上，两前车轮的中心平面不平行，其前端略向内侧收束，这种现象称为前轮前束。两前轮后端距离 A 大于前端距离 B，其差值 $A\text{-}B$ 称为前轮前束值。前轮前束的功用是消除因车轮外倾所造成的不良后果，保证车轮不向外滚动，防止车轮侧滑和减轻轮胎的磨损。

后轮与后轴之间的相对安装位置关系，称为后轮定位。后轮定位内容主要包括后轮外倾角和后轮前束。

二、悬架

车架俗称大梁，它是跨接在前后车轮上的桥梁式结构，是构成整个汽车的骨架，是整个汽车的装配基体。汽车上采用的车架有边梁式车架、中梁式车架、综合式车架和无梁式车架。目前汽车上多采用边梁式车架和无梁式车架。

悬架是车架（或车身）与车桥（或车轮）之间一切传力连接装置的总称。悬架具有以下的功用：连接车架（或车身）和车轮，把路面作用到车轮的各种力传给车架（或车身）；缓和冲击、衰减振动，使乘坐舒适，并使汽车具有良好的平顺性；保证汽车具有良好的操纵稳定性。汽车悬架可分为两大类：非独立悬架和独立悬架。

悬架一般都由弹性元件、减振器、导向机构等组成，汽车一般还有横向稳定器。

汽车上常用的弹性元件包括钢板弹簧、螺旋弹簧、扭杆弹簧和气体弹簧等。

减振器在汽车中的作用是迅速衰减由车轮通过悬架弹簧传给车身的冲击和振动，提高汽车行驶的平顺性能。目前在汽车上应用最广泛的是双向作用式减振器。

非独立悬架结构简单，工作可靠，一些轿车的后悬架中采用这一结构类型。按照采用弹性元件的不同，非独立悬架可以分为钢板弹簧式非独立悬架和螺旋弹簧式非独立悬架。

现代汽车广泛采用独立悬架。独立悬架的结构类型很多，一般可按车轮的运动方式分为横臂式独立悬架、纵臂式独立悬架、车轮沿主销轴线移动的独立悬架（包括烛式悬架和麦弗逊式悬架）。

电子控制悬架系统由传感器、开关、电子控制单元和执行机构等组成。其工作原理是利用传感器（包括开关）对汽车行驶时路面的状况和车身的状态进行检测，将检测信号输入 ECU 进行处理，ECU 通过驱动电路控制悬架系统的执行器动作，完成悬架特性参数的调整。

三、车轮与轮胎

汽车车轮总成由车轮和轮胎两大部分组成，处于车轴和地面之间，具有支撑、缓和冲击载荷，为汽车提供驱动力和制动力、平衡侧向力，使车轮保持直线行驶的作用，保证汽车的通过性。

项目 11

车轮一般是由轮毂、轮辋和轮辐等组成。

按轮辐结构的不同，车轮可以分为两种形式：辐板式车轮和辐条式车轮。轮辋的常见结构形式有深槽轮辋、平底轮辋和对开式轮辋

按轮胎内空气压力的大小，轮胎分为高压胎、低压胎和超低压胎三种。低压胎广泛用于汽车。按轮胎有无内胎，轮胎分为有内胎轮胎和无内胎轮胎（俗称真空胎）。按胎体帘布层结构的不同，轮胎分为斜交轮胎和子午线轮胎。目前汽车上应用的轮胎主要是低压（超低压）、无内胎的子午线轮胎。

子午线轮胎与斜交轮胎相比具有行驶里程长、滚动阻力小、节约燃料、承载能力大、减振性能好、附着性能好、不易爆胎等优势。

无内胎轮胎俗称真空胎，没有内胎及垫带。气门嘴用橡胶垫圈和螺母直接固定在轮辋上，空气直接充入外胎中，其密封性由外胎和轮辋来保证，

轮胎的尺寸标注有两种规格：斜交轮胎的规格和子午线轮胎的规格。

【练一练】

一、选择题

1. 按胎内的空气压力大小，充气轮胎可分为高压胎、低压胎和超低压胎。气压在 0.2～0.5MPa 的轮胎称为（   ）。

    A．超高压胎   B．高压胎   C．低压胎   D．超低压胎

2. 某子午线轮胎速度等级为 H，名义直径为 195in，其最高行驶速度为（   ）km/h。

    A．150   B．160   C．180   D．210

3. 某汽车子午线轮胎规格 205/70SR15 中 S 的含义为（   ）。

    A．行驶里程   B．国际单位秒

    C．负荷指数   D．表示最大车速符号

4. 现代汽车几乎都采用充气轮胎，轮胎按胎体帘布层结构不同可分为（   ）。

    A．有内胎轮胎和无内胎轮胎   B．低压胎和高压胎

    C．斜交轮胎和子午线轮胎   D．普通花纹轮胎和越野花纹轮胎

5. 轮胎上采用各种花纹的目的是（   ）。

    A．提高散热能力   B．增加附着力

    C．美观   D．没作用

6. 外胎结构中起承受负荷作用的是（   ）。

    A．胎面   B．胎圈   C．帘布层   D．缓冲层

7. 充气轮胎分为有内胎式和无内胎式两种，气压在（   ）属于高压胎。

    A．0.5～0.7MPa   B．0.20.5MPa

    C．0.2Mpa 以下   D．0.3Mpa 以上

8．离车式硬支承电测式平衡机是把车轮不平衡作用在平衡机支承装置上的（　　）转变成电信号检测出来。

    A．离心力或因此而产生的振动   B．动反力或因此而产生的振动

    C．向心力或因此而产生的振动   D．轴向力或因此而产生的振动

9．采用非独立悬架的汽车，其车桥一般是（　　）。

    A．断开式   B．整体式

    C．A、B 均可   D．与 A、B 无关

10．7.0-20 型轮辋的名义直径是（　　）。

    A．7.0mm   B．20mm

    C．7.0 英寸   D．20 英寸

二、判断题（对的打"√"，错的打"×"）

1．现在一般汽车均采用高压胎。   （　　）

2．为了使轮胎磨损均匀，子午线轮胎的轮胎换位应按照左右交叉换位的规范进行。

                  （　　）

3．子午线轮胎虽比斜交轮胎有较大的滚动阻力，但它抗磨能力强，耐冲击性能好，故子午线轮胎仍得到广泛的使用。   （　　）

4．气压在 0.2～0.5MPa 间的轮胎称为高压胎。   （　　）

5．轮胎不平衡质量要小于 10g。   （　　）

三、填空题

1．车轮由＿＿＿＿＿＿、＿＿＿＿＿＿及它们之间的连接部分＿＿＿＿＿＿组成。

2．按照连接部分，即轮辐的结构不同，车轮分为＿＿＿＿＿＿车轮和＿＿＿＿＿＿车轮两种。

3．无内胎轮胎是没有＿＿＿＿＿＿和＿＿＿＿＿＿的轮胎，空气通过气门嘴直接充入＿＿＿＿＿＿，因此要求＿＿＿＿＿＿与外胎之间密封性要好，一般与＿＿＿＿＿＿式轮辋配合使用。

4．轮胎的固定基础是＿＿＿＿＿＿。

5．轮胎必须具有适宜的＿＿＿＿＿＿和＿＿＿＿＿＿能力，同时在其直接与地面接触的胎面部分应具有以增强附着作用的＿＿＿＿＿＿。

6．汽车轮胎按胎体结构的不同分为＿＿＿＿＿＿和实心轮胎，现代绝大多数汽车采用＿＿＿＿＿＿。

7．汽车轮胎按胎内压力的大小，分为＿＿＿＿＿＿、＿＿＿＿＿＿和＿＿＿＿＿＿等三种，目前轿车、货车几乎全部采用＿＿＿＿＿＿。

8．充气轮胎按胎体中帘线排列方式的不同，分为＿＿＿＿＿＿、＿＿＿＿＿＿两种。

9．普通斜交胎的外胎由＿＿＿＿＿＿、＿＿＿＿＿＿、＿＿＿＿＿＿及＿＿＿＿＿＿组成，＿＿＿＿＿＿是外胎的骨架，用以保持外胎的形状和尺寸。

10．胎面是外胎最外的一层，可分为_____、_____和_____三部分。

四、简答题

1．车轮总成由哪几部分组成？它的功用是什么？

2．轮胎的功用有哪些？

3．子午线轮胎和普通斜交胎相比，有什么区别和特点？

4．以 195/60R14 85H 为例说明子午线轮胎规格的含义。

12 汽车转向系构造与维修

【项目导读】

汽车在行驶过程中，在驾驶员操纵下，需要经常改变行驶方向。汽车行驶方向的改变，是通过转向轮（一般是前轮）在路面上偏转一定的角度来实现的，用来控制转向轮偏转的一整套机构称为汽车转向系统。转向系统的功用是按照驾驶员的意愿改变汽车的行驶方向和保持汽车稳定的直线行驶。汽车转向系按转向动力源的不同分为机械转向系和动力转向系两大类。

本项目是通过对转向系的介绍，让学生掌握转向系的结构、原理与维修方法。

任务 1 机械式转向系构造与维修

【任务描述】

机械式转向系是最常见的一种形式。本任务是让学生学会机械转向系的组成及其工作原理；学会机械转向器构造、检查和维修方法；根据环保要求，妥善处理辅料、废弃液体和损坏的零部件。

【相关知识】

机械转向系以驾驶员的体力作为转向动力源。机械转向系的能源来源是人体，所有传力件都是机械的，机械转向系由转向操纵机构（包括转向盘、转向轴、转向万向节、转向传动轴）、转向器、转向传动机构（包括转向摇臂、转向主拉杆、转向节臂、左转向节、梯形臂、转向横拉杆、右转向节）三大部分组成，如图 12-1 所示。

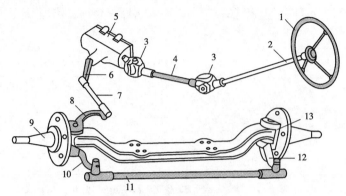

1－转向盘；2－转向轴；3－转向万向节；4－转向传动轴；5－转向器；6－转向摇臂；7－转向
主拉杆；8－转向节臂；9－左转向节；10、12－梯形臂；11－转向横拉杆；13－右转向节

图 12-1　机械转向系的组成

一、转向系的参数和转向理论

1. 转向系角传动比

转向系角传动比是指转向盘的转角与转向盘同侧的转向轮偏转角的比值，一般用 i 表示。转向系角传动比是转向器角传动比 i_1 和转向传动机构角传动比 i_2 的乘积。转向器角传动比是转向盘转角和转向摇臂摆角之比。转向传动机构角传动比是转向摇臂摆角与同侧转向轮偏转角之比。转向系角传动比越大，转向越轻便，但灵敏性越差；相反，转向系角传动比越小，转向越沉重，但灵敏性越高。

2. 转向盘的自由行程

转向盘的自由行程是指转向盘在空转阶段的角行程，这主要是转向系各传动件之间的装配间隙和弹性变形所引起的。由于转向系各传动件之间都存在着装配间隙，而且这些间隙将随零件的磨损而增大，因此在一定的范围内转动转向盘时，转向节并不马上同步转动，而是在消除这些间隙并克服机件的弹性变形后，才做相应的转动，即转向盘有一空转过程。一般汽车转向盘的自由行程应不超过 10°～15°，否则应进行调整。

转向盘自由行程对于缓和路面冲击及避免驾驶员过于紧张是有利的，但过大的自由行程会影响转向灵敏性。

3. 转向时车轮运动规律

汽车转向时，内侧车轮和外侧车轮滚过的距离是不等的。为保证转向过程中车轮做纯滚动，要求所有车轮的轴线都交于一点。此交点 O 称为汽车的转向中心，如图 12-2 所示。汽车转向时内侧转向轮偏转角 β 大于外侧转向轮偏转角 α。α 与 β 的关系如下：

$$\cot\alpha = \cot\beta + B/L$$

式中　B——两侧主销中心距（可近似认为是转向轮轮距）；

　　　L——汽车轴距。

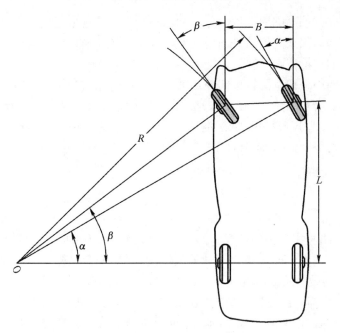

图 12-2　汽车转向示意图

从转向中心 O 到外侧转向轮与地面接触点的距离称为汽车转弯半径。转弯半径 R 愈小，则汽车转向所需要场地就愈小，汽车的机动性也愈好。当外侧转向轮偏转角达到最大值 α_{max}。时，转弯半径 R 最小。

4. 转向特性

驾驶员将转向盘转过一定角度后固定，保持汽车以某一稳定车速开始转向，可能出现以下四种转向特性，如图 12-3 所示。

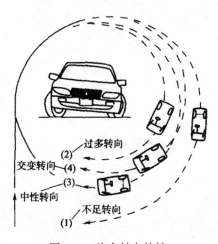

图 12-3　汽车转向特性

（1）不足转向：偏离圆周轨迹向外运动，且转弯半径越来越大。

（2）过多转向：偏离圆周轨迹向内运动，且转弯半径越来越小。

（3）中性转向：沿着圆周轨迹运动。

（4）交变转向：最初偏离轨迹向外运动，过一段时间后突然开始向内运动。

对于不足转向，汽车转弯半径越来越大，这种运动状态和人的运动感觉一致。对于过多转向，转弯半径越来越小，这和人的运动感觉不一致，转弯时驾驶员重心向内倾斜，使驾驶员难以往回打转向盘。因此除了特殊的赛车，一般都将汽车设计成具有轻微的不足转向特性。交变转向特性只极少地应用于后置发动机的汽车。

二、转向操纵机构

汽车转向操纵机构主要由转向盘、转向轴、转向柱管等组成。它的功用是产生转动转向器所必需的操纵力，并具有一定的调节和安全性能。转向操纵机构要将驾驶员操纵转向盘的力传给转向器。为了驾驶员的舒适驾驶，要求转向操纵机构可以进行调节，以满足不同驾驶员的需求；为了防止车辆撞击后对驾驶员的伤害，要求转向操纵机构具有一定的安全保护装置。

汽车的转向操纵机构如图 12-4 所示。转向轴是连接转向盘和转向器的传动件，并传递它们之间的转矩。转向柱管安装在车身上，转向轴从转向柱管中穿过，支承在柱管内的轴承和衬套上。转向盘利用键和螺母将其固定在转向轴的轴端。

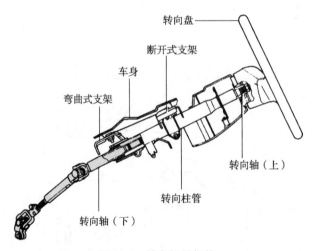

图 12-4　转向操纵机构

三、机械转向器

转向器是转向系中的降速增矩传动装置，其功用是增大由转向盘传到转向节的力，并改变力的传动方向。

转向器传动效率是指转向器输出功率与输入功率之比。当功率由转向盘输入，从转向摇臂输出时，所求得的传动效率称为正传动效率；反之，转向摇臂受到道路冲击而传到转向盘的传动效率则称为逆效率。

按转向器中传动副的结构形式，转向器可以分为齿轮齿条式、循环球式等。

按传动效率的不同，转向器还可以分为可逆式转向器、极限可逆式转向器和不可逆式转向器。

齿轮齿条式转向器分两端输出式和中间（或单端）输出式，如图 12-5 所示。齿轮齿条式转向器采用一级传动副，主动件是齿轮，从动件是齿条。

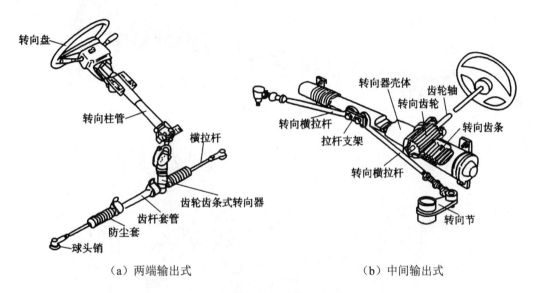

（a）两端输出式　　　　　　　　　　　（b）中间输出式

图 12-5　齿轮齿条式转向器结构形式

齿轮齿条式转向器是利用齿轮顺时针或逆时针方向的转动带动齿条左右移动，再通过横拉杆推动转向节，达到转向的目的，如图 12-6 所示。

图 12-6　齿轮齿条传动原理

齿轮齿条式转向器结构简单，可靠性好，便于独立悬架的布置，同时，由于齿轮齿条直接啮合，转向灵敏、轻便，齿轮齿条式转向器在各类型汽车上的应用越来越多。

四、转向传动机构

转向传动机构的功用是将转向器输出的力和运动传给转向轮，使两侧转向轮偏转以实现汽车转向，并保证左右转向轮的偏转角按一定关系变化。

图 12-7 为转向横拉杆示意图，转向横拉杆由横拉杆体和两个旋装在两端的拉杆接头组成，其特点是长度可调，通过调整横拉杆的长度，可以调整前轮前束。

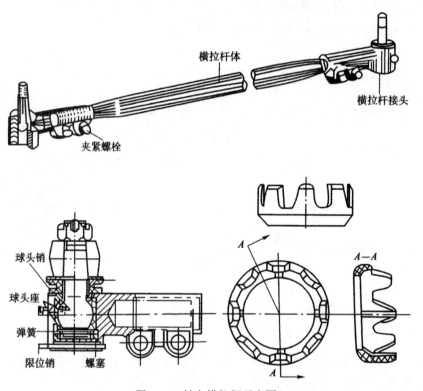

图 12-7　转向横拉杆示意图

图 12-8 所示为断开式转向桥的横拉杆组成。转向器齿条的两端制有内螺纹。转向横拉杆的内端装有带螺纹的球头，并将其旋入齿条中。横拉杆的外端也通过螺纹与横拉杆接头连接，并用螺母锁紧。横拉杆接头外端通过球头销与转向节连接。松开锁紧螺母转动转向横拉杆（左右两侧横拉杆的转动量应相同）可以调整前轮前束。

【案例】

一辆桑塔纳汽车，行驶 39000km，转向器出现异响，有时出现卡滞现象，拆卸分解后，发现转向器内部进入较多泥水，转向齿条严重锈蚀，导致出现异响和卡滞现象，故障原因是壳体与防尘护罩连接位置卡箍松动。更换转向器后，故障消除。

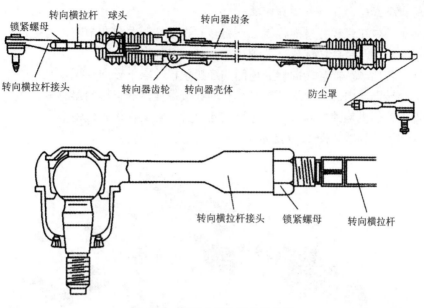

图 12-8　断开式转向桥的横拉杆

【任务实施】

齿轮齿条式转向器拆装、检查与维修

一、实训的目的和要求

（1）学会正确使用常用工具和专用工具。

（2）掌握齿轮齿条式转向器结构、原理及正确拆装和维修方法。

二、实训的设备及工具

（1）设备：无转向助力装置的桑塔纳轿车一辆。

（2）普通工具：组合工具、维修手册。

（3）专用工具：扭力扳手（定扭矩扳手）等。

（4）其他：2号锂基润滑脂。

三、步骤及操作方法

1. 准备工作

（1）在汽车进入工位前，将工位清理干净，准备好相关的器材。

（2）将汽车停驻在举升机中央位置。

（3）拉紧驻车制动器操纵杆，并将变速杆置于空挡位置。

（4）套上转向盘护套、变速杆手柄套和座位套，铺设脚垫。

（5）在车内拉动发动机舱盖手柄，在车外打开并支撑发动机舱盖。

（6）粘贴翼子板和前脸磁力护裙。

2. 齿轮齿条式转向器拆卸操作步骤

（1）将车轮放在直线行驶的位置上，将转向指示灯开关放在中间位置上。

（2）将车辆举升至合适位置，并锁止。

（3）拆下转向减振器与转向器壳体间的连接螺栓，取下转向减振器。

（4）拆除转向器中部及前端凸缘与车身的连接螺栓，取下转向器总成。

（5）拆下补偿机构的紧固螺钉，从转向器上拆下补偿机构各机件。

（6）转向器的分解如图 12-9 所示。

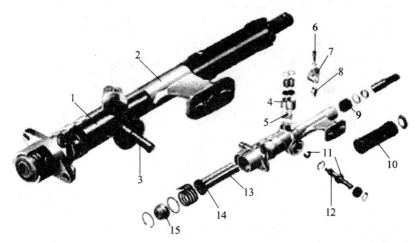

1—转向齿条；2—转向器壳；3—转向齿轮；4—压块；5—压块衬片；6—调整螺钉；7—盖板；8—调整螺钉座；9—衬套；10—防尘护套；11—轴承；12—转向齿轮；13—转向齿条；14—挡块；15—挡盖

图 12-9　齿轮齿条式转向器

①拆下啮合间隙补偿器。

②拆下主动齿轮密封环、卡簧、轴承。

③取出主动齿轮。

④检查主动齿轮端面及轴承的磨损情况。

⑤将齿条行程做上记号。

⑥松开齿条端盖帽，拆卸齿条上的防尘罩、挡圈、密封圈，抽出齿条。

3. 转向器的检查

（1）检查转向器外壳有无破裂及破损，如破损或磨损严重，则予以更换。

（2）检查波形管是否完好，如有破损应更换。

（3）自锁螺母和螺栓一经拆卸，安装时必须成对更换。

（4）检查各密封圈和密封环，如有溢漏必须更换。

（5）不许对转向器零件进行焊接和整形。

（6）检查齿条各部分的磨损情况、齿条有无缺齿等。

4. 转向器的装配与调整

（1）用专用工具将转向器小齿轮装入转向器壳内。

（2）装入轴承挡圈和新油封。

（3）装入转向器齿条。齿条齿面及其表面应涂 2 号锂基润滑脂，如图 12-10（a）所示。插入齿条时，应防止碰伤衬套，再装上导向块、弹簧和螺塞。

（4）齿条预紧力的调整。

①旋转调整螺塞，拧紧力矩为 6.86N·m，如图 12-10（b）所示。

②前后移动齿条约 15 次，使齿条处于稳定状态后再继续拧紧调整螺塞，紧固力矩为 12.25N·m。

③用扳手将调整螺塞向回拧 45°～55°。

④用专用工具测量齿条的预加载荷。标准起动力矩为 29.4～58.8N·m。

⑤如果起动力矩没有符合标准值，应重复以上的操作步骤。

（5）安装调整螺塞锁紧螺母，紧固力矩为 34.3～44.1N·m，如图 12-10（c）所示；再一次检查小齿轮起动力矩，起动力矩应为 29.4～58.8N·m。

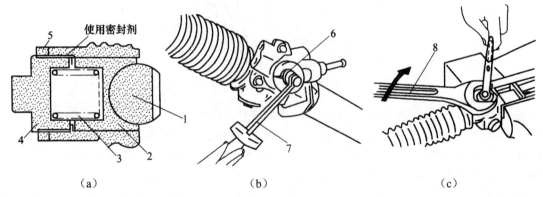

（a）　　　　　　　　　　（b）　　　　　　　　　　（c）

1－齿条；2－顶块；3－弹簧；4－调整螺塞；5－螺母；6－主动齿轮；7－扭力扳手；8－扳手

图 12-10　齿条调整螺塞的安装与调整

（6）装配齿条接头总成，螺母的紧固力矩为 49～63N·m。

（7）装入齿条防尘罩、防尘罩锁簧和管箍。

（8）装上转向拉杆接头。

5. 按照拆卸转向器总成相反的顺序对转向器总成进行装配

四、清洁整理

将实习场地必要的物品留下，依照规定的合理位置放置，并明确标示，将不必要的物品清除掉；对垃圾进行分类处理；将实习场地清扫干净，并保持卫生；使每位成员养成良好习惯，遵守规则做事。

【知识拓展】

中重型汽车转向系统

中重型汽车转向系统如图 12-1 所示，主要总成如下所示。

一、循环球式转向器

循环球式转向器由侧盖、底盖、壳体、钢球、带齿扇的垂臂轴、圆锥轴承、制有齿形的螺母、转向螺杆等组成，如图 12-11 所示。

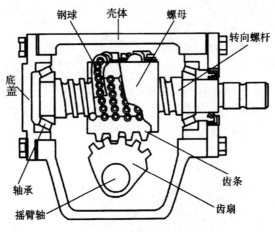

图 12-11　循环球式转向器

循环球式转向器采用两级传动副：第一级是螺杆与螺母；第二级是齿条与齿扇。循环球式转向器工作时，转向螺杆转动，在摩擦力的作用下，所有钢球在螺母与螺杆之间形成"球流"，并推动齿形螺母沿螺杆轴线前后移动，然后通过齿条带动齿扇摆动，并使摇臂轴旋转，带动摇臂摆动，最后将力矩由传动机构传至转向轮，使转向轮偏转以实现转向。

齿扇采用变齿厚结构，通过移动摇臂轴可调整转向器的自由间隙，从而改变转向盘的自由行程。

循环球式转向器的最大优点是传动效率高、操纵轻便，且工作可靠、使用寿命长。其主要缺点是结构复杂、制造精度要求高，且逆效率也高。

二、转向摇臂

图 12-12 所示为常见转向摇臂的结构形式。循环球式转向器通过转向摇臂与转向直拉杆相连。转向摇臂的大端用锥形三角细花键与转向器中摇臂轴的外端连接，小端通过球头销与转向直拉杆做空间铰链连接。

三、转向直拉杆

图 12-13 所示为汽车的转向直拉杆，它是连接转向摇臂和转向节臂的杆件，具有传力和缓冲作用。在转向轮偏转且因悬架弹性变形而相对于车架跳动时，转向直拉杆与转向摇臂及转向

节臂的相对运动都是空间运动，为了不发生运动干涉，三者之间的连接件都是球形铰链。

图 12-12　转向摇臂

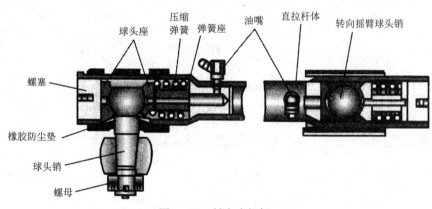

图 12-13　转向直拉杆

任务 2　液压式动力转向系构造与维修

【任务描述】

　　液压式动力转向系广泛应用于轿车、大客车及重型货车上。本任务是让学生学会液压式动力转向系的组成及其工作原理；学会液压式动力转向系的拆装与维修方法；根据环保要求，妥善处理辅料、废弃液体和损坏的零部件。

【相关知识】

　　为了减轻驾驶员的疲劳强度，改善转向系的技术性能，目前很多汽车都采用了动力转向装置。采用动力转向装置的汽车转向时，所需的能量在正常情况下，只有小部分是驾驶员提供的体能，而大部分是发动机驱动转向油泵旋转，将发动机输出的部分机械能转化成的压力能。转向加力装置可在驾驶员控制下,对转向传动装置或转向器中某一传动件施加不同方向的随动渐进压力，从而实现转向。

一、动力转向装置的分类

动力转向装置按传能介质的不同，可以分为电动式和液压式。液压式动力转向装置广泛采用常流转阀式。

根据转向加力装置的零部件布置和连接组合方式的不同，动力转向系可以分为整体式动力转向系、半整体式动力转向系和组合式动力转向系，如图 12-14 所示。

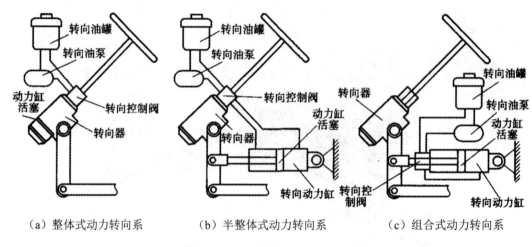

（a）整体式动力转向系　　　（b）半整体式动力转向系　　　（c）组合式动力转向系

图 12-14　动力转向系三种类型

二、液压式动力转向系的组成、原理

图 12-15 所示为轿车的动力转向系统，它由转向器、转向控制阀（转阀式）、转向动力缸以及将发动机输出的部分机械能转换为压力能的转向油泵、转向储油罐等组成。转向油泵安装在发动机上，由曲轴通过传动带驱动运转向外输出油压。转向油罐有进、出油管接头，通过油管分别和转向油泵和转向控制阀连接。动力转向器为整体式动力转向器，其转向控制阀用以改变油路。

三、液压式动力转向装置

液压常流转阀式转向控制阀的结构如图 12-16 所示。转向控制阀的转子安装在转向齿轮轴上，在其中间插入控制阀扭杆并固定。转向齿轮上部有控制阀体，它和控制阀扭杆相连。控制阀体和转向油泵相通，且在其两端有与动力缸相通的阀门孔，由其所处位置决定是否向动力缸供油。转向盘转动时，根据控制阀扭杆的扭转量提供相应的油压辅助力。转向油泵的供油压力由转向控制阀控制。高压油经过控制阀内的空隙进入动力活塞两端，使活塞左右运动，带动转向齿条运动。

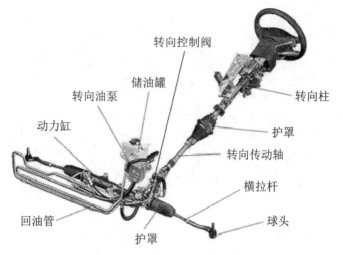

图 12-15　轿车液压动力转向系统

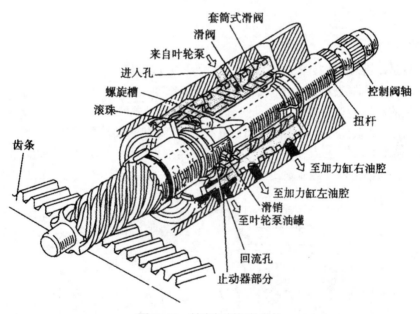

图 12-16　转向控制阀的结构

　　动力转向装置的工作原理如图 12-17 所示。转向盘旋转时，带动控制阀扭杆旋转，使控制阀缸体旋转，阀门孔打开，开始供油。当转向盘转角很大时，控制阀扭杆转角大，进入动力缸的油液多，推动动力活塞运动，从而减轻转向操纵力。高速时，转向盘转角小，进入动力缸的油液很少，转向操纵力大。当进入动力缸的油液流量很大时，过剩油液通过电磁阀流回储油罐。当转向盘旋转停止时，阀门孔被关闭，动力活塞两端的油压相同。

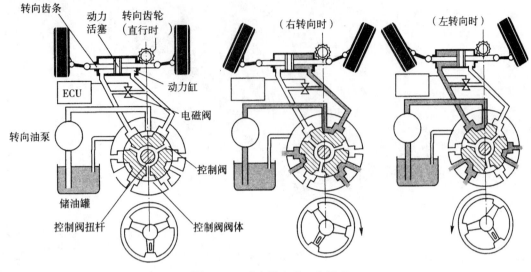

图 12-17　动力转向系工作原理

四、转向油泵

转向油泵是动力转向装置的动力源，其功用是将发动机的机械能变为驱动转向动力缸工作的液压能，再由转向动力缸输出的转向力驱动转向车轮转向。

转向油泵的结构类型有多种，常见的有齿轮式、转子式和叶片式。目前最常用的是双作用叶片式转向油泵，其工作原理如图 12-18 所示。当发动机带动油泵逆时针旋转时，叶片在离心力的作用下紧贴在定子的内表面上，工作容积开始由小变大，从吸油口吸进油液，而后工作容积由大变小，压缩油液，经压油口向外供油。再转 180°，又完成一次吸压油过程。

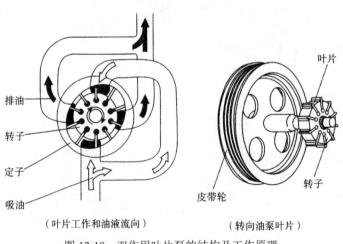

（叶片工作和油液流向）　　　　（转向油泵叶片）

图 12-18　双作用叶片泵的结构及工作原理

油泵的转子是通过发动机驱动或电动机驱动的，工作时油压及流量的变化是通过安全阀和溢流阀来实现的，如图 12-19 所示。当输出压力过高时，这个压力传到溢流阀右侧，使安全阀左移开启，高压油流回进油腔，降低了输出油压。当输出油量过大时，节流孔处油液的流速很高，但该处的压力很小，此压力经横向油道传到溢流阀右侧，使节流阀左右两侧的压差增大，在压差的作用下，节流阀压缩弹簧右移，使进油道和出油道相同，部分油液在泵内循环流动，减少了出油量。当溢流阀和安全阀出现弹簧过软、折断或不密封时，将会导致油泵油压和流量不足而出现故障。

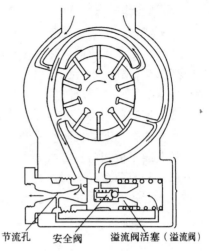

节流孔　　安全阀　　溢流阀活塞（溢流阀）

图 12-19　双作用卸荷式叶片泵结构、原理示意图

【案例】

转向沉重，助力不足

一辆上海桑塔纳 2000 轿车，行驶里程为 34000km。该车行驶中发动机前部突然发出"吱吱"的刺耳响声，同时感到转向沉重。皮带张紧力正常，检查后发现转向油泵带轮发卡（不转）。拆下多楔带，用手转动油泵不发卡，但运转起来带上负荷后又转不动，说明转向助力系统高压管路有堵塞。拆下转向油泵与转向器之间的高压油管，用压缩空气吹，发现其内部不通。增加空气压力，最后从管中吹出 2 块半熔化的塑料状异物。更换此管后发动机运转正常，传动带不再发响，但试车时发现转向沉重，好像没有助力作用。更换转向油泵后，上述故障彻底排除，说明转向油泵已经损坏。用户要求对液压式动力转向系进行全面检修。

【任务实施】

液压式动力转向系拆装、检查与维修

一、实训的目的和要求

（1）学会正确使用常用工具和专用工具。

（2）掌握液压式动力转向系的结构、原理及正确拆装和维修方法。

二、实训的设备及工具

（1）设备：带转向助力装置的桑塔纳轿车一辆。

（2）普通工具：组合工具、扭力扳手（定扭矩扳手）、维修手册。

（3）专用工具：VW605 和塑料铆头。

（4）其他：2 号锂基润滑脂。

三、步骤及操作方法

1. 准备工作

（1）在汽车进入工位前，将工位清理干净，准备好相关的器材。

（2）将汽车停驻在举升机中央位置。

（3）拉紧驻车制动器操纵杆，并将变速杆置于空挡位置。

（4）套上转向盘护套、变速杆手柄套和座位套，铺设脚垫。

（5）在车内拉动发动机舱盖手柄，在车外打开并支撑发动机舱盖。

（6）粘贴翼子板和前脸磁力护裙。

2. 液压式动力转向系统的检查

动力转向系统的组成如图 12-20 所示。

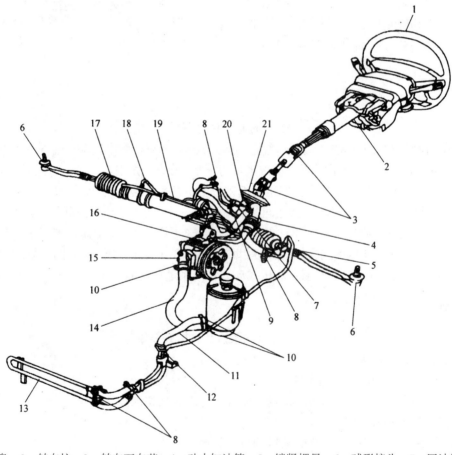

1—转向盘；2—转向柱；3—转向万向节；4—动力缸油管；5—锁紧螺母；6—球形接头；7—回油管；8—可调卡箍；9—供油管；10—止箍；11—回油软管；12—卡箍；13—冷却器；14—进油软管；15—动力转向油泵；16—出油软管；17—防尘罩；18—动力缸油管；19—动力转向器；20—阀体；21—防尘密封件

图 12-20　动力转向系统的组成

　　大众系列轿车动力转向系统中的转向油泵和转向器都相当于液压元件,对液压油和其他零部件有相当高的要求。因此,应定期对转向系统进行检查和调整。

　　(1)转向盘。当汽车前轮处于直线行驶状态时,在转向盘边缘处测量转向盘自由行程,其值应为 15°～20°。当自由行程过大时,说明动力转向器齿轮与齿条啮合间隙偏大,或各连接处松旷,或齿轮和齿条磨损。调整弹簧压力可使齿条微量变形,实现无侧隙或小侧隙啮合。用双手握住转向盘,在轴向和直角方向上用力摇动,观察此时转向盘是否移出,由此了解转向盘与转向柱的装配情况、主轴承的松旷量及转向柱支架的连接状况。

　　(2)动力转向器。检查动力转向器是否漏油,盖板螺栓是否松动。若螺栓松动,应拧紧。如果转向轴轴承松旷,应进行调整或更换损坏、磨损的轴承。动力转向器啮合副间隙过大或过小,可通过螺栓改变补偿弹簧的预紧力来调整齿条与主动齿轮的啮合间隙。应注意,补偿弹簧的弹力出厂时已调好,一般不需要另行调整,只有在确实有问题时才进行调整。转向轴如有龟裂,应采用磁性探伤法进行检查。

　　(3)储油罐。

　　①液面高度的检查。使发动机怠速运转,反复将转向盘从一侧极限位置转到另一侧极限位置,以提高液压温度,使油温达到 40～80℃。这时检查储油罐内的油量,油面应在储油罐的"MAX"处。油量不足时,检查各部位无泄漏后,按规定牌号补充液压油至"MAX"处。

　　②液压系统的排气。检查液面高度,必要时添加液压油。使发动机怠速运转,反复使转向盘从左极限位置转到右极限位置,直至储油罐内无气泡和泡沫为止。如液面有下降,应继续添加液压油,直至达到规定液面高度("MAX"处)。

　　③液压油的更换。顶起汽车前桥,从储油罐及回流管中排出液压油;使发动机怠速运转,一边排油,一边将转向盘转到极限位置,直至液压油排尽;添加液压油;排尽液压系统中的空气。

　　(4)转向油泵。转向油泵(叶片泵)泵送压力的检查方法如下:

　　①将压力表装到连接在阀体和软管之间的压力管中。

　　②起动发动机。如果需要,向储油罐补充液压油。

　　③急速关闭截止阀(不超过 5min),并读出泵送压力数。泵送压力额定值为 6.8～8.2MPa。如果没有达到额定数值,应检查限压阀和溢流阀是否完好。如不正常,应更换限压阀和溢流阀,或更换叶片泵。

　　④系统的密封性。起动发动机,将转向盘分别向左、右两侧转至极限位置,在瞬间将其固定,以便在转向系统中产生额定压力。此时用目测法检查转向系统各管路和阀连接处的密封性,如有渗漏应更换密封件。

　　3. 动力转向器的检修

　　动力转向器零部件分解图如图 12-21 所示。

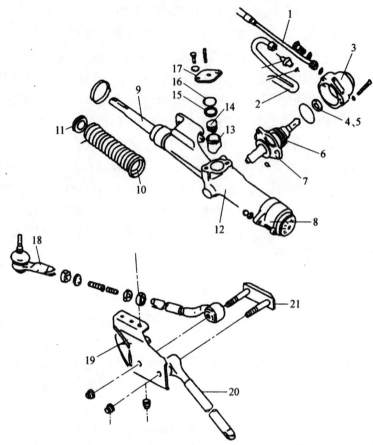

1—进油管；2—回油管；3—阀体罩壳；4—密封圈；5—轴承；6—转向齿轮；7—连接盖；8—密封罩；9—齿条；10—防尘罩；11—固定环；12—转向器；13—压块；14—补偿弹簧；15—补偿垫片；16—密封压座；17—压盖；18—右转向横拉杆；19—转向支架；20—左转向横拉杆；21—连接件

图 12-21　动力转向器零部件分解图

（1）拆卸。

①支撑起车辆。

②排放转向液压油。

③拆下转向横拉杆的固定螺母，如图 12-22 所示。

④拆下左前轮罩处的转向器固定螺栓，如图 12-23 所示。

⑤松开在转向器控制阀外壳上的进油管，如图 12-24 所示。

⑥拆下后横板上固定转向器的自锁螺母，如图 12-25 所示，把车辆放下。

⑦拆下紧固齿条与转向横拉杆的螺栓，如图 12-26 所示。

⑧拆卸仪表板侧边下盖、通风管和踏板盖。

⑨拆下紧固转向齿轮轴与下联轴器的螺栓，如图 12-27 所示，并使各轴分开。

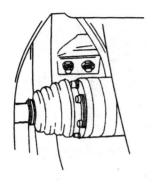

图 12-22　拆下转向横拉杆的固定螺母

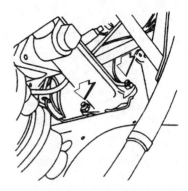

图 12-23　拆下左前轮罩处的转向器固定螺栓

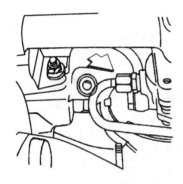

图 12-24　松开在转向器控制阀外壳上的进油管

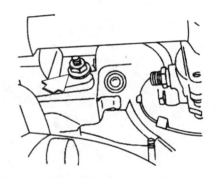

图 12-25　拆下后横板上固定转向器的自锁螺栓

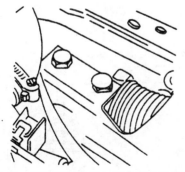

图 12-26　拆下紧固齿条与转向横拉杆的螺栓

图 12-27　拆下紧固转向齿轮轴与下联轴器的螺栓

⑩拆卸防尘套，从车厢内部拆下固定转向器控制阀外壳上回油管的排放螺栓，如图 12-28 所示。拆下后横板上固定转向器的自锁螺母，拆下转向器，如图 12-29 所示。

（2）转向齿轮轴密封圈的更换。

①拆卸动力转向器。

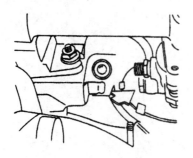

图 12-28　拆下排放螺栓

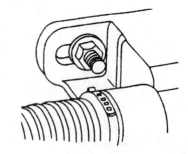

图 12-29　拆下后横板上固定转向器的自锁螺母

②把转向器固定在台虎钳上，并拆下转向齿轮轴的锁销，如图 12-30 所示。

③拆下转向器控制阀总成，如图 12-31 所示。

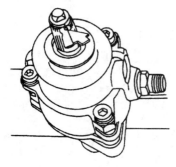

图 12-30　拆下转向齿轮轴的锁销

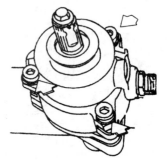

图 12-31　拆下转向器控制阀总成

④拆下转向齿轮轴的密封圈，如图 12-32 所示。

⑤使用专用工具 VW605 和塑料铆头，把新的密封圈安装在转向器控制阀外壳上，如图 12-33 所示。

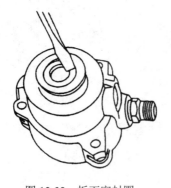

图 12-32　拆下密封圈

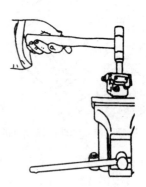

图 12-33　安装密封圈

（3）安装。

安装时应注意：转向油泵和转向器控制阀上固定排放螺栓的密封圈只要被拆卸，就必须更换。

①在后横板上安装转向器，自锁螺母不必完全拧紧，支撑起车辆。

②在转向油泵上安装进油管和回油管，使用新的密封圈，并用 40N·m 的力矩拧紧螺栓。

③安装左前轮罩上的转向器固定螺栓，并用 20N·m 的力矩拧紧螺母。

④安装后横板上固定转向器的自锁螺母，并用 40N·m 的力矩拧紧螺母。

⑤把进油管固定在转向器控制阀外壳上，把车辆放下。

⑥安装转向横拉杆支架固定螺栓，并用 45N·m 的力矩拧紧。从车厢内把回油管安装在转向器控制阀外壳上，安装防尘套。

⑦连接联轴器，安装固定螺栓并用 25N·m 的力矩拧紧。安装踏板盖、通风管和仪表板盖。向储油罐内注入液压油，直至"MAX"处（注意：绝不能再使用排出的液压油）。

⑧举升起车辆，在发动机停止的情况下转动转向盘数次，以便把系统中存在的空气排出。补充液压油，达到储液罐上的"MAX"处。

⑨起动发动机，完全向左和右转动转向盘，观察油面高度，一直操作到油面稳定在"MAX"处为止。

4. 转向油泵的更换

转向油泵（叶片泵）及其附件如图 12-34 所示。

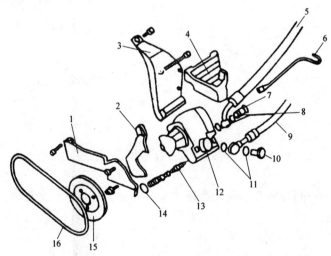

1—夹紧夹板；2—前摆动夹板；3—支架；4—后摆动夹板；5—至控制阀；6—支架；7—管接头螺栓；
8—更换油封环；9—进油管；10—管接头螺栓；11—更换密封环；12—叶片泵；13—限压阀和溢流阀；
14—密封环；15—带轮；16—V 形带

图 12-34　叶片泵及其附件

（1）拆卸。

①支撑起车辆。

②拆下转向油泵上回油管和进油管的排放螺栓，排放液压油，如图 12-35 所示。

③拆下转向油泵前支架上的张紧螺栓，如图 12-36 所示。

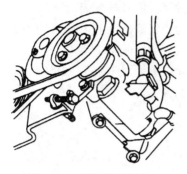 

图 12-35　拆下排放螺栓　　　　　　　　　图 12-36　拆下前支架上的张紧螺栓

④拆下转向油泵后支架上的固定螺栓，如图 12-37 所示，支撑起车辆。

⑤松开转向油泵中心支架上的固定螺母和螺栓，如图 12-38 所示。

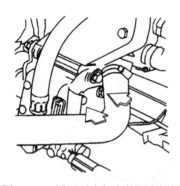 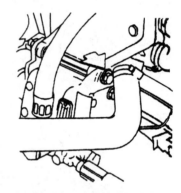

图 12-37　拆下后支架上的固定螺栓　　　　　图 12-38　松开中心支架上的固定螺母和螺栓

⑥把转向油泵固定在台虎钳上，拆卸 V 形带轮和中间支架。

（2）安装。

转向油泵的安装按照与拆卸相反的顺序进行。安装完毕后，应调整转向油泵 V 形带的张紧度，并加注液压油。

（3）转向油泵 V 形带的调整。

①松开转向油泵支架上的后固定螺栓，如图 12-39 所示。

②松开张紧螺栓的螺母，如图 12-40 所示。

③通过张紧螺栓把 V 形带张紧，如图 12-41 所示，压在 V 形带中间处，以 10mm 的挠度为合适。

④拧紧张紧螺栓的螺母。

⑤拧紧转向油泵支架上的固定螺栓。

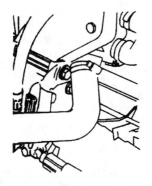
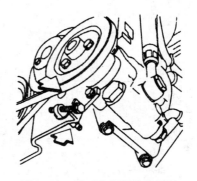

图 12-39　松开支架上的后固定螺栓　　　　图 12-40　松开张紧螺栓的螺母

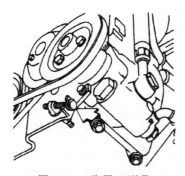

图 12-41　张紧 V 形带

四、清洁整理

将实习场地所必要的物品留下，依照规定的合理位置放置，并明确标示，将不必要的物品清除掉；对垃圾进行分类处理；将实习场地清扫干净并保持卫生；使每位成员养成良好习惯，遵守规则做事。

【知识拓展】

电子控制动力转向系统

电子控制动力转向系统（Electronic Control Power Steering，EPS）可分为液压式电控动力转向系和电动式电控动力转向系等多种形式。

一、液压式电控动力转向系

液压式电子控制动力转向系是在传统的液压动力转向系的基础上增设了电子控制装置而制成的，根据控制方式的不同，可分为流量控制式、反力控制式和阀灵敏控制式三种形式。本部分仅介绍反力控制式电控动力转向系。

1. 基本组成

图 12-42 所示为反力控制式动力转向系的组成，它主要由转向控制阀、电磁阀、分流阀、转向动力缸、转向油泵、储油罐、车速传感器和电子控制单元等组成。

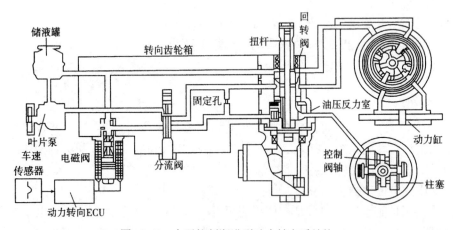

图 12-42　反力控制式动力转向系的组成

　　反力控制式动力转向系是按照车速的变化，由电子装置控制油压反力，调整动力转向器，从而使各种条件下汽车转向盘上所需的转向操纵力都达到最佳状态。有时也把这种动力转向系称为渐进型动力转向系（Progressive Power Steering，PPS）。

　　电子控制渐近型动力转向系结构如图 12-43 所示，除了旧式动力转向装置中用来控制压力的主控制阀之外，又增设了反力油压控制阀和油压反力室。

图 12-43　电子控制渐进型动力转向系结构

　　转向控制阀的结构如图 12-44 所示，其基本结构是在传统的整体式动力转向控制阀的基础上，在内部增加了油压反力室和 4 个小柱塞，4 个小柱塞位于控制阀阀体下端的油压反力室内。输入轴部分有两个小凸起顶在柱塞上。油压反力室受到高压作用时，柱塞将推动控制阀阀杆。

此时，扭杆即使受到转矩作用，由于柱塞推力的影响，也会抑制控制阀阀杆与阀体的相对回转。

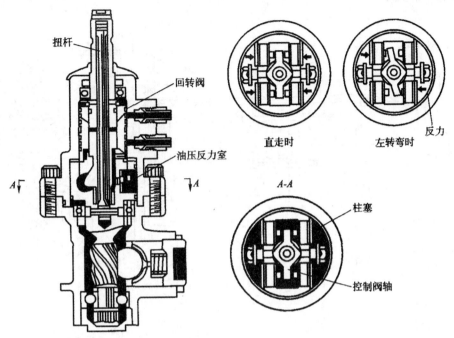

图 12-44 反力控制式动力转向控制阀结构

经反力油压控制阀调整后的油压加到油压反力室内，扭杆与转向轴相连，当 PPS 根据油压反力的大小改变转向扭杆的扭曲量时，就可以控制转向时所要加的力。动力转向用的微机安装在电子控制器（ECU）内，微机根据车速传感器的信号控制电磁阀的输入电流，电磁阀设在反力控制阀上。

2. 工作原理

（1）汽车静止或低速行驶时。

如图 12-45 所示，汽车在低速范围内运行时，ECU 输出一个大的电流，使电磁阀的开度增加，分流出来的液体流过电磁阀回到储油罐中的流量增加。油压反力室的压力减小，柱塞推动控制阀杆的力减小，因此只需要较小的转向力就可使扭杆扭转变形，使阀体与阀杆发生相对转动而使控制阀打开，油泵输出油压作用到动力缸右室（或左室），使动力缸活塞左移（或右移），产生转向助力。

（2）汽车中、高速行驶时。

如图 12-46 所示，此时转向盘微量转动，控制阀杆根据扭转角度而转动，转阀的开度减小，转阀里面的压力增加，流向电磁阀和油压反力室的液体流量增加。当车速增加时，ECU 输出电流减小，电磁阀开度减小，流入油压反力室的液体流量增加，反力增大，使得柱塞推动控制阀杆的力变大。液流还从量孔流进油压反力室中，这也增大了油压反力室中的液体压力，故转向盘的转动角度增加时，将要求一个更大的转向操纵力，使得在中高速时驾驶员可获得良好的转向手感和转向特性。

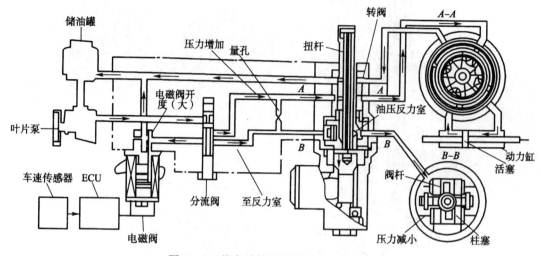

图 12-45　停车或低速行驶时的工作情况

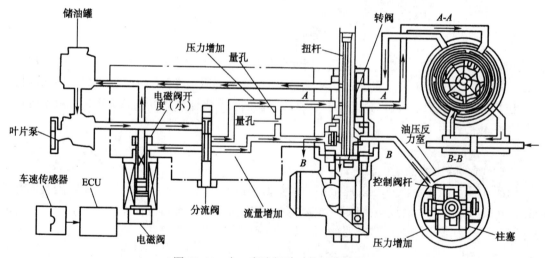

图 12-46　中、高速行驶时的工作情况

（3）中高速直行状态。

车辆直行时，转向偏摆角小，扭杆相对转矩小，控制阀油孔开度减小，控制阀侧油压升高。由于分流阀的作用，电磁阀侧油量增加。同时，随着车速的升高，通电电流减小，通过电磁阀流回油箱的阻尼增大，油压反力室的反力增大，使柱塞推动控制阀阀杆的力矩增大，转向盘手感增强。

二、电动式电控动力转向系

1. 基本组成和工作原理

电动式电控动力转向系的基本组成如图 12-47 所示，它主要由转矩传感器、转角传感器、车速传感器、电动机、电磁离合器、减速机构、电子控制单元等组成。

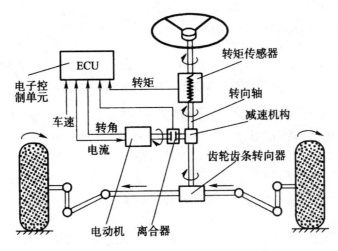

图 12-47　电动式电控动力转向系的组成

电动式电控动力转向系的基本原理是根据汽车行驶速度（车速传感器输出信号）、转矩及转角信号，由 ECU 控制电动机及减速机构产生助力转矩，使汽车在低、中和高速下都能获得最佳的转向效果。

电动机连同离合器和减速齿轮一起，通过一个橡胶底座安装在左车架上。电动机的输出转矩由减速齿轮增大，并通过万向节、转向器中的助力小齿轮把输出转矩送至齿条，向转向轮提供转矩。

ECU 根据各传感器的信号确定助力转矩的幅值和方向，并且直接控制驱动电路去驱动电动机。

转矩传感器、转角传感器和车速传感器等为助力转矩的信号源。

根据电动机布置位置的不同，直接助力式电动转向系可以分为转向轴助力式、齿轮助力式和齿条助力式三种类型，如图 12-48 所示。

2. 上海大众 TOURAN（途安）电动机械式助力转向系

上海大众 TOURAN 的电动机械转向助力器与传统的液压转向器相比具有许多优点。它可以协助驾驶员行车，并减轻身体和心理负担。同时，它仅在需要时进行工作，也就是说，只有当驾驶员需要转向助力时，它才会自动提供帮助。此外，转向助力与车速、转向力矩和转向角等有关。

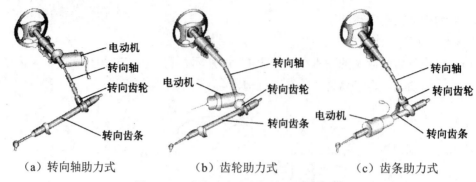

（a）转向轴助力式   （b）齿轮助力式   （c）齿条助力式

图 12-48　直接助力式电动转向系的类型

　　带双小齿轮的电动机械式助力转向系统如图 12-49 所示。转向系统的部件主要包括转向盘、带转向角度传感器 G85 的组合开关、转向柱 G527、转向力矩传感器 G269、电动机械转向助力器电动机 V187、转向器、转向辅助控制单元 J500 等。转向器由一个转向力矩传感器 G269、一根扭转棒、一个转向齿轮和一个驱动小齿轮、一个蜗轮传动装置，以及一个带控制单元的电动机等组成。电动机械式助力转向系的核心部件是一根齿条，它由两个花键啮合在转向器中。

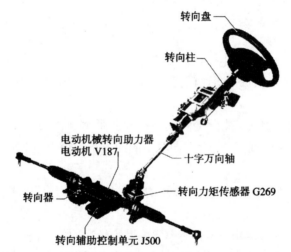

图 12-49　TOURAN（途安）电动机械式助力转向系组成

　　如图 12-50 所示，在带双小齿轮的电动机械转向助力器上，需要的转向力是通过转向小齿轮和驱动小齿轮传送到齿条上的。转向小齿轮负责传送驾驶员施加的转向力矩，驱动小齿轮则通过一个蜗轮传动装置，传送由电动机械转向助力器电动机提供的助力力矩。该电动机具有用于转向助力的控制单元和传感装置，并安装在第二个小齿轮上。这种结构可以使转向盘和齿条之间形成机械连接，所以，当伺服电动机失灵时，可以确保车辆仍能够进行机械转向，但此时电动机械转向助力器不具备转向助力的功能，转向时会感到很沉重。

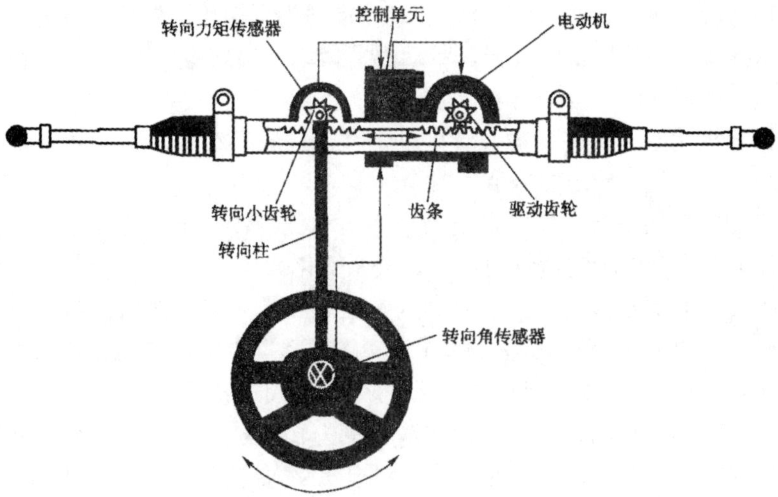

图 12-50　电动机械助力转向系统各零件的布置

【项目小结】

　　转向系是指由驾驶员操纵，能实现转向轮偏转和复位的一套机构。转向系的功用是按照驾驶员的意愿改变汽车的行驶方向和保持汽车稳定地直线行驶。

　　汽车转向系按转向动力源的不同分为机械转向系和动力转向系。机械转向系以驾驶员的体力作转向动力源，系统的所有传动件都是机械的。动力转向系是兼用驾驶员体力和发动机（或电动机）的动力作为转向能源的转向系。动力转向系是在机械转向系统的基础上加设一套转向加力装置而形成的。

　　转向系角传动比是指转向盘的转角与转向盘同侧的转向轮偏转角的比值。转向系角传动比是转向器角传动比和转向传动机构角传动比的乘积。转向盘的自由行程是指转向盘在空转阶段的角行程。汽车转向时，内侧车轮和外侧车轮滚过的距离是不等的。为保证转向过程中车轮做纯滚动，要求所有车轮的轴线都交于一点，此交点称为汽车的转向中心。汽车的转向特性包括不足转向、过多转向、中性转向和交变转向。

　　汽车机械转向系由转向操纵机构、机械转向器和转向传动机构组成。转向器是转向系中的降速增矩传动装置，其功用是增大由转向盘传到转向节的力，并改变力的传动方向。按转向器中传动副的结构形式分，转向器可以分为循环球式、齿轮齿条式、蜗杆曲柄指销式、蜗杆滚轮式等几种。

　　齿轮齿条式转向器分两端输出式和中间（或单端）输出式。齿轮齿条式转向器采用一级传动副，主动件是齿轮，从动件是齿条，利用齿轮顺时针或逆时针方向的转动带动齿条左右移动，再通过横拉杆推动转向节，达到转向的目的。循环球式转向器采用两级传动副，第一级是螺杆与螺母，第二级是齿条与齿扇。循环球式转向器工作时，转向螺杆转动，在摩擦力的作用下，所有钢球在螺母与螺杆之间形成"球流"，并推动齿形螺母沿螺杆轴线前后移动，然后通过齿条带动齿扇摆动，并使摇臂轴旋转，带动摇臂摆动，最后将力矩由传动机构传至转向轮，使转向轮偏转以实现转向。

汽车转向操纵机构主要由转向盘、转向轴、转向柱管等组成。它的功用是产生转动转向器所必需的操纵力，并具有一定的调节和安全性能。

转向传动机构的功用是将转向器输出的力和运动传给转向轮，使两侧转向轮偏转以实现汽车转向，并保证左右转向轮的偏转角按一定关系变化。

液压式动力转向装置按液流形式，可分为常压式和常流式；根据转向加力装置的零部件布置和连接组合方式的不同，可以分为整体式动力转向系、半整体式动力转向系和组合式动力转向系；按其转向控制阀阀芯的运动力式，还可分为滑阀式和转阀式。

液压式电子控制动力转向系是在传统的液压动力转向系的基础上增设了电子控制装置而制成的，根据控制方式的不同，可分为流量控制式、反力控制式和阀灵敏控制式三种形式。

电动式电控动力转向系主要由转矩传感器、转角传感器、车速传感器、电动机、电磁离合器、减速机构、电子控制单元等组成。电动式电控动力转向系根据汽车行驶速度（车速传感器输出信号）、转矩及转角信号，由 ECU 控制电动机及减速机构产生助力转矩，使汽车在低、中和高速下都能获得最佳的转向效果。

【练一练】

一、选择题

1．汽车在不转向时，液压式动力转向系统内工作油是高压油，而控制阀又处于关闭状态，此种液压式转向助力器为（　　）。

A．常流式　　　　　B．常压式　　　　　C．混合式　　　　　D．变压式

2．液压动力转向叶轮泵的输液量与转子转速成（　　）。

A．正比　　　　　B．反比　　　　　C．等比　　　　　D．两倍关系

3．在液压动力转向系统中，（　　）是在驾驶员的操纵下，控制转向动力缸输出动力大小、方向和增力快慢的控制阀。

A．转向　　　　　B．转向控制阀　　C．转向油泵　　D．以上答案都不正确

4．动力转向系统的（　　）可以表示转向油泵和流量控制阀的技术状况。

A．油压　　　　　B．转向力矩　　C．油压降　　D．以上答案都不正确

5．液压式转向助力装置按液流的形式可分为（　　）。

A．常流式　　　　　B．常压式　　　　　C．滑阀式　　　　　D．转阀式

6．在转向系中，转向器采用的是齿轮齿条式液压动力转向器，当转向油泵出故障时，转向系将（　　）实现转向功能。

A．还能　　　　　　　　　　　B．不能

C．汽车低速行驶时能　　　　　　　D．不能确定

7．转向油泵是助力转向的动力源，其作用是将输出的（　　），经转向控制阀向转向动力缸提供一定压力和流量的工作油液。

　　A．液压能转化为机械能　　　　　B．机械能转化为液压能

　　C．液压能转化为势能　　　　　　D．动能转化为机械能

8．电动式电控动力转向系统（EPS）是利用（　　）作为助力源，根据车速和转向参数等，由 ECU 完成助力控制。

　　A．发动机　　　　　　　　　　　B．电动机

　　C．电动转向油泵　　　　　　　　D．以上答案都不正确

9．电动式电控动力转向系（EPS）中扭矩传感器检测的是（　　）。

　　A．转向轴上的扭矩信号　　　　　B．转向轮上的扭矩信号

　　C．转向器输出轴的扭矩信号　　　D．以上答案都不正确

10．电子控制动力转向系的英文缩写是（　　）。

　　A．ETS　　　　　B．CCS　　　　　C．GPS　　　　　D．EPS

二、判断题（对的打"√"，错的打"×"）

1．动力转向系是在机械转向系的基础上加设一套转向加力装置而形成的。　　（　　）

2．采用动力转向系的汽车，当转向加力装置失效时，汽车也就无法转向了。　（　　）

3．可逆式转向器的自动回正能力稍逊于极限可逆式转向器。　　　　　　　　（　　）

4．在液压动力转向系统中，转向动力缸是将转向油泵提供的液压能转变为驱动转向车轮偏转的机械能的转向助力执行元件。　　　　　　　　　　　　　　　　　　　　（　　）

5．电动式电控动力转向系统（EPS）中的电动机只是在需要转向时才接通电源。

　　　　　　　　　　　　　　　　　　　　　　　　　　　　　　　　　　（　　）

三、填空题

1．液压式动力转向系中，转向加力装置由_____、_____、_____和_____组成。

2．液压转向传力装置有_____和_____两种。

四、简答题

1．说明转向油泵的工作原理。

2．简述液压常流转阀式动力转向装置的工作原理。

3．电动式电控动力转向系由哪些元件组成？说明其工作原理。

4．简述电子控制动力转向系统的组成与工作过程。

13

汽车制动系构造与维修

【项目导读】

汽车制动系的功用是：按照需要使汽车减速或在最短距离内停车；下坡行驶时使汽车保持车速稳定；使停驶的汽车可靠驻停。

按功能的不同，汽车制动系可以分为行车制动系、驻车制动系以及应急制动系、安全制动系和辅助制动系。应急制动装置是用独立的管路控制车轮的制动器作为备用系统，其作用是在行车制动装置失效的情况下保证汽车仍能实现减速或停车；安全制动装置是当制动气压不足时起制动作用，使车辆无法行驶；辅助制动装置是为了下长坡时减轻行车制动器的磨损而设的，其中利用发动机排气制动的形式应用最广。

按照制动能源分类，汽车制动系又可以分为人力制动系、动力制动系和伺服制动系。

本项目是通过对制动系的拆装，介绍鼓式制动器、盘式制动器、驻车制动器、液压制动传动装置、气压制动传动装置等的结构、原理。

任务1 鼓式制动器构造与维修

【任务描述】

鼓式制动器是最常见一种制动器，广泛应用在各类汽车上。本任务是让学生学会鼓式制动器的组成及其工作原理；学会鼓式制动器的拆装、检修方法；根据环保要求，妥善处理辅料、废弃液体和损坏的零部件。

【相关知识】

一、制动系的基本组成

汽车制动系都包括行车制动系和驻车制动系两大部分，如图 13-1 所示。行车制动系用于使行驶中的车辆减速或停车，通常由驾驶员用脚操纵，一般包含制动踏板、制动主缸、制动轮缸、制动管路、车轮制动器等；驻车制动系用于使停驶的汽车驻留原地，通常由驾驶员用手操纵，一般包含制动手柄、拉索（或拉杆）、制动器。另外，较为完善的制动系还包括制动力调节装置以及报警装置、压力保护装置等。

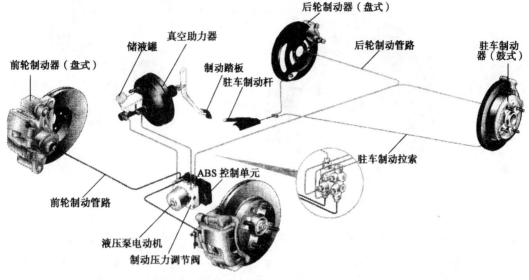

图 13-1　制动系的基本组成

　　汽车上设有彼此独立的制动系，它们起作用的时刻不同，但它们的组成却是相似的，一般由以下四个组成部分组成：

　　（1）供能装置。供能装置包括供给、调节制动所需能量以及改善传能介质状态的各种部件。如气压制动系中的空气压缩机、液压制动系中的人力脚踏板等。

　　（2）控制装置。控制装置包括产生制动动作和控制制动效果的各种部件，如制动踏板等。

　　（3）传动装置。传动装置将驾驶员或其他动力源的作用力传到制动器，同时控制制动器的工作，从而获得所需的制动力矩，包括将制动能量传输到制动器的各个部件，如制动主缸、制动轮缸等。

　　（4）制动器。制动器是产生阻碍车辆的运动或运动趋势的力的部件。

二、制动系的工作原理

　　以一定速度行驶的汽车具有一定的动能。要使它减速或停车，路面必须强制地对汽车车轮产生一个阻止汽车行驶的力——制动力。这个力的方向与汽车行驶的方向相反。制动就是将汽车的动能强制地转化为热能，并扩散于大气中。

　　图 13-2 所示为制动系统行车制动部分的基本组成，下面就以这个图简要说明制动力是如何形成的。

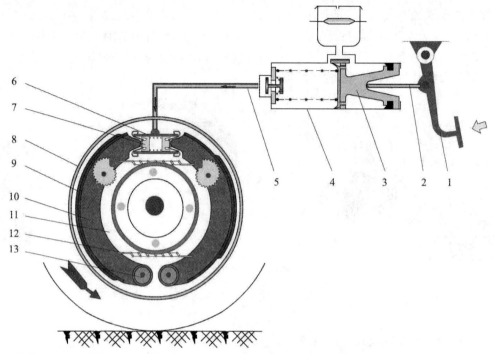

1—制动踏板；2—推杆；3—制动主缸活塞；4—制动主缸；5—油管；6—制动轮缸；7—轮缸活塞；
8—制动鼓；9—摩擦片；10—制动蹄；11—制动底板；12—制动蹄回位弹簧（复位弹簧）；13—支承销

图 13-2　制动系统的基本组成

　　行车制动装置由车轮制动器和液压传动机构两部分组成。车轮制动器的旋转部分是制动鼓 8，它固定于轮与车轮一起旋转。固定部分是制动蹄 10 和制动底板 11 等。制动蹄上铆有摩擦片，其下端套在毂及支承销上，上端用复位弹簧拉紧压靠在轮缸 6 内的活塞上。支承销和轮缸都固定在制动底板上，制动底板用螺钉与转向节凸缘（前桥）或桥壳凸缘（后桥）固定在一起。制动蹄靠液压轮缸而张开。

　　不制动时，制动鼓的内圆柱面与摩擦片之间保留一定间隙，制动鼓可以随车轮一起旋转。踩下踏板，推杆便推动制动主缸内的活塞 3 前移，迫使制动液经管路进入轮缸，推动轮缸活塞 7 向外移动，使制动蹄克服复位弹簧的拉力绕支承销转动而张开，消除制动蹄与制动鼓之间的间隙后压紧在制动鼓上。此时，不旋转的制动蹄摩擦片对旋转的制动鼓就产生一个摩擦力矩，其方向与车轮的旋转方向相反。制动鼓将此力矩传到车轮后，由于车轮与路面的接触面会给车轮一个向后的反附着作用，车轮即对路面作用一个向前的周缘力，与此相反，路面会给车轮一个向后的反作用力，这个力就是车轮受到的制动力。各车轮制动力的总和就是汽车受到的总制动力。

　　放松制动踏板，在复位弹簧的作用下，制动蹄与制动鼓的间隙又得以恢复，从而解除制动。

三、鼓式制动器

简单的鼓式车轮制动器由旋转部分、固定部分、促动装置和定位调整装置组成，如图 13-3 所示。旋转部分为制动鼓，通常为浇铸件，对于受力小的制动鼓也可用钢板冲压而成；固定部分是制动底板和制动蹄，制动底板固装在车桥的凸缘盘上，通过支承销与制动蹄相连；制动蹄常用钢板冲压后焊接而成，也可用铸铁或轻合金浇铸而成，它采用 T 型截面，以增大刚度；促动装置的作用是对制动蹄施加力使其向外张开，常用的促动装置有凸轮或制动轮缸；定位调整装置可保持和调整制动蹄与制动鼓之间正确的相对位置，主要部件有弹簧座、制动蹄限位弹簧、调整偏心凸轮、调整臂和偏心支承销等。

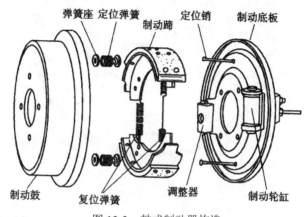

图 13-3　鼓式制动器构造

制动时，轮缸活塞在制动液压力的作用下向外推动制动蹄，促动力克服复位弹簧的弹力使制动蹄向外张开，压向制动鼓，产生制动力矩使汽车制动。解除制动时，制动液压力消失，在复位弹簧的作用下制动蹄复位。

车轮制动器装配完毕后，为保证制动蹄衬片与制动鼓之间具有合适的间隙，应对其进行必要的调整，调整的方法分为人工调整法和自动调整法。

桑塔纳汽车后轮制动器的间隙调整装置为在推力板上装楔杆的自调装置，其结构和工作情况如图 13-4 所示。楔杆的水平拉簧使楔杆与推力板间产生摩擦，防止楔杆下移，垂直拉簧随时力图拉动楔杆下移。当蹄鼓间隙正常时，楔杆静止于对应位置；当蹄鼓间隙大于规定值时，蹄片张开的行程被加大，垂直拉簧的力 F_2 增大，$F_2>F_1$，楔杆下移，楔杆的下移使得水平拉簧的力也被加大，摩擦力 F_1 相应加大，则楔杆在新的位置静止。解除制动后，制动蹄在复位弹簧的作用下收拢。由于推力板已变长，只能被顶靠在新的位置，从而保持规定的制动间隙值。此类自调装置属于一次性调整的结构，前进或倒车制动均能自调。

桑塔纳轿车的后轮制动器是鼓式制动器，如图 13-5 所示，制动器的制动鼓通过轴承支承在后桥支承短轴上，与车轮一起旋转。制动蹄的上、下支承面均被加工成弧面，下端支靠在固定于制动底板的支承板上。轮缸活塞通过两端带耳槽的支承块对制动蹄的上端施加制动力。该制动器兼作驻车制动器，因此在制动器中还装设了驻车制动器和机械促动装置。

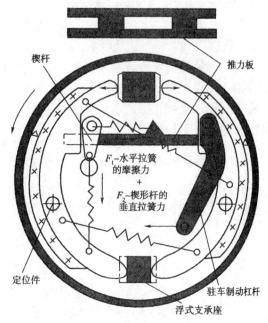

图 13-4　在推力板上装楔杆的自调装置

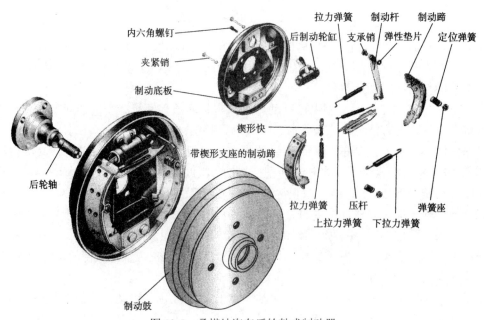

图 13-5　桑塔纳汽车后轮鼓式制动器

【案例】

一辆桑塔纳 2000 汽车，制动时后轮有异响，行驶时正常，怀疑后轮鼓式制动器有故障。拆解后发现制动蹄摩擦片磨损严重，部分缺失，其厚度远小于标准值（磨损极限值为 2.5mm），同时更换两后轮的制动蹄，故障排除。

【任务实施】

鼓式制动器拆装、检查与维修

桑塔纳 2000 汽车后轮鼓式制动器的分解图如图 13-6 所示，其拆装及检查的具体方法如下所示。

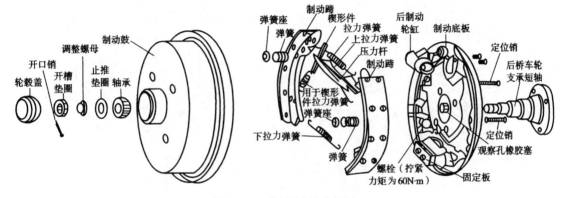

图 13-6　后轮制动器分解图

一、实训的目的和要求

（1）学会正确使用常用工具和专用工具。

（2）掌握鼓式制动器的结构、原理及正确拆装和维修方法。

二、实训的设备及工具

（1）设备：桑塔纳 2000 轿车。

（2）普通工具：组合工具、鲤鱼钳、螺丝刀、台虎钳、维修手册。

（3）专用工具与量具：VW637/2、游标卡尺、百分表等。

三、步骤及操作方法

1. 准备工作

（1）在汽车进入工位前，将工位清理干净，准备好相关的器材。

（2）将汽车停驻在举升机中央位置。

（3）拉紧驻车制动器操纵杆，并将变速杆置于空挡位置。

（4）套上转向盘护套、变速杆手柄套和座位套，铺设脚垫。

（5）在车内拉动发动机舱盖手柄，在车外打开并支撑发动机舱盖。

（6）粘贴翼子板和前脸磁力护裙。

2. 制动蹄的拆卸

（1）用举升机将车支起，并定位好。

（2）拧松车轮螺栓螺母（力矩为110N·m），取下车轮。

（3）用专用工具 VW637/2 卸下轮毂盖，如图 13-7 所示，取下开口销和开槽垫圈，旋下调整螺母，取出止推垫圈。

（4）用螺丝刀通过制动鼓螺孔向上拨动楔形块（图 13-8），增大制动蹄与制动鼓的间隙，使制动蹄与制动鼓放松，取下制动鼓。

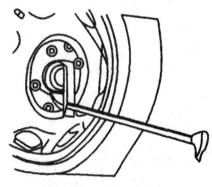

图 13-7　拆卸轮毂盖

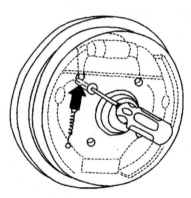

图 13-8　拨动楔形块

（5）用鲤鱼钳拆下压力弹簧座圈。

（6）用手从下面的支架上提起制动蹄，取出下复位弹簧。

（7）用钳子拆下制动杆上的手制动拉索。

（8）用鲤鱼钳取下楔形件的拉力弹簧和上复位弹簧。

（9）卸下制动蹄，如图 13-9 所示。

（10）把带压力杆的制动蹄卡紧在台虎钳上，拆下定位弹簧，取下制动蹄，如图 13-10 所示。

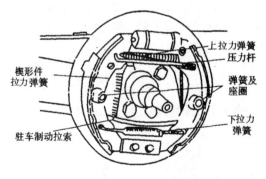

楔形件
拉力弹簧

上拉力弹簧
压力杆

弹簧及
座圈

驻车制动拉索

下拉力
弹簧

图 13-9　卸下制动蹄

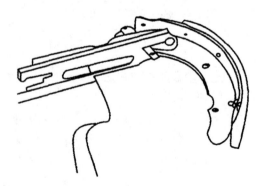

图 13-10　拆卸制动蹄定位弹簧

3. 制动蹄的检查

行驶 15000km 后，制动蹄摩擦片出现损坏或磨损到极限时，应及时更换，可以连同制动蹄一起更换。

如果仅更换制动蹄摩擦片，应先去掉制动蹄摩擦片上的旧铆钉及孔中的毛刺。铆接新摩擦片时，应从中间向两端铆接。更换为新制动蹄摩擦片时，应使用相同质量的摩擦片。

（1）检查制动蹄摩擦片厚度。利用制动器底板上的观察孔检查制动蹄摩擦片厚度和拖滞情况，如图 13-11 所示。摩擦片厚度应为 5.0mm，磨损极限值为 2.5mm（不包括底板）。

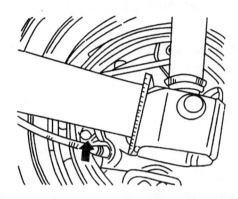

图 13-11　检查制动蹄摩擦片厚度

（2）后制动鼓的检查。更换为新摩擦片时，应检查后制动鼓尺寸，制动鼓内径应为 200mm，磨损极限值为 201mm。摩擦表面径向圆跳动应为 0.05mm，车轮端面圆跳动应为 0.20mm。如果超过规定值时，应更换为新件。

4. 鼓式制动器的安装

（1）装上复位弹簧，并将制动蹄装在压力杆上，如图 13-12 所示。

（2）装上楔形调整块，凸边朝向制动底板。

（3）将另一个带有传动臂的制动蹄装在压力杆上，如图 13-13 所示。

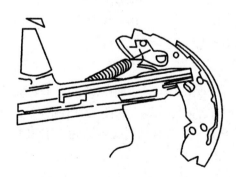

图 13-12　安装制动蹄复位弹簧

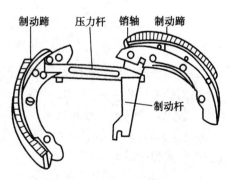

图 13-13　将制动蹄装在压力杆上

（4）装入上复位弹簧，在传动臂上装上手制动拉索。

（5）将制动蹄装在制动底板在，靠在制动分泵外槽上。

（6）装入各种弹簧。装入下复位弹簧，并把制动蹄提起，装到下面的支架上；装楔形件拉力弹簧；装压簧和弹簧座圈。

（7）装入制动鼓及后轮轴承和螺母，按规定力矩安装好六角轴头螺母，装上开口销。

（8）用力踩一下制动踏板，使制动蹄正确就位，并使摩擦片与制动鼓的间隙得到自动调整。

（9）安装好轮毂盖。

（10）安装车轮，按对角的顺序将螺母紧固至规定的力矩。

四、清洁整理

将实习场地必要的物品留下，依照规定的合理位置放置，并明确标示，将不必要的物品清除掉；对垃圾进行分类处理；将实习场地清扫干净，并保持卫生；使每位成员养成良好习惯，遵守规则做事。

【知识拓展】

不同结构形式的鼓式制动器

一、按促动装置不同分类

鼓式车轮制动器多为内张双蹄式，按促动装置的形式可分为轮缸式、凸轮式和楔块式，如图 13-14 所示。

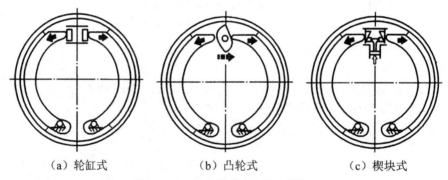

（a）轮缸式　　　　　（b）凸轮式　　　　　（c）楔块式

图 13-14　制动器促动装置的类型

二、用液压轮缸张开的鼓式制动器

根据制动过程中两制动蹄产生制动力矩的不同，鼓式制动器可分为领从蹄式、单向双领蹄式、双向双领蹄式、双向从蹄式、单向自增力式和双向自增力式等，如图 13-15 所示。

根据制动时两制动蹄对制动鼓作用的径向力是否平衡，鼓式制动器又可分为简单非平衡式、平衡式和自动增力式。

1. 领从蹄式（简单非平衡式）

如图 13-16 所示，汽车前进时制动鼓的旋转方向如箭头所示。在制动过程中，两制动蹄在

相等的促动力 F_S 作用下，分别绕各自的支撑点向外偏转，紧压在制动鼓上，同时，旋转的制动鼓对两蹄分别作用着法向反力 N_1 和 N_2，以及相应的切向反力 T_1 和 T_2，T_1 作用的结果使得制动蹄在制动鼓上压得更紧，则 N_1 变得更大，这种情况称为助势作用，相应的制动蹄被称为领蹄；与此相反，T_2 作用的结果则使得制动蹄有放松制动鼓的趋势，即 N_2 和 T_2 均有减小的趋势，这种情况称为减势作用，相应的制动蹄被称为从蹄。

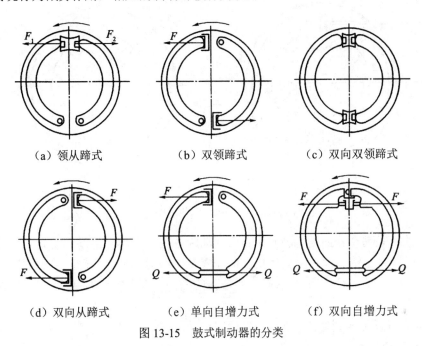

（a）领从蹄式　　（b）双领蹄式　　（c）双向双领蹄式

（d）双向从蹄式　　（e）单向自增力式　　（f）双向自增力式

图 13-15　鼓式制动器的分类

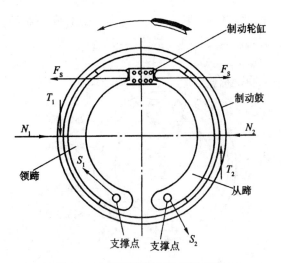

图 13-16　领从蹄式制动器示意图

2. 双领蹄式（平衡式）

制动鼓受来自两蹄的法向力互相平衡的制动器称为平衡式制动器。

（1）单向双领蹄式制动器。单向双领蹄式制动器的结构如图 13-17 所示。

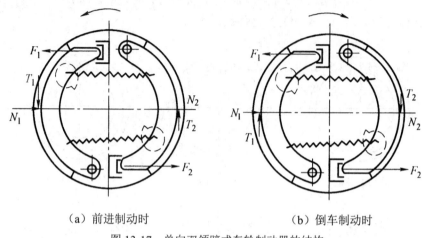

（a）前进制动时   （b）倒车制动时

图 13-17　单向双领蹄式车轮制动器的结构

单向双领蹄式制动器的结构特点是：两制动蹄各用一个单向活塞制动轮缸，且前后制动蹄与其轮缸、调整凸轮零件在制动底板上的布置是中心对称的，两轮缸用油管连接。其性能特点是：前进制动时两蹄均为"领蹄"，有较强的增力，倒车制动时两蹄均为"从蹄"，制动力较小。

（2）双向双领蹄式制动器。双向双领蹄式制动器的结构如图 13-18 所示，其结构特点是：制动蹄、制动轮缸、复位弹簧均成对地对称布置，两制动蹄的两端采用浮式支承，且支点在周向位置浮动，用复位弹簧拉紧。其性能特点是：汽车前进或倒车中制动时，两个制动蹄均为"领蹄"，均有较强的增力，制动效果好，蹄片磨损均匀。

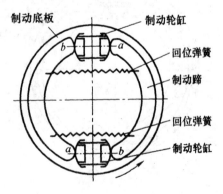

图 13-18　双向双领蹄式车轮制动器的结构

3. 自动增力式

（1）单向自增力式制动器。单向自增力式制动器的结构如图 13-19 所示。制动蹄 1 和制动蹄 2 的下端分别浮支在浮动的顶杆两端。制动器只在上方有一个支承销 4。不制动时，两蹄上端均靠各自的复位弹簧拉靠在支承销上。

汽车前进制动时，单活塞式轮缸只将促动力 F_{S1} 加于第一制动蹄，使其上端离开支承销，整个制动蹄绕顶杆左端支承点旋转，并压靠在制动鼓上。显然，第一制动蹄是领蹄，并且在促动力 F_{S1}、法向合力 N_1、切向（摩擦）合力 T_1 和沿顶杆轴线方向的力 S_1 作用下处于平衡状态。由于顶杆是浮动的，它自然成为第二制动蹄的促动装置，将与力 S_1 大小相等、方向相反的促动力 F_{S2} 施于第二制动蹄的下端，故第二制动蹄也是领蹄。

（2）双向自增力式制动器。双向自增力式制动器的结构如图 13-20 所示。前进制动时，两制动蹄在促动力 F_S 的作用下张开并压靠在制动鼓上，此时两蹄的上端均离开支承销，沿图中箭头方向旋转的制动鼓对两蹄产生摩擦力矩，带动两蹄沿旋转方向转过一个不大的角度，直到后蹄又顶靠到支承销上为止。此时，前蹄为"领蹄"，但其支承为浮动的推杆。制动鼓作用在前蹄的摩擦力和法向力的一部分对推杆形成一个推力 S，推杆又将此推力完全传到后蹄的下端。后蹄在推力 S 的作用下也成为"领蹄"，并在轮缸液压促动力 F_S 的作用下进一步压紧制动鼓。推力 S 比促动力 F_S 大得多，从而使后蹄产生的制动力矩比前蹄更大。倒车制动时，作用过程与此相反，与前进制动时具有同等的自增力作用。

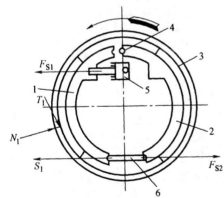

1—制动蹄 1；2—制动蹄 2；3—制动鼓；
4—支承销；5—轮缸；6—顶杆
图 13-19　单向自增力式制动器的结构

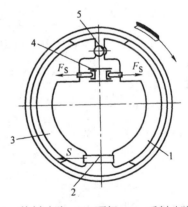

1—前制动蹄；2—顶杆；3—后制动蹄；
4—制动轮缸；5—支承销
图 13-20　双向自增力式制动器的结构

以上介绍的各类型制动器各有利弊。就制动效能而言，在基本结构参数和轮缸工作压力相同的条件下，自增力式制动器居榜首，以下依次为双向双领蹄式、单向双领蹄式、领从蹄式，但就制动效能的稳定性而言，自动增力式车轮制动器对摩擦系数的依赖性最大，因而其制动效能的稳定性最差，领从蹄式车轮制动器制动效能的稳定性居中，双领蹄式车轮制动器制动效能的稳定性最好。

任务 2 盘式制动器构造与维修

【任务描述】

盘式制动器是汽车上另一种制动器，在小型车甚至重型汽车上应用广泛。本任务是让学生学会盘式制动器的组成及其工作原理；学会盘式制动器的拆装、维修方法；根据环保要求，妥善处理辅料、废弃液体和损坏的零部件。

【相关知识】

盘式制动器根据其固定元件的结构形式可分为钳盘式制动器和全盘式制动器。近年来汽车前后轮都采用钳盘式制动器的结构日渐增多。

钳盘式制动器按制动钳固定在支架上的结构形式可分为定钳盘式和浮钳盘式，如图 13-21 所示。

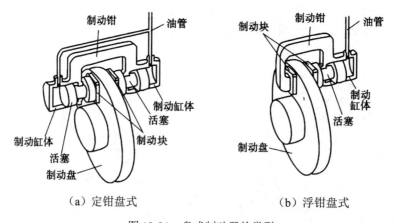

（a）定钳盘式　　　　　　　　（b）浮钳盘式

图 13-21　盘式制动器的类型

1. 定钳盘式制动器

定钳盘式制动器的工作原理如图 13-22 所示，其旋转元件是制动盘，它和车轮固装在一起可旋转，其端面为摩擦工作表面。跨置在制动盘上的制动钳体固定安装在车桥上，它不能旋转也不能沿制动盘轴线方向移动，其内部的两个活塞分别位于制动盘的两侧。制动时，制动油液由制动主缸（制动总泵）经进油管进入钳体中两个相通的液压腔中，将两侧的摩擦块压向与车轮固定连接的制动盘，从而产生制动。

2. 浮钳盘式制动器

浮钳盘式制动器的工作原理如图 13-23 所示。制动钳通过导向销（图 13-23 中未画出）与车桥相连,可以相对于制动盘轴向移动。制动钳体只在制动盘的内侧设置油缸,而外侧的制动块则附装在钳体上。制动时,液压油通过进油管进入制动轮缸,推动活塞及其上的摩擦块向右移动,并压到制动盘上,使得油缸连同制动钳整体沿导向销向左移动,直到制动盘右侧的摩擦块也压到制动盘上,夹住制动盘并使其制动。

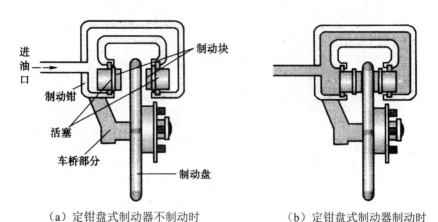

（a）定钳盘式制动器不制动时　　　　（b）定钳盘式制动器制动时

图 13-22　定钳盘式制动器的工作原理图

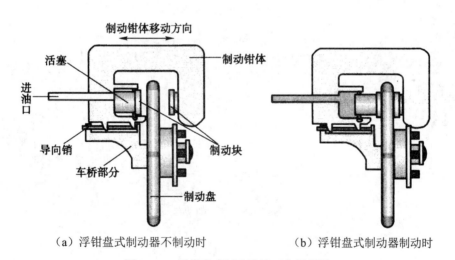

（a）浮钳盘式制动器不制动时　　　　（b）浮钳盘式制动器制动时

图 13-23　浮钳盘式制动器的工作原理图

　　如图 13-24 所示,制动缸体内壁槽内安装有活塞密封圈,可防止制动液从活塞与制动缸体的间隙中流出,对活塞起密封作用。液压使活塞运动,靠近活塞端的密封圈也随活塞一起变形,但槽内的密封圈不变形。当液压消失后,密封圈在橡胶恢复力的作用下往回运动,同时带动活塞往回运动。当制动摩擦块磨损时,活塞会自动从密封圈上滑移相应的距离,因此制动摩擦块和制动盘之间的间隙一般为定值。

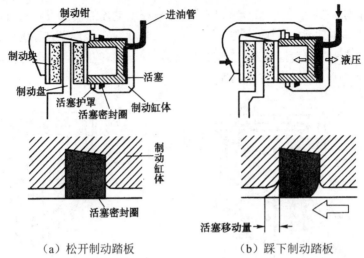

（a）松开制动踏板　　　　　　　（b）踩下制动踏板

图 13-24　盘式制动器的工作原理

图 13-25 所示为轿车的前轮盘式制动器，该制动器为浮钳盘式制动器。它由制动盘、内外摩擦块、制动钳壳体、制动钳支架、前制动轮缸等组成。

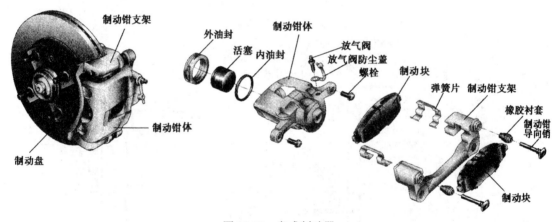

图 13-25　盘式制动器

【案例】

一辆丰田卡罗拉汽车，行驶的过程中驻车制动灯亮，表明制动液位低，经过检查发现制动系统无漏泄现象，说明盘式制动器制动块磨损严重，更换后，驻车制动灯灭，汽车正常。

【任务实施】

盘式制动器拆解、检查与维修

卡罗拉汽车前轮盘式制动器结构如图 13-26 和图 13-27 所示。

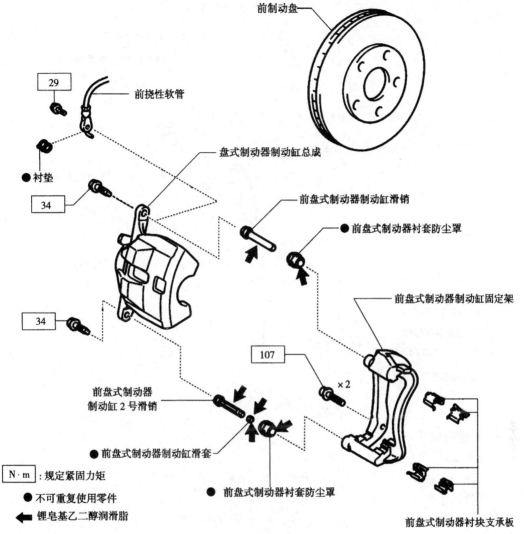

图 13-26　前轮盘式制动器结构（一）

一、实训的目的和要求

（1）学会正确使用常用工具和专用工具。

（2）掌握盘式制动器的结构、原理及正确拆装和维修方法。

二、实训的设备及工具

（1）设备：丰田卡罗拉汽车轿车。

（2）普通工具：组合工具、扭力扳手、螺丝刀、直板尺、螺旋测微器、百分表。

（3）专用工具与量具：SST 09330-00021、法兰固定工具。

（4）其他：锂皂基乙二醇润滑脂。

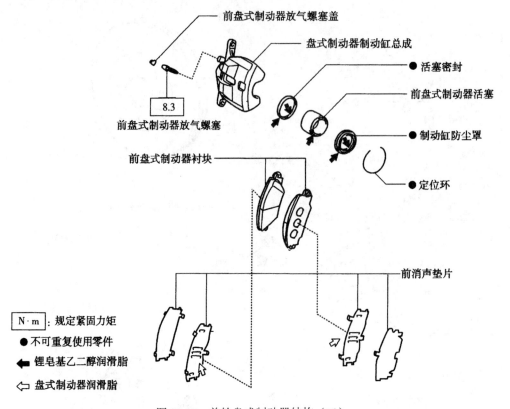

前盘式制动器放气螺塞盖

盘式制动器制动缸总成

● 活塞密封

前盘式制动器活塞

8.3

前盘式制动器放气螺塞

● 制动缸防尘罩

前盘式制动器衬块

● 定位环

前消声垫片

N·m ：规定紧固力矩

● 不可重复使用零件

◀ 锂皂基乙二醇润滑脂

◁ 盘式制动器润滑脂

图 13-27　前轮盘式制动器结构（二）

三、步骤及操作方法

1. 准备工作

（1）在汽车进入工位前，将工位清理干净，准备好相关的器材。

（2）将汽车停驻在举升机中央位置。

（3）拉紧驻车制动器操纵杆，并将变速杆置于空挡位置。

（4）套上转向盘护套、变速杆手柄套和座位套，铺设脚垫。

（5）在车内拉动发动机舱盖手柄，在车外打开并支撑发动机舱盖。

（6）粘贴翼子板和前脸磁力护裙。

2. 前制动盘的拆卸

（1）拆卸前轮。

（2）排净制动液。

注意：立即冲洗与制动液接触的油漆表面。

（3）断开前挠性软管。拆下接头螺栓和衬垫，并从盘式制动器制动缸总成上分离前挠性软管，如图 13-28 所示。

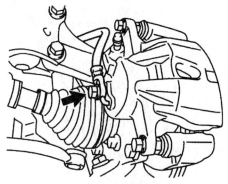

图 13-28　分离前挠性软管

　　（4）拆卸盘式制动器制动缸总成，如图 13-29 所示。固定前盘式制动器制动缸滑销，并拆下两个螺栓和盘式制动器制动缸总成。

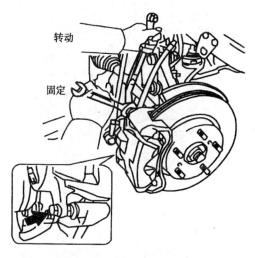

转动

固定

图 13-29　拆卸制动缸总成

　　（5）拆下前盘式制动器衬块，如图 13-30 所示。从前盘式制动器制动缸固定架上拆下两个盘式制动器衬块。

　　（6）拆卸前消声垫片。从各制动衬块上拆下四个消声垫片。

　　（7）拆卸前盘式制动器衬块支承板，如图 13-31 所示。从前盘式制动器制动缸固定架上拆下两个盘式制动器衬块 1 号支承板和两个前盘式制动器衬块 2 号支承板。

　　注意：各前盘式制动器衬块支承板的形状均不相同。确保在各前盘式制动器衬块支承板上做好识别标记，以便将其安装至各自的原位。

　　（8）拆卸前盘式制动器制动缸滑销，如图 13-32 所示。从盘式制动器制动缸固定架上拆下前盘式制动器制动缸滑销。

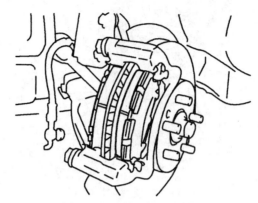

图 13-30　拆卸制动器衬块

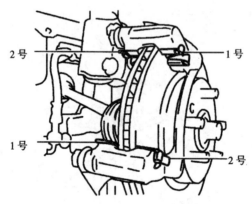

2 号　　　　　　　　　　　　　　　1 号

1 号　　　　　　　　　　　　　　　2 号

图 13-31　拆卸衬块支承板

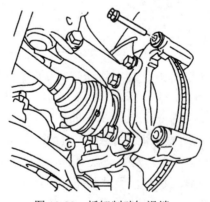

图 13-32　拆卸制动缸滑销

　　（9）拆卸前盘式制动器制动缸 2 号滑销，如图 13-33 所示。从前盘式制动器制动缸固定架上拆下前盘式制动器制动缸 2 号滑销。

（10）拆卸前盘式制动器制动缸滑套，如图 13-34 所示。用螺丝刀从前盘式制动器制动缸 2 号滑销上拆下前盘式制动器制动缸滑套。

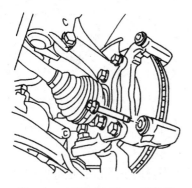

图 13-33　拆卸制动缸 2 号滑销

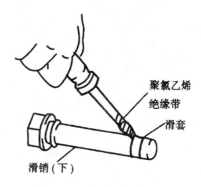

聚氯乙烯
绝缘带
滑套
滑销（下）

图 13-34　拆卸制动缸滑套

注意：不要损坏前盘式制动器制动缸 2 号滑销。

提示：在使用螺丝刀之前，请在螺丝刀头部缠上胶带。

（11）拆卸前盘式制动器衬套防尘罩，如图 13-35 所示。从前盘式制动器制动缸固定架上拆下 2 个前盘式制动器制动缸衬套防尘罩。

（12）拆卸前盘式制动器制动缸固定架，如图 13-36 所示。从转向节上拆下 2 个螺栓和前盘式制动器制动缸固定架。

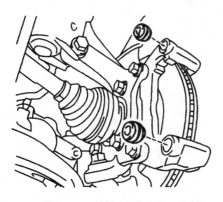

图 13-35　拆卸防尘套

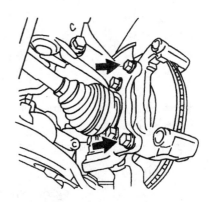

图 13-36　拆卸制动缸固定架

（13）拆卸前制动盘，如图 13-37 所示。

提示：在制动盘和车桥轮毂上做好装配标记。

3．前制动盘的检查

（1）检查衬块厚度，如图 13-38 所示。用直尺测量衬块厚度。标准厚度为 12.0mm，最小厚度为 10mm。

图 13-37 拆卸前制动盘

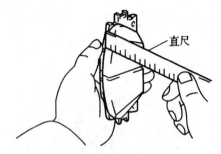

图 13-38 检查衬块厚度

如果衬块厚度小于最小厚度，应更换盘式制动器衬块。

换上新的制动器衬块后，务必检查前制动盘的磨损。

（2）检查前盘式制动器衬块支承板。确保盘式制动器衬块支承板有足够的弹性，没有变形、裂纹或磨损，并清除所有的锈迹和污垢。如有必要，更换盘式制动器衬块支承板。

（3）检查制动盘厚度，如图 13-39 所示。用螺旋测微器测量制动盘厚度。标准厚度为 22.0mm，最小厚度为 19.0mm。

图 13-39 检测制动盘的厚度

如果制动盘厚度小于最小值，则更换前制动盘。

（4）检查制动盘径向跳动。

①如图 13-40 所示，用 SST（SST 09330-00021）固定制动盘，并用 2 个螺母紧固制动盘。力矩为 103N·m。

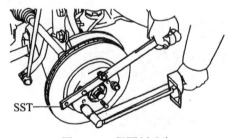

图 13-40 紧固制动盘

提示：拧紧螺母的同时用 SST 固定制动盘。

②检查前桥轮毂轴承的松弛度和前桥轮毂的径向跳动。

③如图 13-41 所示，用百分表在距离前制动盘外缘 10mm 的地方测量制动盘的径向跳动。制动盘最大径向跳动为 0.05mm。

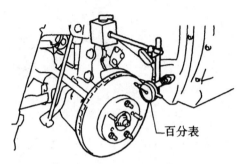

图 13-41　检查径向跳动

如果径向跳动超过最大值，改变车桥轮毂上制动盘的安装位置以减小径向跳动。如果安装位置改变后径向跳动仍超过最大值，则研磨制动盘。如果制动盘厚度小于最小值，更换前制动盘。

④拆下 2 个螺母和前制动盘。

4. 前盘式制动器的安装

（1）安装前制动盘。对准制动盘和车桥轮毂的装配标记，并安装制动盘。

注意：换上新的制动盘时，应选择前制动盘径向跳动最小的位置进行安装。

（2）安装前盘式制动器制动缸固定架。用 2 个螺栓将前盘式制动器制动缸固定架安装至转向节。力矩为 107N·m。

（3）安装前盘式制动器衬套防尘罩，如图 13-42 所示。

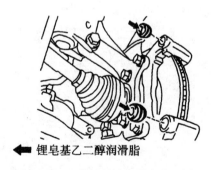

锂皂基乙二醇润滑脂

图 13-42　安装制动器衬套防尘罩

①在 2 个新的前盘式制动器衬套防尘罩上涂抹锂皂基乙二醇润滑脂。

②将 2 个前盘式制动器衬套防尘罩安装至前盘式制动器制动缸固定架上。

（4）安装前盘式制动器制动缸滑套，如图 13-43 所示。

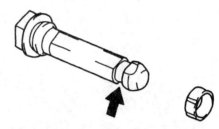

← 锂皂基乙二醇润滑脂

图 13-43　安装制动缸滑套

①在新的前盘式制动器制动缸滑套上涂抹锂皂基乙二醇润滑脂。

②将前盘式制动器制动缸滑套安装至前盘式制动器制动缸 2 号滑销。

（5）安装前盘式制动器制动缸滑销。

①在前盘式制动器的制动缸滑销上涂锂皂基乙二醇润滑脂。

②将前盘式制动器制动缸滑销安装至前盘式制动器制动缸固定架。

（6）安装前盘式制动器制动缸 2 号滑销。

①在前盘式制动器制动缸 2 号滑销上涂抹锂皂基乙二醇润滑脂。

②将前盘式制动器制动缸 2 号滑销安装至前盘式制动器制动缸固定架。

（7）安装前盘式制动器衬块支承板。将 2 个前盘式制动器衬块 1 号支承板和 2 个前盘式制动器衬块 2 号支承板安装至前盘式制动器制动缸固定架。

注意：确保每个前盘式制动器衬块支承板都安装至正确的位置和方向。

（8）安装前消声垫片，如图 13-44 所示。

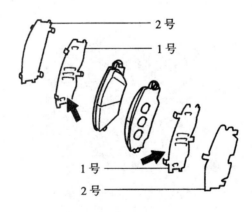

← 盘式制动器润滑脂

图 13-44　安装消声垫片

①在每个 1 号消声垫片的两侧涂抹盘式制动器润滑脂。

注意：更换磨损的衬块时必须一同更换消声垫片，在正确的位置和方向上安装垫片；在与消声垫片接触的部位涂抹盘式制动器润滑脂，盘式制动器润滑脂可能会从消声垫片的安装部位稍稍溢出，确保盘式制动器润滑脂没有涂到衬片表面上。

②将 2 个 1 号消声垫片和 2 个 2 号消声垫片安装至各制动器衬块上。

（9）安装前盘式制动器衬块。将两个盘式制动器衬块安装至盘式制动器制动缸固定架。

注意：盘式制动器衬块或前制动盘的摩擦面上应无油污或润滑脂。

（10）安装盘式制动器制动缸总成。固定前盘式制动器制动缸滑销，并用 2 个螺栓将盘式制动器制动缸总成安装至前盘式制动器制动缸固定架。力矩为 34N·m。

（11）连接前挠性软管。用接头螺栓和新衬垫将挠性软管连接至盘式制动器制动缸总成。力矩为 29N·m。

提示：将挠性软管牢固安装至盘式制动器制动缸的锁孔中。

（12）给储液罐加注制动液。

（13）对制动主缸进行放气。

（14）对制动管路进行放气。

（15）对制动器执行器进行放气（带 VSC）。

（16）检查制动液是否泄漏。

（17）检查制动液液位。

（18）安装前轮。力矩为 103N·m。

四、清洁整理

将实习场地所必要的物品留下，依照规定的合理位置放置，并明确标示，将不必要的物品清除掉；对垃圾进行分类处理；将实习场地清扫干净并保持卫生；使每位成员养成良好习惯，遵守规则做事。

【知识拓展】

气压盘式制动器

气压盘式制动器 ADB（Air Disc Brake）最早出现于 20 世纪 90 年代中期，广泛应用于中重型车辆。它具有整体结构简单、重量轻、制动噪音小、散热快、制动间隙小以及维护简单等众多优于鼓式制动器的特点。目前 ADB 在欧洲发展迅速，挂车安装率超过 50%，部分国家已经制定法规强制在公交车上安装使用 ADB。

WABCO PAN 系列制动器使用空气为动力，采用浮钳盘式和单推杆促动，并使用了专利技术以控制制动衬块斜向磨损，在有效减少质量的情况下，同时保证了盘式制动器的性能。

如图 13-45 所示，气压盘式制动器主要由两部分组成：制动钳和制动钳支架。制动钳支架通过螺栓直接连接到车桥上，如图 13-46 所示。而制动钳通过导向销连接到制动钳支架上。制动时制动钳（包括制动气室、制动衬块、推盘等）可以沿导向销做轴向运动。

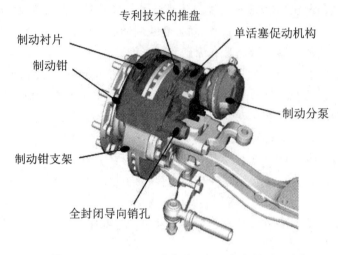

图 13-45　WABCO（威伯科）气压盘式制动器结构

　　具体制动过程为：如图 13-46 所示，制动气室直接安装在制动钳体上。制动气室推杆的球头面在摆杆的球窝内，当气室促动时，推杆推动摆杆转动，摆杆的偏心凸轮的转动推动促动机构向左做直线运动，使外制动衬块压向制动盘，在反作用力的作用下，浮动钳体沿滑动导向销向右移动，使内制动衬块压向制动盘，此时内外制动衬块与制动盘之间产生摩擦，使制动盘减速。另外摆杆及自调机构可调整制动衬块与制动盘的间隙，使之保持正常。

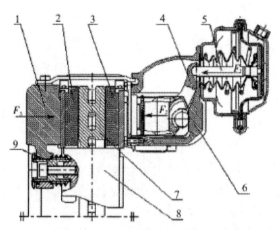

1—浮动钳体；2—内制动衬块；3—外制动衬块；4—摆杆及自调机构；
5—制动气室；6—制动钳体；7—制动盘；8—固定支架；9—滑动导向销

图 13-46　气压盘式制动器工作原理

任务 3　驻车制动器构造与维修

【任务描述】

驻车制动系是汽车上必备的第二套制动系统，不同类型的汽车采用的结构形式和控制方法不同。本任务是让学生学会驻车制动器的组成及其工作原理；学会驻车制动器的拆装、检修方法；根据环保要求，妥善处理辅料、废弃液体和损坏的零部件。

【相关知识】

驻车制动器的功用如下：

（1）车辆停驶后防止滑溜。

（2）使车辆在坡道上能顺利起步。

（3）行车制动系失效后临时使用或配合行车制动器进行紧急制动。

按驻车制动器在汽车上安装位置的不同，驻车制动装置分中央制动式和车轮制动式。前者的制动器通常安装在变速器后面，又称中央驻车制动器，其制动力矩作用在传动轴上；后者和行车制动装置共用制动器（通常为后轮制动器），又称复合制动器或车轮驻车制动器，只是传动装置互相独立。驻车制动传动装置一般采用人力机械式，通过钢索或杠杆来驱动，有些汽车采用电动式。

一、安装在变速器后面的鼓式驻车制动器

这种形式的驻车制动器主要用于发动机前置后轮驱动的微型汽车、轻型货车。

驻车制动器安装在变速器或分动器之后，其制动力矩作用在传动轴上。以 BJ2020N 车为例，该车驻车制动系统属于凸轮张开式中央驻车制动器，如图 13-47 所示，其结构与前述用凸轮张开的车轮制动器相同。

如图 13-48 所示，凸轮张开式中央驻车制动器的制动鼓通过螺杆与变速器第二轴后端凸缘盘紧固在一起，制动底板由底板支座用螺栓固定在变速器第二轴轴承盖上，两制动蹄下端松套在固定于制动底板的偏心支承销上，制动蹄上端装有滚轮 12。制动凸轮通过制动底板支座支承在制动底板上部，其外端与摆臂 8 的一端用细花键连接，摆臂的另一端与装压紧弹簧的拉杆 9 相连。制动时，拉起制动杆，通过传动杆、摇臂、摆臂、拉杆使得凸轮转动制动蹄张开，解除制动时，将按钮按下，解除锁止棘爪锁止，放下制动杆，解除制动力，制动蹄用回位弹簧的力复位。

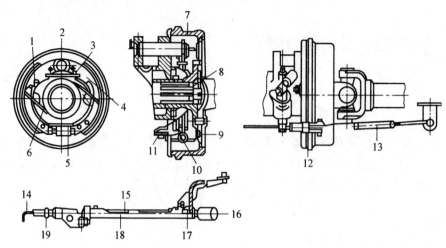

1—制动蹄回位弹簧；2—支承销；3—制动推杆；4—制动杠杆；5—可调杠杆；6—制动蹄压紧弹簧；
7—制动鼓；8—分动器对后桥输出轴；9—堵塞；10—制动杠杆传动杆；11—摇臂；12—调整叉；
13—摇臂回位弹簧总成；14—拉索；15—驻车制动操纵杆；16—操纵杆手柄；17—棘爪；18—驻车
制动杆导套；19—拉索导套

图 13-47　BJ2020N 驻车制动系统

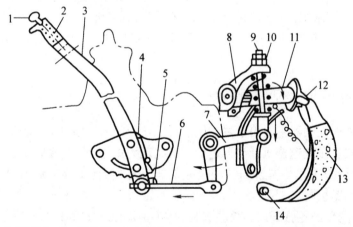

1—按钮；2—拉杆弹簧；3—制动杆；4—齿扇；5—锁止棘爪；6—传动杆；7—摇臂；8—摆臂；
9—拉杆；10—调整螺母；11—凸轮轴；12—滚轮；13—制动蹄；14—偏心支承销孔

图 13-48　凸轮张开式中央驻车制动器

二、安装在后轮的鼓式驻车制动器

　　驻车制动装置主要由驻车制动杆、制动拉索及后轮制动器中的驻车制动器等组成，如图
13-49 所示，它作用于后轮，主要是在坡路或平路上停车时使用或在紧迫情况下做紧急制动。

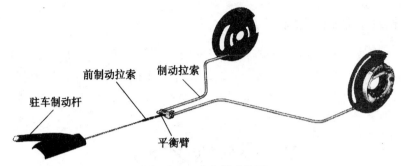

图 13-49　驻车制动装置

图 13-50 所示为驻车制动器的工作原理。驻车制动时，拉起操纵杆，操纵杆的力通过操纵机构使驻车制动拉索收紧，拉索则拉动驻车制动杠杆的下端，使之绕上端支点顺时针转动，制动杠杆转动过程中，其中间支点推动驻车制动推杆左移，使前制动蹄压向制动鼓。前制动蹄压向制动鼓后，制动推杆停止运动，则驻车制动杠杆的中间支点变成其继续移动的新支点，于是驻车制动杠杆的上端右移，使后制动蹄压靠在制动鼓上，产生制动作用。此时，驻车制动操纵杆上的棘爪嵌入齿扇上的棘齿内，起锁止作用。

解除驻车制动时，按下驻车制动操纵杆上的按钮，使棘爪脱离棘齿，将操纵杆回到释放制动位置，松开驻车制动拉索，则制动蹄在复位弹簧的作用下复位。

对于 4 个车轮采用盘式制动器的汽车来说，驻车用的小型鼓式驻车制动器内置于后轮盘式制动器中，并通过拉索和连杆等机构固定在盘式制动器上，图 13-51 所示为丰田卡罗拉轿车驻车制动器的结构。

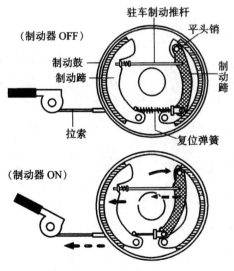

图 13-50　驻车制动器的工作原理

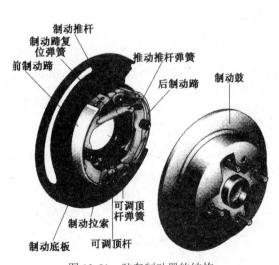

图 13-51　驻车制动器的结构

三、安装在后轮的盘式驻车制动器

带凸轮促动机构的浮式制动钳可作为车轮驻车制动器（盘式制动器），如图 13-52 所示，它也是采用操控机构，拉动驻车杠杆，推动制动轮缸里的活塞工作，压紧制动块达到驻车的目的。

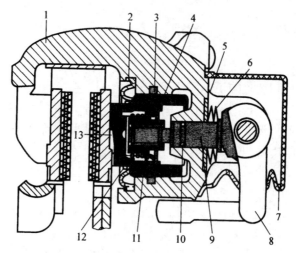

1—制动钳体；2—活塞护罩；3—活塞密封圈；4—挡片；5—膜片弹簧支承垫圈；6—膜片弹簧；7—驻车制动杠杆保护罩；8—驻车制动杠杆；9—自调杠杆；10—推力球轴承；11—自调螺母；12—螺母扭簧；13—活塞

图 13-52　带凸轮促动机构的浮式制动钳

【案例】

一辆丰田卡罗拉汽车，驻车制动杠杆的行程过大，有时出现轻微溜车现象，对驻车制动拉索的长度进行调整，达到标准：以 200N 的力拉动杠杆时有 6~9 个槽口，故障消除，恢复正常。

【任务实施】

驻车制动器的拆装、检查与维修

一、实训的目的和要求

（1）学会正确使用常用工具和专用工具。

（2）掌握驻车制动器的结构、原理及正确拆装和维修方法。

二、实训的设备及工具

（1）设备：丰田卡罗拉汽车。

（2）普通工具：组合工具、扭力扳手、维修手册。

三、步骤及操作方法

1. 准备工作

（1）在汽车进入工位前，将工位清理干净，准备好相关的器材。

（2）将汽车停驻在举升机中央位置。

（3）拉紧驻车制动器操纵杆，并将变速杆置于空挡位置。

（4）套上转向盘护套、变速杆手柄套和座位套，铺设脚垫。

（5）在车内拉动发动机舱盖手柄，在车外打开并支撑发动机舱盖。

（6）粘贴翼子板和前脸磁力护裙。

2. 驻车制动器拆解

（1）松开驻车制动器操纵杆。

（2）将车辆举升至合适的位置。

（3）按要求拆下后车轮。

（4）先拆下后制动钳，卸下制动钳支承支架，然后在制动盘与轮毂之间的位置上做上标记，以便安装时参考。

（5）拆下后盘式制动盘后，松开驻车制动拉索，并拆下驻车制动执行器。拆下防抱死制动系统线束和电气插头，在轮毂与后轮之间做上标记以便再装配。卸下后轮安装螺栓，拆下轮毂，然后拆下驻车制动蹄片。清理驻车制动调节器并重新设置。

3. 检查

检查制动鼓、制动蹄的磨损情况，超出标准值时应更换。

4. 驻车制动器的安装

（1）驻车制动蹄片的安装。安装驻车制动蹄片时，按照拆卸时的相反顺序进行。安装完毕后，应检查确认蹄片与压紧卡箍接合，并调整驻车制动器。

（2）检查驻车制动杠杆行程。

①用力拉住驻车制动杠杆。

②松开驻车制动器锁，并将驻车制动杠杆放回到关闭位置。

③缓慢将驻车制动杠杆向上拉到底，并计算咔嗒声和次数。

标准驻车制动杠杆行程：以 200N 的力拉动杠杆时有 6～9 个槽口。

（3）调整驻车制动杠杆行程。

①拆下后地板控制台总成。

②完全松开驻车制动杠杆。

③松开锁紧螺母和调整螺母，以完全松开驻车制动器拉索。

④发动机停机时，完全踩下制动踏板 3～5 次。

⑤转动调整螺母，直到驻车制动杠杆行程修正至规定范围内，如图 13-53 所示。

标准驻车制动杠杆行程：以 200N 的力拉动杠杆时有 6～9 个槽口。

⑥紧固锁紧螺母。力矩为 6.0N·m。

⑦操作驻车制动杠杆3~4次，并检查驻车制动杠杆行程。

⑧检查驻车制动器是否卡滞。

⑨安装后地板控制台总成。

5. 检查后盘式制动器制动缸操作杆和挡块之间的间隙

松开驻车制动杠杆，检查并确认后盘式制动器制动缸操作杆和挡块之间的间隙测量值在规定范围内，如图13-54所示。间隙值应不大于0.5mm。

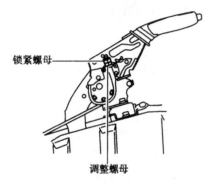

图13-53　驻车制动杠杆行程的调整

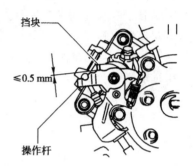

图13-54　检查操作杆和挡块之间的间隙

如果间隙不在规定范围内，则更换后盘式制动器制动钳总成。

6. 检查制动警告灯

操作驻车制动杠杆时，检查并确认制动警告灯亮起。

7. 安装车轮，试车

四、清洁整理

将实习场地所必要的物品留下，依照规定的合理位置放置，并明确标示，将不必要的物品清除掉；对垃圾进行分类处理；将实习场地清扫干净，并保持卫生；使每位成员养成良好习惯，遵守规则做事。

【知识拓展】

电子驻车制动系统

电子驻车制动简称"电子制动"，和传统制动相比，操作更为简单而且省力。电子制动使用小巧的按钮取代了传统的制动拉杆，让车内空间得到更好的利用。电子制动配合各种电控单元及机构，可以在适当的时候制动和驻车。而由于电子制动的执行机构只接受电信号指令，所以电子制动在车辆防盗系统中也起到了很重要的作用。

电子驻车制动可分为拉索牵引式和整合卡钳式两种。

一、拉索牵引式电子驻车制动系统

拉索牵引式电子制动的制动执行机构与传统制动无异，同为制动蹄式，只是把手动的拉索改为电动形式。正是因为拉索牵引式电子制动的加装成本低，因而其更利于车型的设计变更。

　　拉索牵引式电子驻车制动实物与拉索牵引式电子驻车制动系统实拍图分别如图 13-55 和图 13-56 所示。

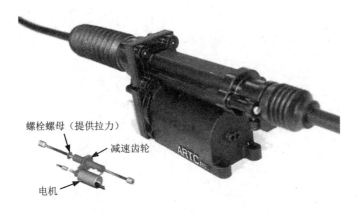

螺栓螺母（提供拉力）

减速齿轮

电机

图 13-55　拉索牵引式电子驻车制动实物

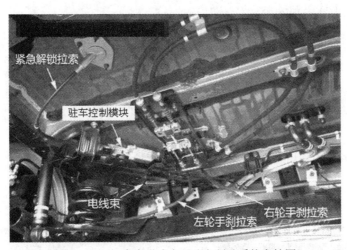

紧急解锁拉索

驻车控制模块

电线束

左轮手刹拉索

右轮手刹拉索

图 13-56　拉索牵引式电子驻车制动系统实拍图

　　整个电子驻车制动系统与传统拉索式制动差别不大，仅仅是把原来用于平衡左右侧驻车制动力的制动拉索平衡器换成了电子制动拉索控制模块而已。如图 13-56 所示，电子制动拉索的执行结构相当紧凑，易于在车上加装。

　　如图 13-57 所示，拉索式电子驻车制动执行机构由电机、减速齿轮组、离合器、螺纹轴、拉索平衡器以及紧急解锁拉索等组成。

　　当驾驶员按下位于换挡杆附近的电子驻车制动开关（如图 13-58）时，电子制动控制模块接收到来自制动按钮的信号。如当前车辆的行驶状态符合电脑中所预设的条件，控制模块则会向执行机构的电机施加 12V 电压让其转动。电机释放的扭矩通过减速机构及离合器传递到螺纹轴上,螺纹轴的转动带动螺母轴向移动从而通过拉索平衡器拉紧控制左右后轮驻车制动蹄的拉索,实现后轮制动功能。

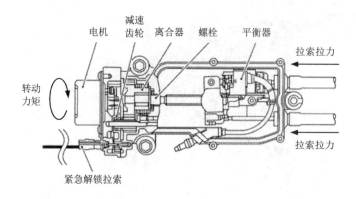

图 13-57　拉索式电子驻车制动执行机构内部结构图

二、卡钳式电子驻车制动系统

整个电子驻车制动系统的执行部件均位于后轮制动卡钳上,信号通过电线传导,没有了传统的制动拉索,系统变得更加简单。

卡钳式电子制动驱动部件外部结构如图 13-59 所示,卡钳式电子制动驱动部件内部结构如图 13-60 所示。卡钳式电子制动驱动部件由电机、传动皮带、减速机构、心轴螺杆以及制动活塞等组成。

图 13-58　电子驻车制动开关

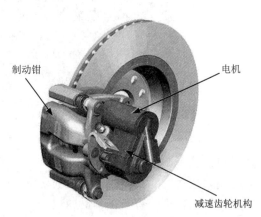

图 13-59　卡钳式电子制动驱动部件外部结构

当驾驶员按下位于换挡杆附近的电子制动开关时,电子制动控制模块接收到来自按钮的信号。如当前车辆的行驶状态符合电脑中所预设的条件,控制模块则会向执行机构的电机施加12V 电压让其转动。电机释放的扭矩通过减速机构传递到心轴螺杆,心轴螺杆通过螺栓螺母机构推动制动活塞轴向运动实现对后轮的制动。

当车速小于 7km/h 时：驾驶员通过按下电子驻车制动开关使用制动系统，位于后轮制动钳上的制动控制模块电机开始转动，对制动盘施加制动力；同时传统的液压制动也介入工作，让制动响应更加敏捷。车辆在驻车时，驾驶员通过踩加速踏板或者踩制动踏板（使制动力达到 10bar）能实现自动释放制动。

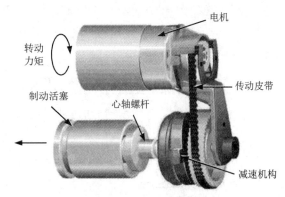

图 13-60　卡钳式电子制动驱动部件内部结构

（图中标注：电机、转动力矩、传动皮带、制动活塞、心轴螺杆、减速机构）

当车速大于 7km/h 时：驾驶员长按住电子驻车制动开关会启动动态紧急制动功能。ESP 系统（电控车辆稳定行驶系统）工作，控制行车制动器对四个车轮进行制动。当车辆快停下来时，电子驻车制动系统电机才开始工作。因此电子驻车制动只在低速区起效，而其作为紧急制动功能也只在传统液压制动系统出现故障时才会介入（并非所有的电子制动系统都带有这种工作逻辑）。一般情况下，在高速行车时，汽车只能进行传统液压制动操作而无法单独制动后轮完成车辆甩尾动作（我们常说的"漂移"动作）。在正常情况下，电子制动只能用于低速制动及作为驻车制动。

如高速行驶时，液压制动系统突然失灵，驾驶员使用电子制动进行紧急制动将有可能导致车辆甩尾甚至掉头，非常危险。出现上述情况时，还是应降挡，利用发动机制动降低车速后再尝试利用电子制动。

传统驻车制动的操作范围更广。在任何车速下，只要拉动传统制动拉杆就能获得相应的后轮制动力。而由于传统制动采用的是纯机械传动，因而后轮制动力的大小与驾驶员拉制动拉杆的力度相关，且非常线性。电子制动的操作范围比传统制动要窄，电子制动只能进行低速制动以及实现驻车制动功能。常见的电子制动系统只有松和紧两种状态，无法精确并线性地控制后轮制动力。这就使得电子制动难以在赛车、街道跑车等运动车型中普及。

任务 4　液压制动传动装置构造与维修

【任务描述】

液压制动传动装置广泛应用于小型、轻型汽车上。本任务学习是让学生液压制动传动装置的组成及其工作原理；学会液压制动传动装置的拆装、检修方法；根据环保要求，妥善处理辅料、废弃液体和损坏的零部件。

【相关知识】

制动传动装置按传力介质的不同可分为液压式、气压式和气—液综合式；按制动管路的

13
项目

套数可分为单管路和双管路制动传动装置。按照交通法规的要求，现代汽车的行车制动系须采用双管路制动传动装置，若其中一套管路损坏，另一套仍然起制动作用，从而提高了制动的可靠性和安全性。

一、液压制动传动装置的基本组成及工作原理

如图 13-61 所示，液压式制动传动装置由制动踏板、制动主缸、储液罐、制动轮缸、油管等组成。现代汽车上采用了各种制动力调节装置，用以调节前后车轮制动管路的工作压力，常用的调节装置有限压阀、比例阀、感载比例阀和惯性阀等。

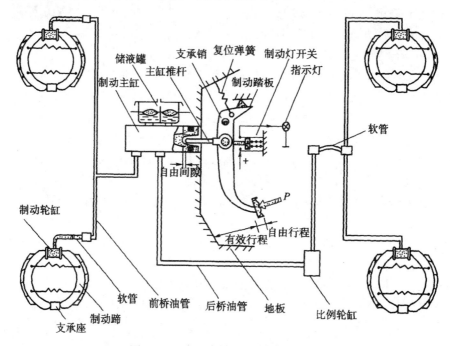

图 13-61　液压式制动传动装置的组成

双管路液压制动传动装置是利用彼此独立的双腔制动主缸，通过两套独立管路，分别控制两桥或三桥的车轮制动器。常见的双管路的布置方案有前后独立式和交叉式，如图 13-62 所示。

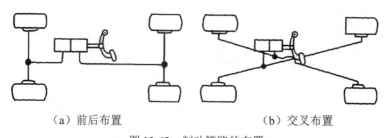

（a）前后布置　　　　　　　　　（b）交叉布置

图 13-62　制动管路的布置

　　前后独立式双管路液压制动传动装置由双腔制动主缸通过两套独立的管路分别控制前桥和后桥的车轮制动器。这种布置方式结构简单，如果其中一套管路损坏漏油，另一套仍能起作用，但会破坏前后桥制动力分配的比例，这种装置主要用于发动机前置后轮驱动的汽车。

　　交叉式双管路液压制动传动装置由双腔制动主缸通过两套独立的管路分别控制前后桥对角线方向的两个车轮制动器。这种布置方式在任一管路失效时，仍能保持一半的制动力，且前后桥制动力分配比例保持不变，这有利于提高制动方向稳定性。这种装置主要用于发动机前置前轮驱动的汽车。

二、液压制动传动装置主要部件

1. 制动主缸

　　制动主缸又称为制动总泵，处于制动踏板与管路之间，其功用是将制动踏板输入的机械力转换成液压力。对应于双管路制动系，制动主缸常用串联双腔式。制动主缸的结构如图 13-63 和图 13-64 所示。

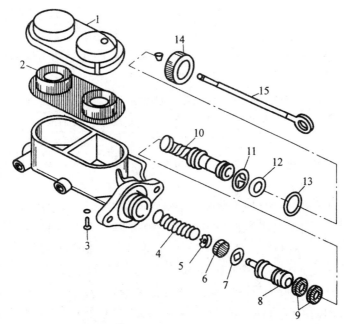

1－储液罐盖；2－膜片；3－活塞定位螺钉；4－弹簧；5－橡胶碗护圈；6－前橡胶碗；7－橡胶碗保护垫圈；8－前活塞①；9－前橡胶碗；10－后活塞②；11－推杆座；12－锁圈；13－密封圈；14－防尘套；15－推杆

图 13-63　串联式双腔制动主缸的分解图

　　串联式双腔制动主缸主要由储液罐、制动缸外壳、前活塞、后活塞、前后活塞弹簧、推杆及橡胶碗等组成。

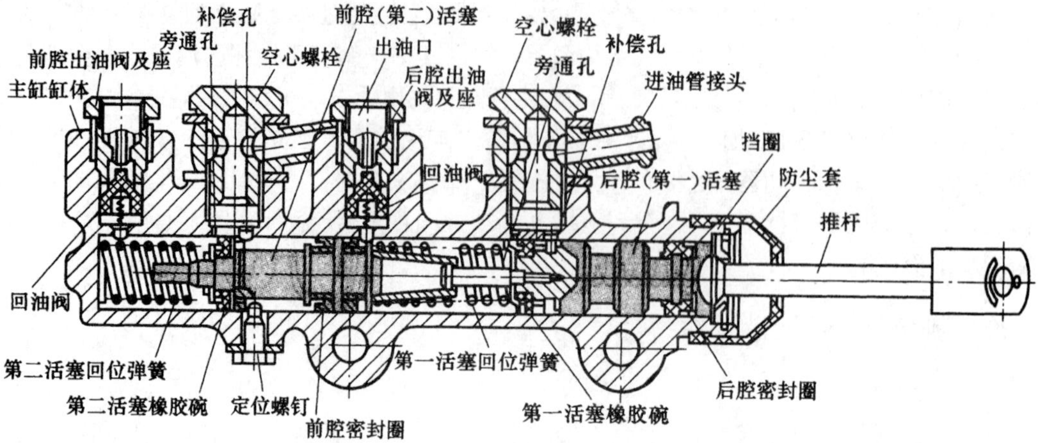

前腔出油阀及座　补偿孔　旁通孔　空心螺栓　前腔（第二）活塞　出油口　空心螺栓　补偿孔　旁通孔　进油管接头　挡圈　防尘套　后腔（第一）活塞　推杆　回油阀　主缸缸体　后腔出油阀及座　回油阀　第二活塞回位弹簧　第二活塞橡胶碗　定位螺钉　前腔密封圈　第一活塞回位弹簧　第一活塞橡胶碗　后腔密封圈

图 13-64　串联式双腔制动主缸结构示意图

　　主缸的壳体内装有前活塞①、后活塞②及回位弹簧，前后活塞分别用橡胶碗密封，前活塞用限位螺钉保证其正确位置。储液罐分别与主缸的前、后腔相通，前出油口、后出油口分别与轮缸相通，前活塞靠后活塞的液力推动，而后活塞直接由推杆推动。

　　制动主缸上端装有储油罐，制动主缸内的活塞②通过真空助力器内的推杆和制动踏板相连。

　　如图 13-65 所示，制动时，踩下制动踏板，通过推杆、真空助力器推动活塞②左移，直到橡胶碗盖住补偿孔后，工作腔中液压升高，油液一方面通过腔内出油口进入右前和左后制动管路，一方面又推动活塞①左移。在右腔液压和弹簧的作用下，活塞①向左移动，左腔压力也随之使油液通过腔内出油口进入右后和左前制动管路。当继续踩下制动踏板时，左、右腔的液压继续升高，使前、后管路制动器制动。

　　解除制动时，活塞在弹簧作用下复位，油液自制动管路流回制动主缸，如活塞复位过快，工作腔容积迅速增大，油压迅速降低，制动管路中的油液由于管路阻力的影响，来不及充分流回工作腔，使工作腔中形成一定的真空度，于是储油罐中的油液便经进油口和活塞的轴向小孔推开垫片及橡胶碗进入工作腔（某些车型中，油液通过橡胶碗的唇边进入工作腔）。当活塞完全复位时，补偿孔开放，制动管路中流回工作腔的多余油液经补偿孔流回储油罐。

　　若与左腔连接的制动管路损坏漏油，则在踏下制动踏板时只有右腔中能建立液压，左腔中无压力。此时在压差作用下，活塞①迅速移到其前端顶到主缸缸体上。此后，右工作腔中液压方能升高到制动所需的压力值。

　　若与右腔连接的制动管路损坏漏油，则在踏下制动踏板时，先是活塞②前移，而不能推动活塞①，因而右工作腔中不能建立液压。但在活塞②直接顶触活塞①时，活塞①便前移，使左工作腔液压方能升高到制动所需的压力值。

　　可见，双回路液压制动系中任意一回路失效时，制动主缸仍能工作，只是所需踏板行程加大，将导致汽车的制动距离增加，制动效能下降。

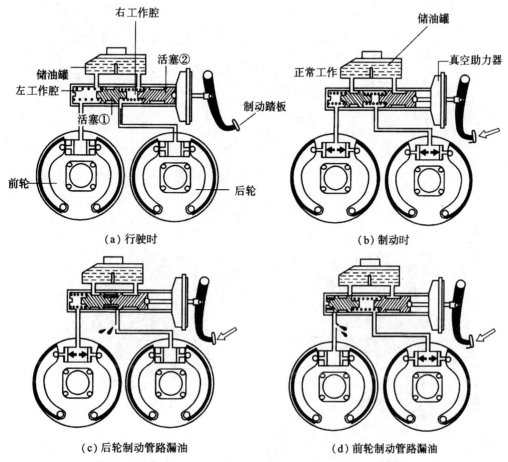

图 13-65　制动主缸的结构及工作原理

2. 制动轮缸

制动轮缸固定在制动底板上，其作用是将制动主缸传来的液压力转变为使制动蹄张开的机械推力。如图 13-66 所示，制动轮缸主要由缸体、活塞、皮碗、弹簧和放气螺钉等组成。放气螺钉的作用是排出混入制动液的空气。

3. 真空助力器

真空助力器安装在制动踏板与双腔串联式制动主缸之间，其作用是减轻驾驶员的制动操纵力。如图 13-67 所示，其内部有薄而宽的活塞，通过固定在活塞上的膜片将空气室和真空室隔离。真空室和发动机进气管相通。

复位弹簧安装在真空室的推杆上和推杆一起运动。橡胶阀门与在膜片座上加工出来的阀座组成真空阀，与控制阀柱塞的空气阀座组成空气阀。真空阀将真空室与空气室相连，空气阀将空气室和外界空气相连。发动机不工作时真空助力器不工作。

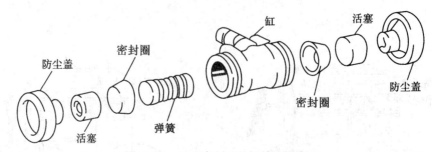

图 13-66　双活塞制动轮缸的分解图

如图 13-67（a）所示，真空室内的空气被吸进发动机进气管，产生负压。如图 13-67（b）所示，踩下制动踏板，真空阀关闭，空气阀打开。空气进入空气室，使空气室压力大于真空室压力，活塞向前运动，于是带动制动主缸内的活塞运动，产生制动油压。

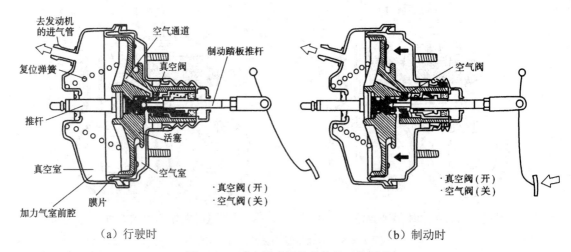

（a）行驶时　　　　　　　　　　　　　　　　（b）制动时

图 13-67　真空助力器的结构及工作原理

松开制动踏板，助力器活塞在复位弹簧的作用下恢复到原来的位置，制动踏板推杆也往回运动，空气阀关闭，真空阀打开，使真空室和空气室相通。其他制动机构也恢复到原来的位置，制动油压下降，制动解除，如图 13-67（a）所示。

当真空助力器或真空源失效时，作用于主缸推杆上的力取决于驾驶员对制动踏板施加的踏板力，但这时踏板力要比真空助力器或真空源未失效时的力大得多。

【案例】

一辆桑塔纳 2000 汽车，行车中出现拖滞，停车进行检查。如果某个车轮的制动鼓过热，则属于该轮制动器工作不良。但是检查后发现所有车轮的制动鼓均过热，表明主缸有故障。拆解后发现复合式单向阀有故障，这造成管路残余压力过高，更换制动主缸后汽车正常。

【任务实施】

液压双腔串联式制动主缸拆装、检查与维修

一、实训的目的和要求

（1）学会正确使用常用工具和专用工具。

（2）掌握液压双腔串联式制动主缸的结构、原理及正确拆装和维修方法。

二、实训的设备及工具

（1）设备：桑塔纳 2000 轿车。

（2）普通工具：组合工具、卡簧钳 1 把、维修手册。

三、步骤及操作方法

1．准备工作

（1）在汽车进入工位前，将工位清理干净，准备好相关的器材。

（2）将汽车停驻在举升机中央位置。

（3）拉紧驻车制动器操纵杆，并将变速杆置于空挡位置。

（4）套上转向盘护、变速杆手柄套和座位套，铺设脚垫。

（5）在车内拉动发动机舱盖手柄，在车外打开并支撑发动机舱盖。

（6）粘贴翼子板和前脸磁力护裙。

2．液压双腔串联式制动主缸的拆解

（1）制动主缸的车上拆卸（串联双腔制动主缸）（如图 13-68 所示）。

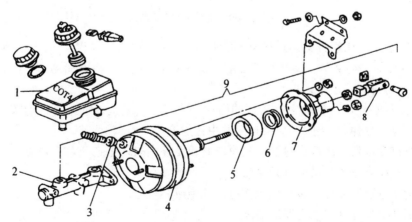

1—制动储油罐；2—制动主缸；3—真空单向阀；4—真空助力器；5—密封圈；6—支架密封圈；7—制动助力器安装支架（连接套总成）；8—连接叉；9—制动主缸助力器总成

图 13-68　制动主缸总成的助力器分解图

①拆下 4 根连接硬管。

②拆下制动液的储液罐。

③旋松制动主缸与真空助力器的连接螺母，取下主缸。

（2）制动主缸的分解（如图 13-69 所示）。

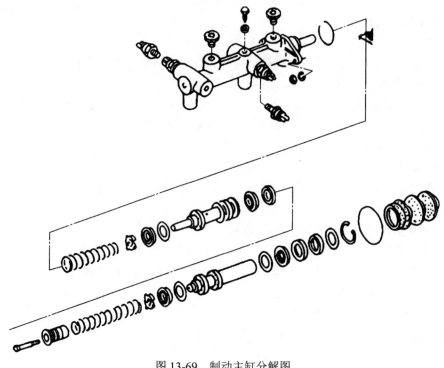

图 13-69　制动主缸分解图

①摘下防尘罩，用螺钉旋具顶住第一活塞，再用尖嘴钳取下挡圈，取出垫圈、导向油封，取下第一活塞组件，再从第一活塞组件上取下前密封圈、垫圈，旋下螺栓，取下弹簧座、弹簧、止推垫圈、后密封圈、垫圈。

②旋下限位螺栓，从制动主缸后端的出油口吹入压缩空气，顶出第二活塞和弹簧，从第二活塞上取下后密封圈、垫圈、前密封圈及中密封圈。

3. 检查前后活塞、前后密封圈以及中密封圈是否完好，若已损坏则应更换

4. 液压双腔串联式制动主缸的安装

（1）制动主缸的装合。装合顺序按拆卸的逆顺序进行。

（2）制动主缸与真空助力器的装配。

①真空助力器的推杆与主缸的第一活塞之间的间隙应在 0.6～0.65mm 之间。为专用工具测出制动主缸上第一活塞的深度（要带着垫圈），再用同一工具的另一端调整真空助力器推杆的长度。可旋转真空助力器推杆上的调整螺钉来达到标准，最后旋紧调整螺钉上的螺母。

②将真空助力器与制动主缸装在一起，旋紧螺母，其力矩为 20N·m。在真空助力器上装

上密封套、密封圈，安装支架后旋紧螺母，其力矩为 15N·m。调整连接叉，使其长度为 200mm，再旋紧螺母。

（3）注意事项。

①正确操作，以防制动液溅到眼睛及身体。

②注意拆装顺序及各部件的相互关系。

③注意在拆装过程中不要损坏皮碗。

四、清洁整理

将实习场地所必要的物品留下，依照规定的合理位置放置，并明确标示，将不必要的物品清除掉；对垃圾进行分类处理；将实习场地清扫干净，并保持卫生；使每位成员养成良好习惯，遵守规则做事。

【知识拓展】

液压制动传动系统的增压装置

真空助力器为直接操纵式伺服装置，其特点是伺服系统的控制装置用制动踏板机构直接操纵，其输出力作用于液压主缸，与踏板力一起对主缸油液加压，应用于各种轿车。另外还有一种增压式（间接操纵式）伺服装置，即真空增压器。其特点是制动踏板机构控制制动主缸，主缸输出的液压传递到辅助缸，并对伺服系统进行控制，伺服系统的输出力与主缸液压共同作用于辅助缸，辅助缸输出到轮缸的液压远高于主缸液压。

一、真空增压伺服制动系统

真空增压伺服制动系统的组成如图 13-70 所示。它在液压制动传动装置中增加了真空增压器，包括辅助缸、控制阀、进气滤清器、真空伺服气室等，并增加了真空单向阀、真空罐和真空管道等装置。汽油机上的真空源是发动机的进气歧管，柴油机上的真空源则是一个真空泵或是在进气歧管中的引射器。

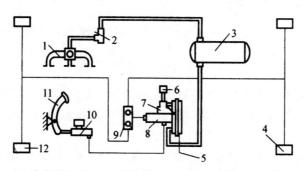

1—发动机进气管；2—真空单向阀；3—真空罐；4—后制动轮缸；5—真空伺服气室；6—进气滤清器；7—控制阀；8—辅助缸；9—安全缸；10—制动主缸；11—制动踏板；12—前制动轮缸

图 13-70　真空增压伺服制动系统结构

图 13-71 所示为一种 66-Ⅳ型真空增压器。它由辅助缸、控制阀和真空伺服气室三部分组

成。辅助缸内腔被活塞 4 分隔成两部分：左腔经出油接头 1 通向制动轮缸；右腔经进油接头通向制动主缸。推杆 26 的前端嵌装着球阀门 5，其阀座在辅助缸活塞 4 上。推杆穿过尼龙制的密封圈座 10，并以两个橡胶双口密封圈 9 保证孔和轴表面的密封。推杆后端与伺服气室膜片 22 连接。伺服气室不工作时，活塞和推杆分别在弹簧 2 和 25 的作用下处于右极限位置。球阀门与阀座保持一定距离，从而保持辅助缸两腔连通。

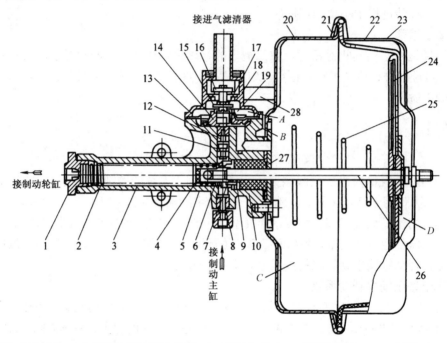

1—辅助缸出油接头；2—辅助缸活塞回位弹簧；3—辅助缸体；4—辅助缸活塞；5—球阀门；6—皮圈；7—活塞限位座；8—辅助缸进油接头；9—密封圈；10—密封圈座；11—控制阀柱塞；12—皮圈；13—控制阀膜片；14—膜片座（带真空阀座）；15—真空阀门；16—大气阀门；17—阀门弹簧；18—控制阀体（带大气阀座）；19—控制阀膜片回位弹簧；20—伺服气室前壳体；21—卡箍；22—伺服气室膜片；23—伺服气室后壳体；24—膜片托盘；25—伺服气室膜片回位弹簧；26—伺服气室推杆；27—连接块；28—气管

图 13-71　66-Ⅳ型真空增压器

真空伺服气室也被其中的膜片 22 分隔成左右两腔。左腔 C 经前壳体 20 端面的真空管接头（图中已剖去）通向真空罐，且经辅助缸体 3 中的孔道与制动阀下气室 B 相通；右腔 D 则经焊接在后壳体圆柱面上的气管 28 通到控制阀上腔 A。

控制阀实际上是一个由液压控制的继动阀，真空阀门 15 和大气阀门 16 组成阀门组件。大气阀座在控制阀体 18 上；真空阀座则在膜片座 14 上。膜片座下方与控制阀柱塞 11 连接。不制动时，如图 13-71 所示，大气阀关闭，真空阀开启。控制阀上腔 A 和下腔 B 与伺服气室左腔 C 有同等的真空度。

踩下制动踏板时（见图 13-72（a）），制动液即自制动主缸输入辅助缸，经过活塞 4 上的孔进入各制动轮缸。轮缸液压即等于主缸液压。与此同时，输入液压还作用在控制阀柱塞 11 上使膜片座上移，先关闭真空阀，使上腔 A 和下腔 B 隔绝，接着再开启大气阀。于是外界空气经进气滤清器流入控制阀上腔 A 和伺服气室右腔 D，降低了其中的真空度（即提高了其中压力）。此时控制阀下腔 B 和伺服气室左腔 C 中的真空度仍保持原值不变。在 D、C 两腔压力差作用下，膜片 22 带动推杆 26 左移，使球阀门 5 关闭。这样主缸便与辅助缸左腔隔绝。此时在辅助缸活塞 4 上作用着两个力：主缸液压作用力和伺服气室输出的推杆力。因此，辅助缸左腔及各轮缸的压力高于主缸压力。

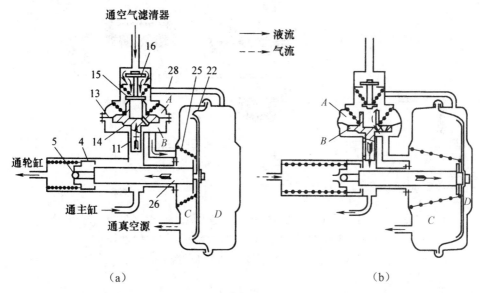

（a）　　　　　　　　　　　　　　　　（b）

1—辅助缸出油接头；2—辅助缸活塞回位弹簧；3—辅助缸体；4—辅助缸活塞；5—球阀门；6—皮圈；7—活塞限位座；8—辅助缸进油接头；9—密封圈；10—密封圈座；11—控制阀柱塞；12—皮圈；13—控制阀膜片；14—膜片座（带真空座）；15—真空阀门；16—大气阀门；17—阀门弹簧；18—控制阀体（带大气阀座）；19—控制阀膜片回位弹簧；20—伺服气室前壳体；21—卡箍；22—伺服气室膜片；23—伺服气室后壳体；24—膜片托盘；25—伺服气室膜片回位弹簧；26—伺服气室推杆；27—连接块；28—气管

图 13-72　真空增压器工作示意图

在 A 和 D 两腔真空度降低的过程中，膜片 13 和阀门组逐渐下移。A、D 两腔真空度下降到一定值时，即因大气阀门 16 落座而保持稳定。这个稳定值取决于输入控制压力（即主缸压力），而后者又取决于踏板力和踏板行程。制动踏板回升一定距离时（见图 13-72（b））主缸液压即下降一定值，控制阀平衡状态被破坏，柱塞 11 连同膜片座 14 下移，使真空阀开启。于是 A、D 两腔中的空气有一部分又被吸入真空罐，因而伺服气室 D、C 两腔的压力差也有所减小。辅助缸输出压力也就保持在较低值。完全放开制动踏板时，所有运动件都在各自的回位弹簧作用下回复到图 13-72（a）所示位置。

在真空管路无真空度或真空增压器失效的情况下，辅助缸中的球阀门 5 将开启，保证制动主缸和各制动轮缸之间的油路畅通。这样，整个制动系统还可以同人力液压制动系统一样工作。当然，此时所需的踏板力比有真空伺服作用时要大得多。

二、气压增压伺服制动系统

气压增压伺服制动系统的组成和工作原理与真空增压伺服制动系统基本相同，所不同的是气压增压伺服制动系统是利用高压空气产生助力作用。

由辅助缸、气压伺服气室和控制阀等组装而成的部件称为气压增压器，如图 13-73 所示。

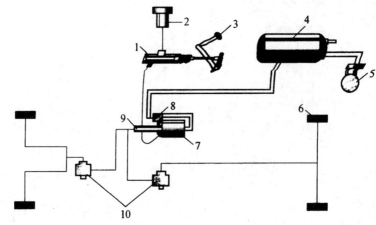

1—制动主缸；2—储液器；3—制动踏板；4—储气筒；5—空压机；6—制动轮缸；
7—气压伺服气室；8—控制阀；9—辅助缸；10—单腔安全缸

图 13-73 日产 T80 系列气压增压伺服制动系统

任务 5 气压制动传动装置构造与维修

【任务描述】

气压制动传动装置广泛应用在货车和客车上，用压缩空气传递控制力。本任务是让学生学会气压制动传动装置的组成及其工作原理；学会气压制动传动装置的拆装、检修方法；根据环保要求，妥善处理辅料、废弃液体和损坏的零部件。

【相关知识】

气压制动传动装置是利用发动机带动空压机运转产生压缩空气，以压缩空气作动力源，驾驶员通过操作制动控制阀，控制制动气压获得所需要的制动力。由于气压制动传动装置可以产生较大的制动力矩，所以大中型汽车均采用气压制动传动装置。

一、双管路气压制动传动装置

气压制动传动装置适用于中型、重型的货车和客车。

1. 气压制动管路

气压制动系统各元件之间的连接管路有三种：供能管路，供能装置各组成件（如空压机、储气筒）之间和供能装置与控制装置（如制动阀）之间的连接管路；促动管路，控制装置与制动器促动装置（如制动气室）之间的连接管路；操纵管路，一个控制装置与另一个控制装置之间的连接管路。如果制动系统中只有一个气压控制装置，即只有一个制动阀，就没有操纵管路。EQ1090E 汽车双管路气压制动系统如图 13-74 所示。

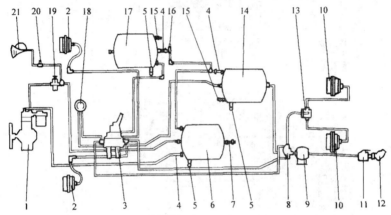

1—空气压缩机；2—前制动气室；3—双腔制动控制阀；4—储气筒单向阀；5—放水阀；6—湿储气筒；7—安全阀；8—梭阀；9—挂车制动阀；10—后制动气室；11—挂车分类开关；12—接头；13—快放阀；14—主储气筒（供前制动器）；15—低压报警器；16—取气阀；17—主储气筒（供后制动器）；18—双针气压表；19—调压表；20—气喇叭开关；21—气喇叭

图 13-74 EQ1090E 汽车双管路气压制动系统

2. 气压制动系统的供能装置

气压制动系统的供能装置包括：产生气压能的空压机和积储气压能的储气筒；将气压限制在安全范围内的调压阀及安全阀；改善传能介质（空气）状态的进气滤清器、排气滤清器、管道滤清器、油水分离器、空气干燥器、防冻器；在一个管路失效时用以保护其余管路，使其中气压能不受损失的多管路压力保护阀等。

（1）空压机和调压阀。空压机由发动机通过带传动直接驱动，有单缸式和双缸式，东风EQ1090E 型汽车的空压机是单缸风冷式，如图 13-75 所示。当储气筒的压力达到一定值时，利用调压阀可以使空压机处于空转状态，而当储气筒的压力下降到一定值时，调压阀又能控制空压机向储气筒充气。调压阀结构如图 13-76 所示。

空压机卸荷装置和调压阀控制空压机工作状态的工作原理是：当储气筒的压力达到一定值时，作用在调压阀膜片组件下方的气压大于其上弹簧的压力，膜片组件向上移动并带动芯管一同上移，芯管下的阀门关闭，储气筒气压作用在卸荷柱塞上方，使其下移顶开进气阀门，空压机往复运动的过程中，进气阀门始终开启，空压机处于空转状态；当储气筒的气压下降到一定值时，膜片组件在弹簧作用下下移，芯管顶开阀门，卸荷柱塞上方的气压降低，柱塞上移，进气阀门正常开关，空压机向储气筒充气，如图13-77所示。

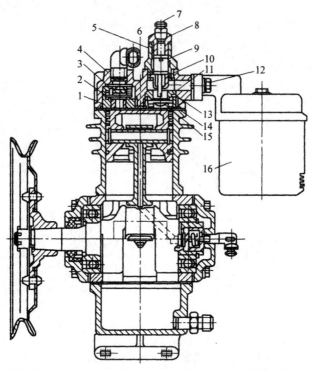

1—出气阀座；2—出气阀门导向座；3—出气阀；4—气缸盖；5—卸荷装置壳体；6—排气口；7—调压阀控制压力输入口；8—定位塞；9—卸荷柱塞；10—柱塞弹簧；11—进气阀门；12—进气口；13—进气阀座；14—进气阀弹簧；15—进气阀门导向座；16—进气滤清器

图13-75　EQ1090E型汽车的空压机

（2）滤气调压阀。在储气筒压力超过规定值时，空压机出气口经调压阀直通大气，将压缩空气放出而中止对储气筒充气，调压阀又与油水分离器组合成一个部件，即滤气调压阀。

（3）防冻器。油水分离器或滤气调压阀输出的压缩空气仍可能含有少量残留水分。为了防止在寒冷季节中积聚在管路和其他气压元件内的残留水分冻结，最好装设防冻器，以便在必要时向气路中加入防冻剂，以降低水的冰点。其基本工作原理是：当冬季温度低于5℃，防冻器中的乙醇蒸气会随压缩空气流进入管路，管路中的冷凝水溶入乙醇后，冰点降低。

（4）多管路压力保护阀。多管路压力保护阀的基本功用是：来自空压机的压缩空气可经多管路压力保护阀分别向各管路的储气筒充气，当某一管路损坏漏气时，压力保护阀能保证其余完好管路继续充气。

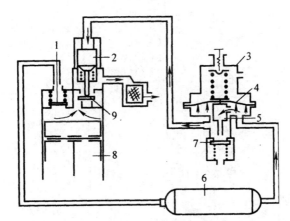

大气

1—阀盖；2—调整螺钉；3—弹簧座；4—调压弹簧；5—芯管；6—膜片组件；7—接空压机卸荷
装置管接头；8—密封圈；9—排气阀门；10—通储气筒管接头；11—滤芯；12—阀体

图 13-76　EQ1090E 型汽车的调压阀

1—排气阀；2—卸荷柱塞；3—调压阀；4—膜片组件；5—芯管；6—储气筒；
7—排气阀门；8—空压机；9—进气阀

图 13-77　压缩机卸荷装置与调压阀工作原理

3. 控制装置

（1）制动阀。

制动阀是气压行车制动系统中的主要控制装置，起随动作用并保证足够强的踏板感，即在输入压力一定的情况下，使其输出压力与输入的控制信号——踏板行程和踏板力成一定的递增函数关系。其输出压力的变化在一定范围内应该是渐进的。制动阀输出压力可以作为促动管路压力直接输入到作为传动装置的制动气室，但必要时也可作为控制信号输入到另一控制装置（如继动阀）。

图 13-78 所示为东风 EQ1090E 型汽车的并联双腔膜片式制动阀。当驾驶员踩下制动踏板时，通过拉杆，拉臂 1 绕轴 28 转动。拉臂的一端压下平衡弹簧上座 2，并经平衡弹簧 3、弹簧下座 5、钢球 6、推杆 8 使平衡臂 9 下移。平衡臂的两端推动两腔内的膜片下凹，并经芯管 16 首先将排气阀 F 关闭，继而打开进气阀 G。此时储气筒中的压缩空气经进气阀 G 充入制动气室，推动制动气室膜片使制动凸轮转动以实现车轮制动。

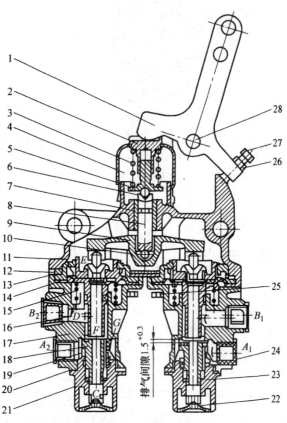

1—拉臂；2—平衡弹簧上座；3—平衡弹簧；4—防尘罩；5—平衡弹簧下座；6—钢球；7—密封圈；8—推杆；9—平衡臂；10—钢球；11—上体；12—密封圈；13—钢垫；14—膜片；15—膜片回位弹簧；16—芯管；17—下体；18—阀门；19—阀门回位弹簧；20—密封垫；21—阀门导向座；22—防尘堵片；23—密封圈；24—密封圈；25—防尘堵塞（运输及储存时用）；26—锁紧螺母；27—调整螺钉；28—拉臂轴；A_1—进气口，通前制动储气筒；A_2—进气口，通后制动储气筒；B_1—出气口，通前制动气室；B_2—出气口，通后制动气室

图 13-78　EQ1090E 型汽车的制动阀

由前、后制动储气筒传来的压缩空气经进气口 A_1、A_2 和出气口 B_1、B_2 充入前、后制动气室的同时，还经节流孔 D 进入膜片的下腔推动两腔的芯管 16 上移，促使平衡臂 9 等零件向上压缩平衡弹簧 3，此时阀门 18 将进气阀 G 和排气阀 F 同时关闭，制动阀仍处于平衡状态，压缩空气保留在制动气室中。

当驾驶员感到制动强度不足时，可继续踩下制动踏板到某一位置，制动气室进气量增多，气压升高。当气压升高到一定值，进、排气阀又同时关闭，此时制动阀又处于新的平衡状态。

当放松制动踏板时，拉臂 1 回行，平衡弹簧伸张，压力减小，则膜片 14 在回位弹簧 15 的作用下上凸（压差的关系），并带动芯管 16 等零件上移，排气阀 F 被打开，制动气室及制动管路内的压缩空气经芯管 16 内孔道上部的排气口 E 及阀门 18 内孔道下部排气口 C 排出。当踏板放松到某一位置不动时，在平衡弹簧 3 的作用下，阀门 18 又将进气阀 G 和排气阀 F 同时关闭，制动阀又处于新的平衡状态。当制动踏板完全放松时，制动作用完全解除。

由此可知，制动阀之所以能起到随动作用，保证制动的渐进性，主要是因为推杆与芯管之间是依靠平衡弹簧来传力的，而平衡弹簧的工作长度和作用力则随制动阀到制动气室的促动管路压力而变化。故只要踏板传到推杆的力大于平衡弹簧预紧力，不论踏板停留在哪一个工作位置，制动阀都能自动达到并保持以进气阀和排气阀二者都关闭为特征的平衡状态。这也是现有的各种动力制动系统和伺服制动系统中控制阀等随动装置的基本工作原理。

（2）手控制动阀。

手控制动阀可以控制汽车的驻车制动和挂车的驻车制动。因为对驻车制动没有渐进控制的要求，所以控制驻车制动的手控制动阀实际上只是一个气开关，如图 13-79 所示。

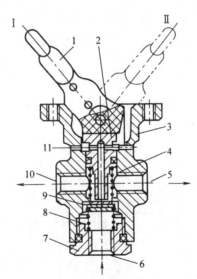

1—操纵杆；2—芯管；3—阀体；4—芯管弹簧；5—出气口；6—进气口；
7—螺塞；8—阀门弹簧；9—阀门；10—出气口；11—排气口

图 13-79　手控制动阀结构

当操纵杆处于 I 位置时，进气阀关闭，排气阀开启，制动气室通过芯管与大气相通。当操纵杆处于 II 位置时，进气阀开启，排气阀关闭，制动气室通高压空气。

（3）快放阀与继动阀。

快放阀的作用是保证解除制动时制动气室快速放气。快放阀布置在制动阀与制动气室之间的管路上，靠近制动气室，由于其离制动气室近，制动气室排气所经过的管路短，放气速度较快。图 13-80 所示的状态是进气口关闭，排气口开启。

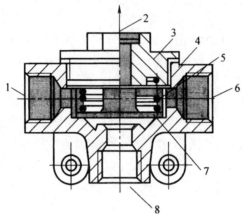

1—出气口；2—排气口；3—阀盖；4—阀体；5—弹簧；6—出气口；7—阀门；8—进气口

图 13-80　快放阀结构

　　继动阀的作用是使压缩空气不流经制动阀，而是通过继动阀直接充入制动气室，以缩短供气路线，减少制动滞后时间。图 13-81 所示的状态为阀门既靠在阀体的阀座上，又靠在芯管上，进气阀和排气阀都是关闭的。

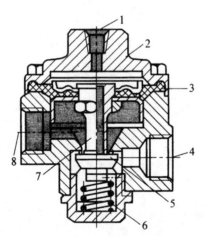

1—控制气压输入口；2—阀体；3—膜片；4—进气口；5—阀门；6—弹簧；7—芯管；8—出气口

图 13-81　继动阀结构

　　（4）梭阀（双向阀）。

　　梭阀的特点是双腔制动阀的两腔都可以通过梭阀向挂车制动阀输入压缩气体，保证在汽车两制动管路之一损坏时，挂车制动阀仍然可以接到制动控制信号。

4. 制动气室

制动气室的作用是将气压能转换成机械能输出，输出的机械能传给制动凸轮等促动装置，使制动器产生制动力矩。制动气室有膜片式、活塞式和复合式三种。

（1）膜片式制动气室。

膜片式制动气室的两腔通过膜片隔离，连接叉与制动调整臂相连，如图 13-82 示。

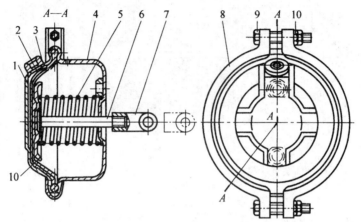

1—橡胶膜片；2—通气孔；3—盖；4—壳体；5—弹簧；6—推杆；7—连接叉；
8—卡箍；9—螺栓；10—螺母

图 13-82　膜片式制动气室结构

（2）活塞式制动气室。

活塞式制动气室的推杆行程较大，其活塞工作寿命也比膜片长，但整个气室结构较复杂，成本较高，常用于重型货车，如图 13-83 所示。

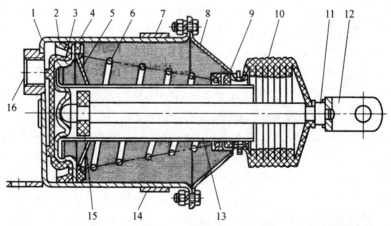

1—壳体；2—橡胶皮碗；3—活塞体；4—密封圈；5—弹簧座；6—弹簧；7—气室固定卡箍；8—盖；9—毡垫；
10—防尘套；11—推杆；12—连接叉；13—导向套筒；14—气室固定板；15—密封垫；16—通气口

图 13-83　活塞式制动气室结构

（3）复合式制动气室。

复合式制动气室的特点是：制动气室由行车制动气室和驻车制动气室两部分组成，兼起行车制动和驻车制动的作用，如图 13-84 所示。

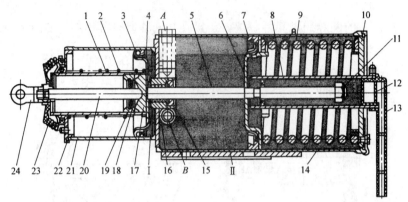

1—导向套筒；2—行车制动活塞复位弹簧；3—行车制动活塞皮圈；4—行车制动活塞体；5—驻车制动气室推杆；6—驻车制动活塞体；7—驻车制动活塞皮圈；8—套筒；9—储能弹簧；10—驻车制动气室盖板；11—螺母；12—毛毡滤气片；13—防尘罩；14—驻车制动气室壳体；15—密封圈座；16—尼龙活塞皮圈；17—承推活塞；18—尼龙导向环；19—尼龙挡圈；20—行车制动气室推杆；21—行车制动气室壳体；22—行车制动气室盖；23—防护套；24—连接叉；A—行车制动气室通气孔；B—驻车制动气室通气孔；I—行车制动气室；II—驻车制动气室

图 13-84　复合式制动气室结构

二、车轮制动器

采用气压制动传动装置的汽车，多采用凸轮张开式车轮制动器。

凸轮张开式车轮制动器参见图 13-85。该制动器除用制动凸轮作为张开装置外，其余结构与液压轮缸张开式车轮制动装置中的简单非平衡式制动器类同。制动底板 7 用螺栓固定在转向节上，制动蹄 2 下端支承孔与支承销 9 的偏心轴径动配合，并用挡板及锁销轴向限位。在回位弹簧 3 的作用下，制动蹄上端支承面始终靠紧在制动凸轮 4 的两侧。每个制动蹄上铆有两块长短相等的石棉塑料摩擦片，其间留有储存制动磨屑的缝隙。凸轮 4 用中碳钢制成，表面经高频淬火处理，以提高其耐磨性。工作表面对称的凸轮与轴制为一体，故凸轮只能绕固定的轴线转动而不能移动。当凸轮转过一定角度时，两蹄的位移量是相等的。可见，两蹄对制动鼓施加的压紧力的大小，完全决定于凸轮对蹄的推力的大小、凸轮表面的几何形状和它所转过的角度的大小。制动时由于凸轮上总是作用着一定的不平衡力，故在支座 10 的两端装有耐磨的衬套，并有润滑油嘴定期润滑。为了防止润滑油外溢和水、土侵入，衬套的外端装有密封圈，并用止推垫和调整垫片限制和调整凸轮轴的轴向窜动量。制动凸轮轴的一端装有制动调整臂 5，用来调整制动蹄、鼓间隙，同时它也用来传递制动气室产生的气压推力，即制动蹄张开的促动力。制动鼓 8 用螺钉与轮毂连接在一起，车轮也装在轮毂上。

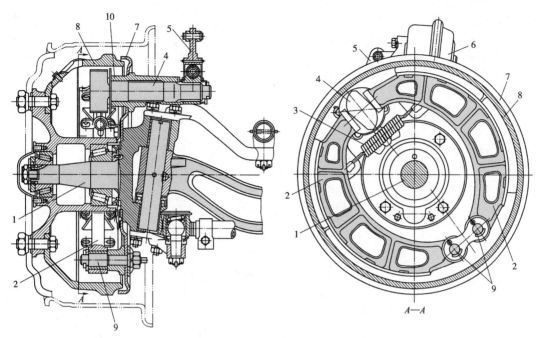

1—转向节；2—制动蹄；3—回位弹簧；4—制动凸轮（轴）；5—制动调整臂；6—制动气室；
7—制动底板；8—制动鼓；9—支承销；10—制动凸轮轴支座

图 13-85　凸轮张开式车轮制动器

制动时，压缩空气进入制动气室 6，推动橡胶膜片及推杆叉，使制动调整臂绕制动凸轮轴转动，调整臂带动凸轮转动，凸轮便迫使两制动蹄张开并压紧在制动鼓上，产生制动作用。

放松制动时，制动气室中的压缩空气排出，膜片和凸轮在弹簧的作用下回位。同时，两制动蹄也在其回位弹簧的作用下回位，其上端支承面靠紧凸轮的两侧，保持一定的蹄、鼓间隙。

制动时在蹄、鼓之间摩擦力的影响下，前蹄（转紧蹄）有离开凸轮的倾向，后蹄（转松蹄）有压紧凸轮的倾向，这造成凸轮对转紧蹄的张开力小于转松蹄，从而使两蹄所受到的制动鼓的法向反力 $Y_1 \approx Y_2$，两蹄的制动力矩近似相等。因此，这种制动器可以认为是简单平衡式车轮制动器。

在装配过程中或使用一段时间后需要调整制动蹄、鼓间隙。制动蹄、鼓的间隙可以根据需要进行局部或全面调整，局部调整只需调整调整臂，改变凸轮张开的初始角度即可，全面调整需要制动调整臂和偏心销两处配合调整。调整臂结构参见图 13-86，制动调整臂体 8 和两侧的盖 9 所包围的空腔内装有调整蜗轮 2 和蜗杆 7，单线的调整蜗杆借细花键套装在蜗杆轴 3 上，调整蜗轮 2 以内花键与制动凸轮的外花键结合。转动蜗杆，即可在制动调整臂与制动气室推杆的相对位置不变的情况下，通过蜗轮使制动凸轮轴转过一个角度，从而改变制动凸轮的初始位置。蜗杆轴与制动调整臂的相对位置是靠锁止套 4 和锁紧螺钉 6 来固定的，当需要转动蜗杆轴时，需将螺钉 6 松开，将具有六角孔的锁止套和弹簧 5 压进一定行程，将六角孔的锁止套按入制动调整臂体的孔中，即可转动调整蜗杆。放开锁止套，弹簧即将锁止套推回与蜗杆六角头结合的左极限位置，调整好后，需将锁紧螺钉锁紧。

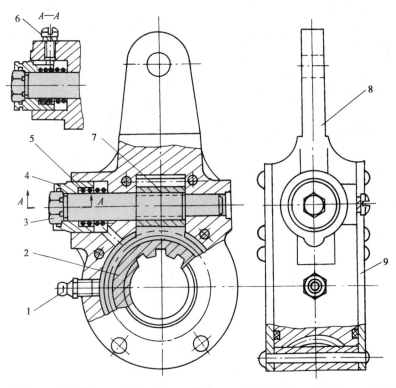

1—油嘴；2—蜗轮；3—蜗杆轴；4—锁止套；5—弹簧；6—锁紧螺钉；7—蜗杆；8—调整臂体；9—盖

图 13-86　制动调整臂

远离凸轮一端的间隙是用偏心的支承销来调整的。合适的蹄、鼓间隙是靠近支承销一端的间隙较靠近凸轮一端的间隙小些。

应该说明，凸轮张开式车轮制动器由于用一个凸轮同时调整两个制动蹄的间隙，很难使两个制动蹄的蹄、鼓间隙达到一致，故凸轮轴支座和制动底板的相对位置也有微量调整的必要。支座和底板的固定孔径都稍大于固定螺栓的直径，松开固定螺母可使支座和凸轮轴线相对于制动底板做微量的移动，以补充调整蹄、鼓间隙。

【案例】

一辆东风 EQ1090 型货车，制动时出现跑偏的现象，行驶时正常。怀疑后轮鼓式制动器间隙过大，拆解后发现制动蹄摩擦片磨损严重，造成间隙过大，更换制动蹄，并重新调整间隙后，故障排除。

【任务实施】

气压制动系统车轮制动器间隙的检查与调整

一、实训的目的和要求

（1）学会正确使用常用工具和专用工具。

（2）掌握气压制动系统车轮制动器的结构、原理，制动间隙的正确检查与调整方法。

二、实训的设备及工具

（1）设备：东风 EQ1090 型汽车。

（2）普通工具：组合工具、维修手册。

三、步骤及操作方法

检查制动器间隙时，取下制动鼓的盖片（如图 13-87 所示），用塞尺检查制动蹄摩擦片与制动鼓之间的间隙，如果间隙不符合规定，可根据需要进行局部或全面调整。东风 EQ1090E 型汽车制动器间隙范围：支承销端为 0.25～0.40mm，凸轮端为 0.40～0.55mm，同一端两蹄之差应不大于 0.10mm。

1. 局部间隙调整

（1）将车轮顶起，松开驻车制动，将变速器挂空挡，这时应能转动车轮。

（2）旋转调整臂使凸轮轴转动至车轮不能转动时为止（注意方向，正确时凸轮转动而制动气室的推杆不动，如不正确则制动气室的推杆会伸出）。

（3）反方向松开调整臂蜗杆轴 3～4 响。制动鼓应能自由转动，又不与制动蹄摩擦片或其他零件擦碰。

2. 全面间隙调整

（1）首先取下制动鼓上的检视盖片，松开制动蹄支承销的固定螺母和凸轮轴支架紧固螺栓的螺母，然后转动制动蹄偏心支承销，使两个偏心支承销端部的标记朝内相对，如图 13-88 所示。

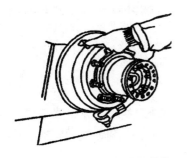

图 13-87　制动器间隙的检查

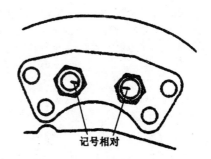

记号相对

图 13-88　制动器的调整记号

（2）再通过反复拧动制动蹄支承销和制动调整臂的蜗杆轴，使制动蹄摩擦片和制动鼓完全贴合，在调整好的这个位置上小心地拧紧支架的固定螺母和制动蹄支承销的锁紧螺母，最后将蜗杆轴拧松 3～4 响（1/2～2/3 转），制动鼓应能自由转动，又不与制动蹄摩擦片或其他零件擦碰。

【知识拓展】

串联双腔活塞式制动阀

解放 CA1091 型汽车采用串联双腔活塞式制动阀，气压制动传动装置布置如图 13-89 所示。

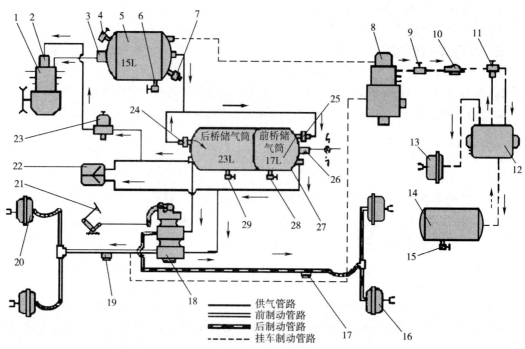

1—空气压缩机；2—卸荷阀；3、24、25—单向阀；4—取气阀；5—湿贮气筒；6、15、28、29—油水放出阀；7—安全阀；8—挂车制动控制阀；9—主车分离开关；10—快速连接接头；11—挂车分离开关；12—挂车制动继动阀；13—挂车制动器室；14—挂车贮气筒；16—后轮制动气室；17、19—制动灯开关；18—制动控制阀；20—前轮制动气室；21—制动踏板；22—制动气压表；23—调压器；26—气压过低报警开关；27—前后桥贮气筒

图 13-89　气压制动传动装置的组成示意图

解放 CA1091 型汽车使用的是串联双腔活塞式制动阀，如图 13-90 所示。整个制动阀及其上盖用螺栓固定于车架上。下腔体 13 上有通储气筒的进气口 A_1、A_2 和分别通向前、后制动气室的出气口 B_1、B_2。参照图 13-91 分析其制动阀的工作情况。

驾驶员将制动踏板踩下一定距离，使摇臂绕轴转动，其上端通过滚轮 3、推杆 4 使平衡弹簧 5 及上腔活塞 8 向下移动，消除排气间隙而推开上腔阀门 11，此时，从储气筒前腔来的压缩空气经阀门 11 与中间体 10 上进气阀座间的进气间隙进入 G 腔，并经出气口 B_1，进入后制动气室，使后轮制动。与此同时，进入 G 腔的压缩空气通过通气孔 F 进入大活塞 2 及下腔小活塞 12 的上方，使其下移推开下腔阀门 14，此时从储气筒后腔来的压缩空气经下腔阀门 14 与下腔体 13 的阀座之间形成的进气间隙进入 H 腔，并经出气口 B_2 充入前制动气室，使前轮制动。

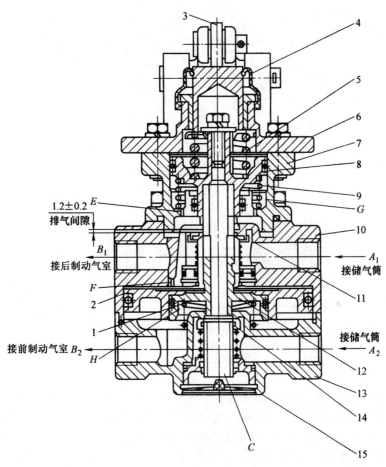

1—下腔小活塞复位弹簧；2—下腔大活塞；3—滚轮；4—推杆；5—平衡弹簧；6—上阀体；
7—上阀体；8—上腔活塞；9—上腔活塞复位弹簧；10—中间体；11—上腔阀门；12—下腔
小活塞；13—下腔体；14—下腔阀门；15—防尘片

图 13-90　CA1091 型串联双腔活塞式制动阀结构

当制动踏板保持在某一位置时，压缩空气在进入 G 腔的同时由通气孔进入上腔活塞 8 的下方，并推动上腔活塞上移，使 G 腔中的气压作用力与复位弹簧 9 的力之和与平衡弹簧 5 的压紧力相平衡。与此同时，H 腔中的气压作用力与复位弹簧 1 的力之和与大活塞上方的气压作用力相平衡，此时上腔阀门 11 和下腔阀门 14 均关闭，G、H 腔中的气压保持稳定状态，即为制动阀的平衡状态。

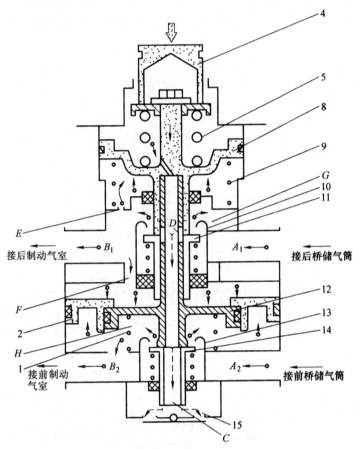

1—下腔小活塞复位弹簧；2—下腔大活塞；3—滚轮（见图 13-90）；4—推杆；5—平衡弹簧；
6—上阀体（见图 13-90）；7—上阀体（见图 13-90）；8—上腔活塞；9—上腔活塞复位弹簧；
10—中间体；11—上腔阀门；12—下腔小活塞；13—下腔体；14—下腔阀门；15—防尘片；
A_1、A_2—进气口；B_1、B_2—出气口；C—排气口；D—上腔排气孔；E、F—通气孔

图 13-91 CA1091 型串联双腔活塞式制动阀工作情况

若驾驶员感到制动强度不足，可以将制动踏板再踩下一些，上述的上腔阀门 11 和下腔阀门 14 又重新开启，使中间体 10 的 G 腔和下腔体 13 的 H 腔以及制动气室进一步充气，直到 G 腔中气压又一次达到与平衡弹簧的压力平衡，且 H 腔中的压缩空气对大活塞向上的压力又重新与大活塞上方的压缩空气对大活塞向下作用的压力平衡时为止。在此新的平衡状态下，制动气室所保持的稳定压力比以前更高，同时平衡弹簧的压缩量和踏板力也比以前更大。

当放开制动踏板时，操纵推杆复位，平衡弹簧恢复到原来装配长度，上腔活塞 8 上移使

下端与上腔阀门 11 之间形成排气间隙。后制动气室的压缩空气经 G 腔和所形成的排气间隙以及下腔小活塞 12 上的排气孔 D 和下面的排气口 C 排入大气；与此同时，下腔大活塞 2 及下腔小活塞 12 受复位弹簧 1 伸张力的作用而上升，使下腔阀门 14 与下腔体 13 的阀座接触，从而关闭储气筒与前制动气室的通路；另外，由于下腔大活塞 2 及下腔小活塞 12 的上移，小活塞的下端与下腔阀门 14 之间也形成排气间隙，前制动气室的压缩空气经 H 腔及所形成的排气间隙以及下腔阀门 14 和排气口 C 排入大气中。

当前制动管路断裂时，制动阀上腔仍能按上述方式工作，此时后制动器仍能起作用。当后制动管路断裂时，上腔平衡弹簧及上腔活塞 8 将直接推动下腔小活塞 12，使前制动器起作用。调整螺钉是用来调整排气间隙的，出厂时已调整好，使用中不要任意拧动。

任务 6　防滑控制系统构造与维修

【任务描述】

防滑控制系统作为主动安全系统的一部分，在很多高速行驶的汽车上广泛应用。本任务是让学生学会防滑控制系统的组成及其工作原理；学会故障检测的方法；根据环保要求，妥善处理辅料、废弃液体和损坏的零部件。

【相关知识】

汽车在行驶过程中紧急制动或急加速时，若制动力或牵引力超过地面附着力，会出现车轮抱死或滑转现象，造成车轮不能转向、横向滑移或滑转，这是不稳定现象，极易造成事故，因此许多汽车上安装有防滑控制系统。采用的最多的是防抱死制动系统（Anti-lock Braking System，简称 ABS）。

一、防抱死制动系统概述

1. 地面制动力、制动器制动力和轮胎与道路附着力的关系

（1）地面制动力。

当汽车使用制动器制动时，由于制动鼓（盘）与制动蹄摩擦片之间的摩擦作用，形成了摩擦力，此力矩与车轮转动方向相反。车轮在此力矩的作用下给地面一个向前的作用力，与此同时地面给车轮一个与行驶方向相反的切向反作用力，这个力就是地面制动力，它是迫使汽车减速或停车的外力。

（2）制动器制动力。

由于地面制动力是由地面提供的外力，若将汽车架离地面，地面制动力就不存在了，这时阻止车轮转动的是制动器摩擦力矩。制动器的摩擦力矩可转化为轮周缘的一个切向力，其称为制动器制动力。

（3）轮胎与道路附着力。

附着力是地面为阻止车轮滑动所能提供的切向反作用力的极限值，在一般硬实路面上，轮胎与路面间的附着力可近似认为是轮胎与路面间的摩擦力。

在汽车制动时，有纵向附着力和横向附着力。纵向附着力决定汽车的纵向运动，影响车的制动距离。横向附着力决定汽车的横向侧滑。

（4）地面制动力、制动器制动力和轮胎与道路附着力的关系。

在制动过程中，车轮运动只有减速滚动和抱死滑移两种状态。当驾驶员踩制动踏板的力较小，制动摩擦力矩较小时，车轮只做减速滚动，并且随着摩擦力矩的增加，制动器制动力和地面制动力也随之增大，且在车轮未抱死前地面制动力始终等于制动器的制动力。此时，制动器的制动力可全转化为地面制动力，但地面制动力不可能超过轮胎与道路的附着力。

当制动系统压力（制动踏板力）增大到某一值时，地面制动力达到轮胎与道路的附着力值，即地面制动力达到最大值。此时，车轮即开始抱死不转而出现滑拖的现象。当再加大制动压力时，制动器制动力随着制动器摩擦力矩的增大仍按直线关系继续上升，但是，地面制动力已达到轮胎与地面的附着力值，因此地面制动力不再随制动器制动力的增加而增加。

要想获得好的制动效果，必须同时具备两个条件，即汽车要具有足够的制动器制动力，又要有附着系数较高的路面提供足够的地面制动力。

2. 滑移率

（1）滑移率的定义。

汽车匀速行驶时，汽车的实际车速与车轮滚动的圆周速度（也称轮速度）是相同的。在驾驶员踩制动踏板使车轮的轮速降低时，车轮滚动的圆周速度（轮胎面在路面上移动的速度）也随之降低了，但由于汽车自身的惯性，汽车的实际车速与车轮的速度不再相等，使车速与轮速之间产生一个速度差。此时，轮胎与路面之间产生相对滑现象，其滑移程度用滑移率表示。

滑移率是指车轮在制动过程中滑移成分在车轮纵向运动中所占的比例，用"S"表示其定义表达式为：

$$S=(v-\omega r)/v\times100\%$$

式中　S——车轮的滑移率；

　　　r——车轮的滚动半径；

　　　ω——车轮的转动角速度；

　　　v——车轮中心的纵向速度。

由上式可知：当汽车的实际车速等于车轮滚动时的圆周速度时，滑移率为零，车轮为滚动；当汽车制动时，逐渐踩下制动踏板，车轮边滚动边滑动，滑移率在0%～100%之间；当制动踏板完全踩到底，车轮处于抱死状态，而车身又具有一定的速度时，车轮滚动的圆周速度为零，则滑移率为100%。

（2）附着系数与滑移率的关系。

大量的实验证明，在汽车的制动过程中，附着系数大小随着滑移率的变化而变化。图13-92

所示为在干路面上时附着系数与滑移率的关系。对于纵向附着系数，随着滑移率的迅速增加，在 $S=20\%$ 左右时，纵向附着系数最大；然后随着滑移率的进一步增加，当 $S=100\%$，即车轮抱死时，纵向附着系数有所下降，制动距离会增加，制动效能下降。对于横向附着系数，$S=0$ 时，横向附着系数最大；然后随着滑率的增加，横向附着系数逐渐下降，并在 $S=100\%$，即车轮抱死时横向附着系数下降为零左右。此时车轮将完全丧失抵抗外界侧向力作用的能力，稍有侧向力干扰（如路面不平产生的侧向力、汽车重力的侧向分力、侧向风力等），汽车就会产生侧滑而失去稳定性。而转向轮抱死后将失去转向能力，因此，车轮抱死将导致制动时汽车的方向稳定性变差。

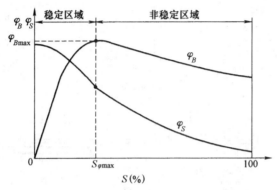

图 13-92　附着系数与滑移率的关系曲线

从以上分析可知，制动时车轮抱死，制动效能和制动方向稳定性都将变坏。而如果制动时将车轮的滑移率 S 控制在 $15\%\sim30\%$ 内，此时纵向附着系数最大，可得到最好的制动效能，同时横向附着系数也保持较大值，使汽车也具有较好的制动方向稳定性。

在汽车的制动过程中，若能将滑移率控制在最大附着系数所对应的滑移率范围内，汽车将处于最佳制动状态。但如何才能控制滑移率呢？

要控制滑移率就要对作用于车轮上的力矩进行瞬时的自适应调节。防抱死制动系统就是通过电子控制单元、车轮转速传感器和制动压力调节器，对作用于制动轮缸内的制动液压力进行瞬时的自动控制（每秒约 10 次），从而控制制动车轮上的制动器压力，使制动车轮尽可能保持在最佳的滑移率范围内运动，从而使汽车的实际制动过程接近于最佳制动状态。

二、ABS 的基本组成与工作原理

1. ABS 的功能

ABS 能根据路面状况，控制车轮的滑移率在某一范围内工作，在汽车制动过程中，自动调节车轮的制动力，防止车轮的制动抱死，即使在非常恶劣的路面条件下，也能够保证车辆：

（1）在制动时方向的稳定性。

（2）在制动时的转向操纵能力。

（3）获得较短的制动距离。

（4）无需点制动。

ABS 具有故障自诊断能力，在防抱死制动系统出现故障后，它能自动停止工作，恢复普通制动装置的工作，并将故障以代码的形式显示出来。

2. ABS 组成

ABS 的基本组成如图 13-93 所示，ABS 通常由轮速传感器、制动压力调节器、电子控制单元（ECU）和 ABS 警示装置等组成。

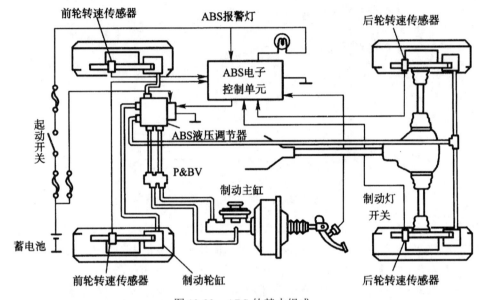

图 13-93　ABS 的基本组成

汽车制动时，轮速传感器将各车轮的转速信号输入 ECU；ECU 根据每个车轮轮速传感器输入的信号对车轮的运动状态进行监测和判定，并形成响应的控制指令，再适时发出控制指令给制动压力调节器；制动压力调节器对各制动轮缸的制动压力进行调节，防止制动车轮抱死。图 13-94 所示为 ABS 部件在汽车上的位置。

三、ABS 的控制中枢——ECU

ECU 是 ABS 的控制中枢，其功用是接收轮速传感器及其他传感器输入的信号，对这些输入信号进行测量、比较、分析、放大和判别处理，通过精确计算，得出制动时车轮的滑移率、车轮的加速度和减速度，以判断车轮是否有抱死趋势，再发出控制指令，控制制动压力调节器去执行压力调节任务。

电子控制单元还具有监控和保护功能，当系统出现故障时，它能及时转换成常规制动，并以点亮故障灯的形式警告驾驶员。

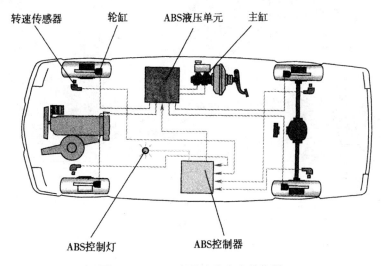

图 13-94　ABS 部件在汽车上的位置

四、制动压力调节器

压力调节器根据调压方式可分为循环式和可变容积式。循环式制动压力调节器是通过电磁阀直接控制轮缸的制动压力；而可变容积式制动压力调节器是通过电磁阀间接改变轮缸的制动压力。

1. 循环式制动压力调节器

循环式制动压力调节器由电磁阀、液压泵和电动机等部件组成。调节器直接装在汽车原有的制动管路中，通过串联在制动主缸和制动轮缸之间的三位三通电磁阀直接控制轮缸的压力，可以使轮缸的工作处于常规工作状态、增压状态、减压状态或保压状态，如图 13-95 所示。三位是指电磁阀有三个不同位置，分别控制轮缸制动压力的增、减或保压，三通是指电磁阀上有三个通道，分别通制动主缸、制动轮缸和储液器。

2. 可变容积式制动压力调节器

可变容积式制动压力调节器主要由电磁阀、控制活塞、液压泵和储能器等组成，在原液压制动系统中增设了一套液压控制装置，控制制动管路中容积的增减，以控制制动压力的变化。可变容积式制动压力调节器有四个不同工作状态：常规制动状态、轮缸减压状态、轮缸保压状态和轮缸增压状态，如图 13-96 所示。

3. ABS 的优点

（1）缩短制动距离。ABS 可以将滑移率控制在最大附着系数范围内，从而可获得最大的纵向制动力。

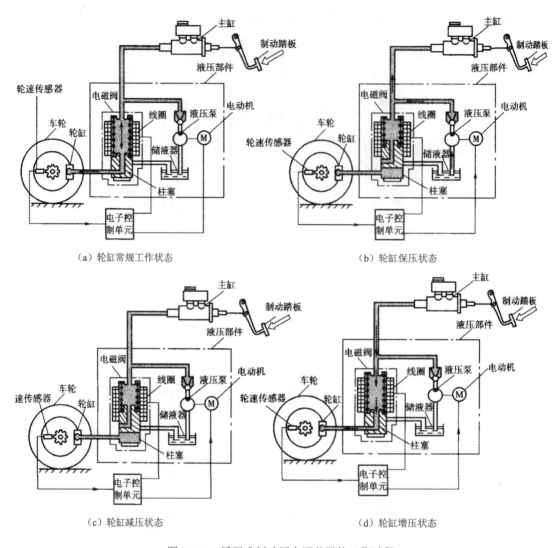

图 13-95　循环式制动压力调节器的工作过程

（2）改善了轮胎的磨损状况。ABS 可以防止车轮抱死，从而避免了因制动车轮抱死造成的轮胎局部异常磨损，延长了轮胎的使用寿命。

（3）提高了汽车制动时稳定性。ABS 可防止车轮在制动时完全抱死，能将车轮侧向附着系数控制在较大的范围内，使车轮具有较强的承受侧向力的能力，以保证汽车制动时的稳定性。

（4）使用方便、工作可靠。ABS 的运用与常规制动系统的运用几乎没有区别，制动时驾驶员踩下制动踏板，ABS 就根据车轮的实际转速自动开始工作，使车轮保持在最佳工作状态。

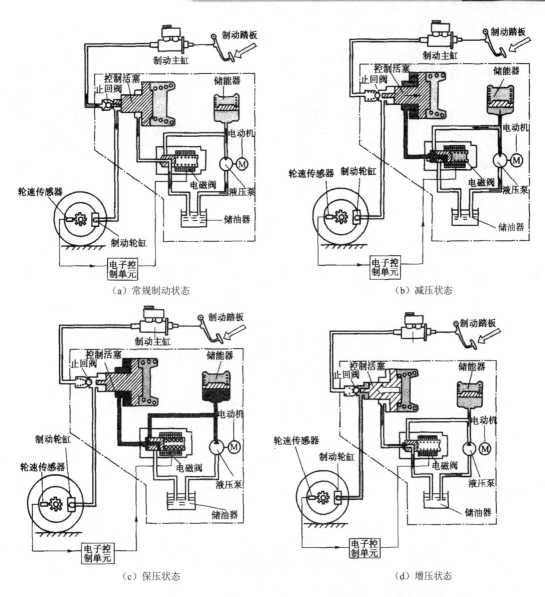

（a）常规制动状态　　　　　　　　　　　（b）减压状态

（c）保压状态　　　　　　　　　　　　　（d）增压状态

图 13-96　可变容积式制动压力调节器的工作过程

五、轮速传感器

轮速传感器的功用是检测车轮的旋转速度，并将速度信号输入 ECU。目前，常用的轮速传感器主要有磁电式和霍尔式。

1. **磁电式轮速传感器**

磁电式轮速传感器主要由传感器头和齿圈两部分组成，它可以安装在车轮上，也可以安装在主减速器或变速器中，如图 13-97 所示。

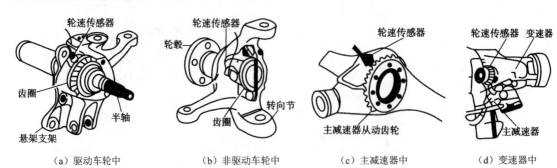

（a）驱动车轮中　　　　（b）非驱动车轮中　　　　（c）主减速器中　　　　（d）变速器中

图 13-97　轮速传感器的安装位置

　　如图 13-98 所示，齿圈随车轮或传动轴一起转动，齿圈在磁场中旋转时，齿圈齿顶和电极之间的间隙以一定的速度变化，使磁路中的磁阻发生变化，磁通量周期地增减，在线圈的两端产生正比于磁通量增减速度的感应电压，该交流电压信号被输送给 ECU。

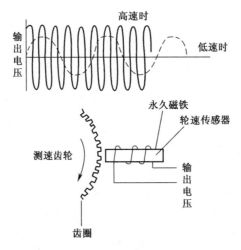

图 13-98　轮速传感器的工作原理

2. 霍尔式轮速传感器

　　霍尔式轮速传感器也是由传感头和齿圈组成的。其齿圈的结构及安装方式与磁电式轮速传感器相同，传感头由永磁体、霍尔元件和电子电路等组成。

　　传感器的工作原理如图 13-99 所示，永磁体的磁力线穿过霍尔元件通向齿圈，齿圈相当于一个集磁器。当齿圈位于图 13-99（a）所示位置时，穿过霍尔元件的磁力线分散，磁场相对较弱；而当齿圈位于图 13-99（b）所示位置时，穿过霍尔元件的磁力线集中，磁场相对较强。

　　齿圈转动时，穿过霍尔元件的磁力线密度发生变化，因而引起霍尔元件电压的变化，霍尔元件将输出毫伏级的准正弦波电压。此信号由电子电路转化成标准的脉冲电压。

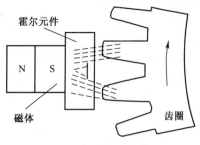

（a）霍尔元件磁场较弱

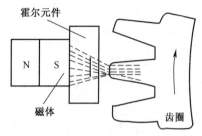

（b）霍尔元件磁场较强

图 13-99　霍尔式轮速传感器的工作原理

霍尔式轮速传感器克服了磁电式传感器的缺点，其输出信号电压幅值不受转速的影响，频率响应值高，抗电磁波干扰能力强，因而霍尔传感器在 ABS 中应用越来越广泛。

【案例】

一辆丰田卡罗拉汽车，行驶过程中仪表盘上"ABS"报警灯亮，说明防滑控制系统有故障。到维修站后，首先用检测仪读取故障代码，发现左前轮轮速传感器有故障，拆下传感器后又发现传感器前端吸附导磁铁屑，擦拭清除后，销码，故障消除，汽车恢复正常。

【任务实施】

轮速传感器的拆装、检查与维修

一、实训的目的和要求

（1）学会正确使用常用工具和专用工具。

（2）掌握轮速传感器的结构、原理及正确拆装和维修方法。

二、实训的设备及工具

（1）设备：丰田卡罗拉汽车、钢板和压力机。

（2）普通工具：组合工具、扭力扳手、维修手册。

（3）专用工具：SST 09520-00031（后桥半轴拉出器）、09521-00010（带把手杆）、09520-00040（减振器）、09521-00020（驱动轴防尘套卡夹工具）、09950-00020（轴承拆卸工具）、

SST 09214-76011（曲轴传动带轮拆装工具）。

（4）检测工具：游标卡尺、百分表。

（5）其他：丰田原厂分离毂润滑脂或同等产品、丰田原厂离合器花键润滑脂或同等产品。

三、步骤及操作方法

丰田卡罗拉汽车前轮速传感器安装位置如图 13-100 和图 13-101 所示。

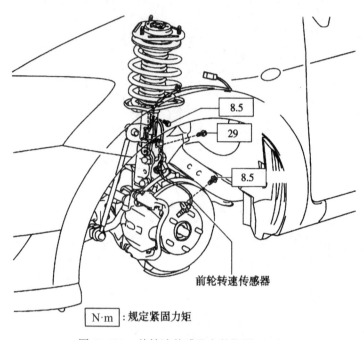

图 13-100　前轮速传感器安装位置（一）

1. 准备工作

（1）在汽车进入工位前，将工位清理干净，准备好相关的器材。

（2）将汽车停驻在举升机中央位置。

（3）拉紧驻车制动器操纵杆，并将变速杆置于空挡位置。

（4）套上转向盘护套、变速杆手柄套和座位套，铺设脚垫。

（5）在车内拉动发动机舱盖手柄，在车外打开并支撑发动机舱盖。

（6）粘贴翼子板和前脸磁力护裙。

2. 前轮速传感器的拆卸

右侧的操作程序与左侧相同。下面列出的程序适用于左侧前轮速传感器。如需更换传感器转子，则一同更换前桥轮毂和轴承总成。

（1）从蓄电池负极端子断开电缆。

注意：断开电缆后重新连接时，某些系统需要初始化。

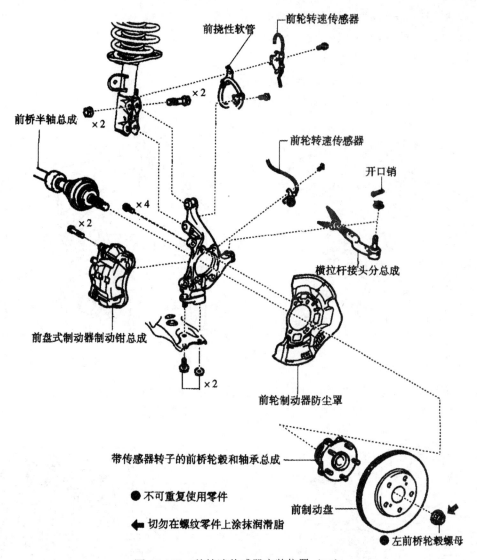

前挠性软管

前轮转速传感器

前桥半轴总成

前轮转速传感器

开口销

×2

×4

×2

横拉杆接头分总成

前盘式制动器制动钳总成

●不可重复使用零件

前轮制动器防尘罩

◀切勿在螺纹零件上涂抹润滑脂

带传感器转子的前桥轮毂和轴承总成

前制动盘

●左前桥轮毂螺母

×2

图 13-101　前轮速传感器安装位置（二）

（2）拆卸前轮。

（3）拆卸后轮罩前板（带侧挡泥板）。

（4）拆卸侧挡泥板（带侧挡泥板）。

（5）拆卸前翼子板挡泥板（带前翼子板挡泥板）。

（6）拆卸前翼子板外接板衬块。

（7）拆卸前翼子板内衬（不带前翼子板挡泥板和侧挡泥板）。

（8）拆卸前翼子板内衬（带前翼子板挡泥板）。

（9）拆卸前翼子板内衬（带侧挡泥板）。

（10）拆卸前轮转速传感器。

①断开前轮转速传感器连接器。

②从车身上拆下前轮转速传感器线束卡夹，如图 13-102 所示。

③从车身上拆下螺栓 A 和 2 号传感器卡夹，如图 13-103 所示。

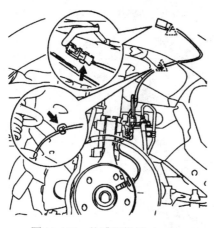

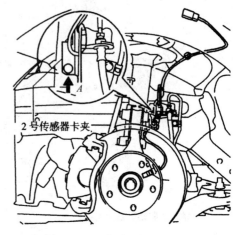

图 13-102　传感器拆卸（一）　　　　　　　　图 13-103　传感器拆卸（二）

④从减振器总成上拆下螺栓 B 和 1 号传感器卡夹，如图 13-104 所示。

⑤拆下螺栓 C、卡夹和前轮转速传感器，如图 13-105 所示。

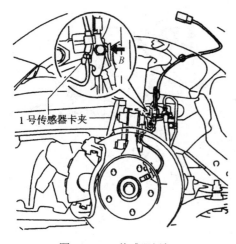

图 13-104　传感器拆卸（三）　　　　　　　　图 13-105　传感器拆卸（四）

提示：防止异物粘在传感器端部；每次拆下转速传感器时，清洁转速传感器的安装孔和表面。

（11）拆卸左前桥轮毂螺母。

（12）分离前挠性软管，如图 13-106 所示。拆下螺栓并分离前挠性软管。

图 13-106　分离前挠性软管

（13）分离前盘式制动器制动钳总成。

（14）拆卸前制动盘。

（15）分离横拉杆接头分总成。

（16）分离前桥总成。

（17）拆卸前桥总成。

（18）拆卸带传感器转子的前桥轮毂和轴承总成。

3. 前轮速传感器的安装

（1）安装带传感器转子的前桥轮毂和轴承总成。

（2）安装前桥总成。

（3）连接前悬架 1 号下臂分总成。

（4）连接横拉杆接头分总成。

（5）安装前制动盘。

（6）安装前盘式制动器制动钳总成。

（7）暂时安装左前桥轮毂螺母。

（8）分离前盘式制动器制动钳总成。

（9）拆卸前制动盘。

（10）检查前桥轮毂轴承的松弛度。

（11）检查前桥轮毂径向跳动。

（12）安装前制动盘。

（13）安装前盘式制动器制动钳总成。

（14）安装前挠性软管。用螺栓安装前挠性软管。力矩为 29N·m。

（15）安装左前桥轮毂螺母。

（16）安装前轮转速传感器。

①用螺栓 C 和卡夹安装前轮转速传感器。螺栓 C 力矩为 8.5N·m。

注意： 防止异物粘在传感器端部。

②用螺栓 B 将前挠性软管和 1 号传感器卡夹安装至减振器。螺栓 B 力矩为 29N·m。

注意： 安装转速传感器时，不要扭曲前轮转速传感器线束；螺栓 B 将制动器挠性软管和前轮转速传感器紧固在一起。确保挠性软管位于前轮转速传感器上方，不要用锉刀锉孔或表面，因为磁性转子和传感器之间的间隙非常重要。

③用螺栓 A 将 2 号传感器卡爪安装至车身。螺栓 A 力矩为 8.5N·m。

④连接 2 个转速传感器线束卡夹。

⑤连接转速传感器连接器。

（17）安装前翼子板内衬（不带前翼子板挡泥板和侧挡泥板）。

（18）安装前翼子板内衬（带前翼子板挡泥板）。

（19）安装前翼子板内衬（带侧挡泥板）。

（20）安装前翼子板挡泥板（带前翼子板挡泥板）。

（21）安装前翼子板外接板衬块。

（22）安装侧挡泥板（带侧挡泥板）。

（23）安装后轮罩前板（带侧挡泥板）。

（24）安装前轮。力矩为 103N·m。

（25）将电缆连接至蓄电池负极端子。

注意： 断开电缆后重新连接时，某些系统需要初始化。

（26）检查转速传感器信号。

（27）检查并调整前轮定位。

四、清洁整理

将实习场地所必要的物品留下，依照规定的合理位置放置，并明确标示，将不必要的物品清除掉；对垃圾进行分类处理；将实习场地清扫干净，并保持卫生；使每位成员养成良好习惯，遵守规则做事。

【知识拓展】

防滑控制系统

一、驱动防滑控制系统

驱动防滑控制系统简称 ASR（Acceleration Slip Regulation），有的称为车辆牵引力控制系统，简称 TCS 或 TRC（Traction Control System）。

驱动防滑控制系统的功用是防止汽车在加速过程中打滑，特别是防止汽车在非对称路面或在转向时驱动轮滑转，以保持汽车行驶方向的稳定性、操纵性和维持汽车的最佳驱动力以及提高汽车的平顺性。

很多车型采用了集成 ABS 和 ASR 功能于一体的结构，这种结构称为 ABS/ASR。

典型 ABS/ASR 的组成如图 13-107 所示，ABS/ASR 主要由轮速传感器、ECU、制动压力调节器、主副节气门位置传感器、辅助节气门驱动步进电动机等组成。

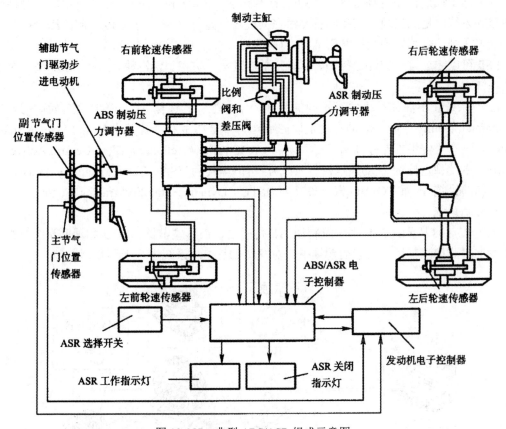

图 13-107　典型 ABS/ASR 组成示意图

ABS/ASR 的 ECU 根据驱动轮转速传感器输送的速度信号计算判断出车轮与路面间的滑转状态，并适时地向其执行机构发出指令，以降低发动机的输出转矩和车轮的转速，从而实现防止驱动轮滑转的目的。

ASR 的传感器主要是轮速传感器和节气门位置传感器。ASR 的轮速传感器与 ABS 共用，而 ASR 的节气门位置传感器则与发动机控制系统共用。

ASR 专用的信号输入装置是 ASR 选择开关，关闭 ASR 选择开关，可停止 ASR 的作用。如在汽车维修中需要将汽车驱动轮悬空转动时，ASR 可能对驱动车轮施以制动，影响故障的检查。这时关闭 ASR 开关，停止 ASR 作用，可避免这种影响。

ASR 的 ECU 发出的控制指令有如下 3 种：控制滑转车轮的制动力；控制发动机输出功率；同时控制发动机输出功率和驱动车轮的制动力。在实际应用的 ASR 中，绝大多数都是采用调节发动机输出转矩的方式来控制汽车驱动力矩。而调节发动机的输出转矩，通常是利用发动机电子控制装置，通过控制节气门开度和点火提前角的方式来实现。

二、电子稳定程序控制系统

汽车电子稳定程序控制系统（Electronic Stability Program，ESP）是改善汽车行驶性能的一种控制系统，是 ABS 和 ASR 两种系统在功能上的延伸。利用与 ABS 一起的综合控制，可防止汽车在制动时车轮抱死；利用 ASR 可阻止汽车在起步时驱动轮滑转（空转）。

ESP 可以通过有选择性地控制各车轮上的制动力，防止车辆滑移，因此，ESP 是一个主动安全系统。

ESP 系统在不同的车型中有不同的名称，如奔驰、奥迪称其为 ESP，宝马称其为 DSC（Dynamic Stability Control，动态稳定性控制），丰田、雷克萨斯称其为 VSC（Vehicle Stability Control，汽车稳定性控制系统），三菱称其为 ASC/AYC（Active Stability Control/Active Yaw Control，主动稳定控制/主动横摆控制系统），本田称其为 VSA（Vehicle Stability Assist，车身稳定性辅助系统），而 VOLVO 汽车称其为 DSTC（Dynamic Stability Tracing Control，动态循迹防滑控制系统）。

如图 13-108 所示，ESP 由传统制动系、传感器、液压调节器、ECU 和辅助系统等组成，在电脑实时监控汽车运行状态的前提下，对发动机及控制系统进行干预和调控。

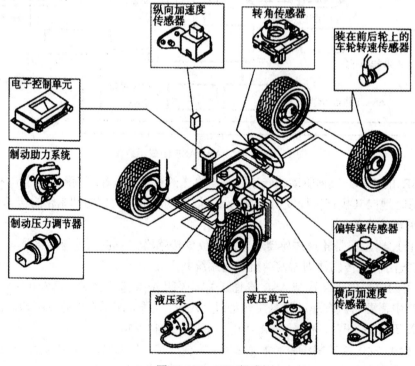

图 13-108　ESP 组成

　　在汽车行驶过程中，转向盘转角传感器监测驾驶员转弯方向和角度，车轮转速传感器监测车速、节气门开度，制动主缸压力传感器监测制动力，而横向加速度传感器和横摆角速度传感器则监测汽车的横摆和侧倾速度。ECU 根据这些信息，计算后判断汽车要正常安全行驶和驾驶员操纵汽车意图的差距，然后发出指令，调整发动机的转速和车轮上的制动力，修正汽车的过度转向或不足转向，以避免汽车打滑、转向过度、转向不足和抱死，从而保证汽车的行驶安全。

　　当 ESP 判定出现不足转向时，将制动内侧后轮，使汽车进一步沿驾驶员转弯方向偏转，从而稳定车辆（见图 13-109）；当 ESP 判定出现过度转向时，ESP 将制动外侧前轮，防止汽车甩尾，并减弱过度转向趋势，稳定车辆（见图 13-110）。上述过程中如果单独制动某个车轮不足以稳定车辆，ESP 将通过降低发动机输出扭矩的方式或制动其他车轮来满足需求。

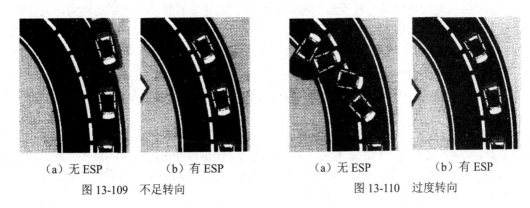

　　（a）无 ESP　　　（b）有 ESP　　　　　　（a）无 ESP　　　（b）有 ESP
　　　　图 13-109　不足转向　　　　　　　　　图 13-110　过度转向

【项目小结】

　　汽车制动系的功用是：按照需要使汽车减速或在最短离内停车；下坡行驶时使汽车保持车速稳定；使停驶的汽车可靠驻停。按功能的不同，汽车制动系可以分为行车制动系、驻车制动系以及应急制动系、安全制动系和辅助制动系。

　　汽车制动系都包括行车制动系和驻车制动系。行车制动系用于使行驶中的车辆减速或停车、驻车制动系用于使停驶的汽车驻留原地。较为完善的制动系还包括制动力调节装置以及报警装置、压力保护装置等。

　　车轮制动器由旋转元件和固定元件组成。旋转元件与车轮相连接，固定元件与车桥相连接。利用旋转元件和固定元件之间的摩擦，可产生制动器制动力。钳盘式制动器按制动钳固定在支架上的结构形式可分为：定钳盘式和浮钳盘式。鼓式车轮制动器由旋转部分、固定部分、促动装置和间隙调整装置等组成。旋转部分为制动鼓，固定部分是制动底板和制动蹄。根据制动过程中两制动蹄产生制动力矩的不同，鼓式制动器可分为领从蹄式、单向双领蹄式、双向双领蹄式、双向从蹄式、单向自增力式和双向自增力式等。

　　驻车制动器的功用是：车辆停驶后防止滑溜；使车辆在坡道上能顺利起步；行车制动系

失效后临时使用或配合行车制动器进行紧急制动。按驻车制动器在汽车上安装位置的不同，驻车制动装置分中央制动式和车轮制动式。对于 4 个车轮采用盘式制动器的汽车来说，驻车用的小型鼓式驻车制动器内置于后轮盘式制动器中，并通过拉索和连杆等机构固定在盘式制动器上。

制动传动装置按传力介质的不同可分为液压式、气压式和气—液综合式；按制动管路的套数可分为单管路和双管路制动传动装置。按照交通法规的要求，现代汽车的行车制动系须采用双管路制动传动装置，若其中一套管路损坏，另一套仍然起制动作用，从而提高了制动的可靠性和安全性。双管路液压制动传动装置是利用彼此独立的双腔制动主缸，通过两套独立管路，分别控制两桥或三桥的车轮制动器。常见的双管路的布置方案有前后独立式和交叉式两种形式。

汽车防抱死制动系统是一种安全控制制动系统，既有普通制动系的制动功能，又能防止车轮制动抱死。汽车防抱死制动系通常由轮速传感器、制动压力调节器、电子控制单元（ECU）和 ABS 警示装置等组成。汽车制动时，轮速传感器将各车轮的转速信号输入 ECU；ECU 根据每个车轮轮速传感器输入的信号对车轮的运动状态进行监测和判定，并形成响应的控制指令，再适时发出控制指令给制动压力调节器；制动压力调节器对各制动轮缸的制动压力进行调节，防止制动车轮抱死。

汽车驱动防滑系的功用是防止汽车在加速过程中打滑，特别是防止汽车在非对称路面或在转向时驱动轮滑转，以保持汽车行驶方向的稳定性、操纵性和维持汽车的最佳驱动力以及提高汽车的平顺性。典型 ABS/ASR 主要由轮速传感器、ECU、制动压力调节器、主副节气门位置传感器、辅助节气门驱动步进电动机等组成。

汽车电子稳定程序控制系（ESP）是一个主动安全系统，主要由传统制动系、传感器、液压调节器、电子控制单元和辅助系统组成。在汽车行驶过程中 ECU 根据传感器的信号，计算后判断汽车要正常安全行驶和驾驶员操纵汽车意图的差距，然后发出指令，调整发动机的转速和车轮上的制动力，修正汽车的过度转向或不足转向，以避免汽车打滑、转向过度、转向不足和抱死，从而保证汽车的行驶安全。

【练一练】

一、选择题

1. 下列几种形式的制动传动机构当中，（   ）仅用在驻车制动上。
   A. 机械式　　　　　　　　B. 液压式
   C. 气动式　　　　　　　　D. 以上答案都不正确
2. 鼓式车轮制动器的旋转元件是（   ）。
   A. 制动蹄　　　B. 制动鼓　　　C. 摩擦片　　　D. 制动钳
3. 任何制动系都由供能装置、控制装置、传动装置和制动器四个基本部分组成，其中制动踏板机构属于（　　　）。

  A．供能装置   B．控制装置

  C．传动装置   D．制动器

4．汽车制动系按其功能的不同可分很多类，其中在制动系失效后使用的制动系称为（　　　）。

  A．行车制动系   B．驻车制动系

  C．应急制动系   D．辅助制动系

5．一般汽车制动系统包括（　　　）和驻车制动装置。

  A．手制动装置   B．制动鼓

  C．行车制动装置   D．制动器

6．下列属于钳盘式制动器间隙自调装置中活塞密封圈的作用的是（　　　）。

  A．起复位弹簧作用   B．连接作用

  C．起前两种的作用   D．以上都不是

7．盘式车轮制动器的摩擦工作面是旋转元件的（　　　）。

  A．外圆柱面 B．内圆柱面 C．端面 D．侧面

8．盘式制动器的制动盘固定在（　　　）。

  A．轮毂上 B．转向节上 C．制动鼓上 D．活塞上

9．汽车制动器（　　　）的作用是将主缸传来的液压力转变为使制动蹄张开的机械推力。

  A．推杆 B．后活塞 C．制动轮缸 D．回位弹簧

10．上海桑塔纳汽车采用的是（　　　）制动伺服装置。

  A．真空增压式   B．真空助力式

  C．气压助力式   D．综合式

11．为提高汽车制动的可靠性和行车安全性，现代汽车广泛采用的是（　　　）制动传动装置。

  A．单回路 B．双回路 C．三回路 D．四回路

12．液压制动主缸在不制动时，其出油阀和回油阀的开闭情况是（　　　）。

  A．出油阀和回油阀均开启 B．出油阀关闭，而回油阀开启

  C．双阀均关闭   D．回油阀开，出油阀关

13．在不制动时，液压制动系统中制动主缸与制动轮缸的油压是（　　　）。

  A．主缸高于轮缸   B．主缸与轮缸相等

  C．轮缸高于主缸   D．不一定

14．上海桑塔纳 LX 型轿车的液压制动回路采用（　　　）。

  A．前后独立式 B．对角式 C．单回路式 D．都不正确

15．汽车处于刚开始制动状态时，真空助力器的（　　　）。

  A．空气阀打开，真空阀打开 B．空气阀关闭，真空阀打开

  C．空气阀打开，真空阀关闭 D．空气阀关闭，真空阀关闭

16．气压制动系的制动气压由（　　）控制。

    A．制动控制阀   B．调压器   C．气筒气压   D．制动气室

17．在不制动时，气压制动控制阀的进排气阀门的开闭情况是（　　）。

    A．进气阀开启，排气阀关闭   B．进气阀关闭，排气阀开启

    C．进、排气阀均关闭

18．前、后轮的制动气室膜片通常是（　　）。

    A．前小后大   B．前后相等   C．前大后小

19．对于采用三位三通电磁阀的制动压力调节器，当ECU向电磁线圈通入一最大电流时，系统处于（　　）状态。

    A．升压   B．保压   C．减压   D．常压

20．车轮被制动到完全抱死时，车轮与地面产生（　　）。

    A．滚动   B．边滚动边滑动

    C．滑动   D．移动

二、判断题（对的打"√"，错的打"×"）

1．汽车在制动时，不旋转的制动蹄对旋转着的制动鼓作用一个摩擦力矩，其方向与车轮旋转方向相反，所以车辆能减速甚至停止。　　　　　　　　　　　　　　　（　　）

2．车辆在前进与后退制动时，如两制动蹄都是助势蹄，则该制动器是双向平衡式制动器。

    （　　）

3．鼓式制动器中，一个蹄是增势蹄时，另一个蹄就必然是减势蹄。　　　（　　）

4．无论制动鼓正向还是反向旋转时，领从蹄式制动器的前蹄都是领蹄，后蹄都是从蹄。

    （　　）

5．盘式制动器制动效能比鼓式制动器好，是因为盘式制动器有自增力作用。（　　）

6．盘式制动器的自动复位功能是通过活塞的密封圈来实现的。　　　　　（　　）

7．盘式制动器的制动间隙是通过人工调整的。　　　　　　　　　　　　（　　）

8．对于双腔制动主缸，后制动管路失效时前制动管路也失效。　　　　　（　　）

9．液压制动主缸的补偿孔和通气孔堵塞会造成制动不灵。　　　　　　　（　　）

10．液压式双管路制动传动装置是前轮先制动，后轮后制动。　　　　　（　　）

11．真空助力器不工作时，为控制油压与大气压平衡，真空阀及空气阀均关闭。

    （　　）

12．多数货车空气压缩机采用风冷式空气压缩机。　　　　　　　　　　（　　）

13．双腔串联式气压制动阀上腔与后桥制动气室相通，下腔与前桥制动气室相通。

    （　　）

14．卸荷阀的作用是当湿储气筒内气压达到规定值时，顶开进气阀，使空气压缩机与大气相通而卸荷空转，不再泵气。　　　　　　　　　　　　　　　　　　　（　　）

15．最佳的制动状态是车轮完全被抱死而发生滑移。 （　　）

16．装备 ABS 的汽车在紧急制动时，制动踏板有回弹现象，即踏板回弹反应。 （　　）

17．ABS 的电控系统有故障时，汽车仍然能保持常规制动状态。 （　　）

18．对于汽车防抱死制动装置来说，当踩下制动踏板时，ABS 就参与工作。 （　　）

19．最大制动力是在车轮"抱死"时出现。 （　　）

20．ESP 通过控制电磁阀的工作状态来控制制动油压。 （　　）

三、填空题

1．任何制动系都由_____、_____、_____、_____等四个基本部分组成。

2．制动器的领蹄具有_____作用，从蹄具有_____作用。

3．每辆汽车最少有两套制动系统，分别是_____和_____。

4．液压轮缸张开式（鼓式）制动器有_____、_____和_____几种形式。

5．车轮制动器由_____、_____、_____和_____等四部分构成。

6．盘式制动器按制动钳固定在支架上的结构形式可分为_____和_____两大类。

7．盘式制动器制动块的磨损极限值是_____。

8．驻车制动器的功用是_____、_____和_____。

9．轿车的驻车制动器一般安装在汽车的_____上。

10．对于 4 个车轮采用盘式制动器的汽车来说，鼓式驻车制动器内置于_____制动器中。

11．液压式制动主缸主要由_____、_____、_____、_____、_____和_____等组成。

12．液压式制动主缸的出油阀和回油阀都处于关闭状态时，液压式制动传动装置处于_____和_____状态。

13．用适当的力踩住制动踏板，并保持一定的位置，然后起动发动机，观察制动踏板：若踏板位置有所下降，说明真空助力器_____；若踏板位置保持不动，则说明真空助力器或者真空单向阀_____。

14．在储气筒和制动气室距制动阀较远时，为了保证驾驶员实施制动时储气筒内的气体能够迅速充入制动气室而实现制动，储气筒与制动气室间装有_____；为保证解除制动时制动气室迅速排气，制动阀与制动气室间装_____。

15．制动气室的作用是_____。

16．制动气室有_____、_____和_____三种。

17．汽车 ABS 是由_____、_____、_____组成的。

18．ABS 在紧急制动时，ECU 可将滑移率控制在_____。

19．ABS 在紧急制动时，其压力调节过程包括_____、_____、_____。

20．常见轮速传感器有_____、_____两种形式。

21. ABS 的含义是_____，EBV 的含义是_____，ASR 的含义是_____，ESP 的含义是_____。

22. 二位二通电磁阀的作用是_____。

23. 三位三通电磁阀的作用是_____。

24. ABS 控制_____车轮，ASR 控制_____车轮。

25. 汽车电子稳定程序控制系统的缩写为_____。

四、简答题

1. 汽车制动系由哪些部分组成，它是如何工作的？

2. 鼓式制动器有哪些形式？

3. 从受力情况分析，对于领从蹄式和双向自增力式的制动器，哪种制动效果好？

4. 盘式制动器中，活塞密封圈的功用是什么？

5. 盘式制动器的结构与工作过程是怎样的？

6. 简述凸轮张开式驻车制动器是如何工作的。它安装在什么位置？

7. 盘式制动器与鼓式制动器比较，有哪些特点？

8. 简述双腔串联式液压制动主缸的工作原理。

9. 简述真空助力器的工作原理。

10. 气压制动传动装置的作用是什么？

11. 简述并联双腔膜片式气压制动控制阀的工作原理。

12. 汽车驱动防滑控制系（ASR）由哪几部分组成，它的工作原理是什么？

13. 常用的轮速传感器有哪些？它们的工作原理是什么？

14. 简述循环式制动压力调节器的工作原理。

15. 汽车电子稳定程序控制系（ESP）是如何工作的？

参考文献

[1] 王林超，王锐，王霞. 汽车构造[M]. 北京：中国水利水电出版社，2010.

[2] 王林超，张竹林. 汽车电控技术[M]. 北京：中国水利水电出版社，2010.

[3] 陈旭. 汽车底盘原理与实用技术：上册[M]. 北京：机械工业出版社，2014.

[4] 陈旭. 汽车底盘原理与实用技术：下册[M]. 北京：机械工业出版社，2014.

[5] 陈旭. 汽车发动机原理与实用技术：上册[M]. 北京：机械工业出版社，2014.

[6] 陈旭. 汽车发动机原理与实用技术：下册[M]. 北京：机械工业出版社，2014.

[7] 车小平，宁斌，傅明伟. 汽车底盘构造与维修一体化教程[M]. 北京：人民邮电出版社，2014.

[8] 杨智勇，李光林. VIOS 威驰轿车维修技术问答[M]. 北京：金盾出版社，2004.

[9] 王家青，孟华霞，陆志琴. 汽车底盘构造与维修：新编版[M]. 北京：人民交通出版社，2011.

[10] 罗智强，谢云峰. 汽车发动机构造与维修[M]. 北京：机械工业出版社，2013.

[11] 谭本忠. 汽车底盘构造与维修[M]. 济南：山东科学技术出版社，2014.

[12] 高贵娟，郑永. 别克凯越维修手册[M]. 北京：化学工业出版社，2012.

[13] 高峰. 汽车底盘构造与维修[M]. 北京：机械工业出版社，2010.

[14] 舒华，姚国平，薛乃恩，等. 汽车电控系统结构与维修[M]. 3 版. 北京：北京理工大学出版社，2012.